特色课程建设丛书
丛书主编　杨四耕

连续性课程

特色课程发展的实践探索

姚　忠○主编

华东师范大学出版社
·上海·

图书在版编目(CIP)数据

连续性课程：特色课程发展的实践探索 / 姚忠主编.
上海：华东师范大学出版社，2024. -- ISBN 978-7
-5760-5076-9
Ⅰ. G622.3
中国国家版本馆 CIP 数据核字第 2024CT9410 号

特色课程建设丛书
连续性课程：特色课程发展的实践探索

丛书主编　杨四耕
主　　编　姚　忠
责任编辑　刘　佳
项目编辑　林青荻
特约审读　薛　莹
责任校对　王丽平　时东明
装帧设计　卢晓红

出版发行　华东师范大学出版社
社　　址　上海市中山北路 3663 号　邮编 200062
网　　址　www.ecnupress.com.cn
电　　话　021-60821666　行政传真 021-62572105
客服电话　021-62865537　门市(邮购)电话 021-62869887
地　　址　上海市中山北路 3663 号华东师范大学校内先锋路口
网　　店　http://hdsdcbs.tmall.com

印 刷 者　常熟市文化印刷有限公司
开　　本　787毫米×1092毫米　1/16
印　　张　18
字　　数　156千字
版　　次　2024年11月第1版
印　　次　2024年11月第1次
书　　号　ISBN 978-7-5760-5076-9
定　　价　58.00元

出版人　王　焰

(如发现本版图书有印订质量问题，请寄回本社客服中心调换或电话 021-62865537 联系)

编委会

主 编
姚 忠

副主编
张健伟

编 委
蒋姗姗 赵 薇 吕文雅 刘冉冉

丛书总序 走向课程自觉

在费孝通先生看来,文化自觉是生活在一定文化历史圈子里的人对其文化有"自知之明",并对其发展历程和未来有充分的认识。换言之,文化自觉就是文化的自我觉醒、自我反省和自我创建。

要提升学校课程品质,实现立德树人根本任务,文化自觉是不可或缺的。在我看来,课程领域的文化自觉就是课程自觉,它是人们基于对课程的理性认识,为着课程品质的提升而有清晰的目标意识和科学的路径观念,自觉参与课程变革实践的理性之思与理性之行。

课程自觉是一种有密度的自觉,它不是一个简单概念,而是一种思想、一种行动、一种文化,包含课程自知、课程自在、课程自为、课程自省以及课程自立等基本构成。推进特色课程建设,我们需要怎样的课程自觉呢?

1. 清晰的课程自知。课程自知是人们对特定课程情境的自觉理解,对课程理念和愿景的清晰判断,对课程内容和框架的基本认识,对课程实施路径和方位的整体把握。认识课程,认识自我,这不是一件容易的事。对一位校长来说,课程自知意味着对学校课程规划的整体理解,自觉研判学校文化与课程建构的关系、育人目标与课程架构的关系、资源调配与课程实施的关系;对一位教师来说,课程自知意味着对学科课程群建设的自觉思考,自觉跳出"课程即科目""课程即教学内容"等狭隘的课程观,建立与立德树人要求相适应的崭新课程观。

2. 透彻的课程自在。萨特说:存在先于本质。他曾将存在分为自在的存在和自为的存在,自在的存在是物体同其本身等同的存在,自为的存在是同意识一起扩展的存在。课程自觉需要深刻理解课程自在的文化,需要完整把握课程自在的处境,需要清晰认识课程变革的制度环境和现实可能,进而意识到哪些是可为的,哪些是不可为的;哪些是必须做的,哪些是可选择的;哪些是自己即可为的,哪些是需要制度支持的。

3. 积极的课程自为。按照萨特的观点,自为的存在是自我规定自己存在的。意识是自为的内在结构,自为的存在就是意识面对自我的在场。对课程变革而言,课程主体按照课程发展规律,通过自身的自觉行为和实践实现课程品质的提升,就是课程自为。课程自为意味着我们对课程自在的不满足,意味着我们开动脑筋思考课程变革的空间,意味着我们通过直面本己的课程实践培育新的课程文化,意味着我们在积极的卷入中推进课程深度变革。

4. 深刻的课程自省。课程自省即课程反思。杜威(1933)曾将反思解释为"思,我所思"(think about thinking),他鼓励专业人士审思每一个专业判断之下的潜在逻辑。课程变革是一种反思性实践,需要对实践进行反思,再将反思带到新的实践中去。反思性实践是一种主动且持续地审视理论、信念和假设的过程,它可以帮助我们在课程实践中更好地理解自我与他人,选择合适的方式应对可能的情境。课程反思是凌驾于思维之上的更高层次的反思。当你站在既定的框架里去检查这些规则的时候,是无法发现这些规则的问题的;如果你可以跳脱出来,不带评判和预设地去分析这些规则,其中的不妥之处就会被你看到。课程反思是一种能力,当你掌握了这项能力的时候,你就像"觉醒"了一样,一样的世界,你却会有不一样的"看法"。这就是哈贝马斯所谓的"沟通理性"概念,提升课程品质特别需要这样一种理性:反省、批判和论证。

5. 持守的课程自立。《礼记·儒行》:"力行以待取。"每一个人只有在自己的行动中,才能发现自己,才能向世界宣布他具有怎样的价值。课程自立是一个人认识到课程变革是自己的事,要有自己的立场、自己的创见,自持自守,不为外力所动,不随波逐流,进而"回到粗糙的地面"(维特根斯坦语),自觉参与到课程变革中来。课程自立本质上是在课程自知、课程自在、课程自为以及课程自省的作用之下,依靠自己的自觉和力量对课程实践有所贡献,并在此过程中逐渐提升自己的课程能力和专业成熟度,确证自己的"课程人"地位,成为"自己的国王"。

当我们有了清晰的课程自知、透彻的课程自在、积极的课程自为、深刻的课程自省以及持守的课程自立的时候,我们便作为"有创见的主体"主动地介入到课程设计、实施、评价与管理的全过程之中了,学校课程深度变革便自然而然地发生了。

费孝通先生说:"文化自觉是一个艰巨的过程。"让课程意识从"睡眠状态""迷失状态"到"自觉状态",也是一个艰难而痛苦的过程。可喜的是,本套丛书的作者秉持课程自觉之精神,聚焦特色课程建设,在课程自知、课程自在、课程自为、课程自省和课程自立方面掘进,迎来了课程变革的新境界!

杨四耕
2020 年 7 月 3 日于上海市教育科学研究院

目 录

前言　课程是不断生长的　/ 1

第一章　连续性课程：为了儿童的自由生长　/ 1

　　教育是具有连续性的，连续性课程彰显出特色课程建设的一般规律。"大美金石"课程在价值追求方面彰显了课程的内在生长性和价值连续性。在这里，课程成为联结内在目标与外在表现、经验与认知、个体发展与社会改造的价值载体。

一、杜威教育哲学的核心：连续性　/ 2
二、促进儿童生长的课程象限　/ 4
三、"大美金石"课程的连续性　/ 5
▎课程智慧▎ "金石言史"课程的生长价值　/ 8

第二章　连续性课程：螺旋式上升的课程设计　/ 51

　　人是不断生长的，为人生长的课程设计具有连续性。泰勒认为，我们在编制一组有效地组织起来的学习经验时，必须符合连续性、顺序性和整合性准则。因此，连续性课程设计要关注纵向组织的连续性、前后衔接的顺序性和内容叠加的整合性，体现从基础到拓展、从理论到实践的螺旋式上升逻辑。

一、连续性课程设计的理据 / 52

二、连续性课程设计的维度 / 53

三、连续性课程设计的探索 / 54

┃课程智慧┃ "金石言情"课程设计的逻辑 / 56

第三章 连续性课程：在忠实与创生之间的舞蹈 / 89

　　课程实施的不同取向之间是连续的，课程实施的连续性包含着时间和空间的连续性。从实践上看，课程实施的连续性关注文化引领的聚焦性、学习主题的连续性、内容细化的序列性以及整体要素的融合性。只有将课程内容与实际生活相融合、学习活动与真实情境相融合、学科知识和学科实践相融合，才能整体提升课程实施效果。

一、课程实施取向及其连续性 / 90

二、课程实施的连续性及其生成 / 91

三、连续性课程实施策略 / 94

┃课程智慧┃ "金石言韵"课程实施的方法 / 95

第四章 连续性课程：增值赋能的课程追求 / 125

　　课程评价是持续性的意义建构过程，从过程评价到结果评价、从绝对评价到增值评价是一个连续性过程，具有连续性。课程评价的连续性发生在真实情境之中，通过对课程进展过程中的具体情境和特定时空等的预期，促进评价者对课程评价概念的情境性和整合性理解，实现对利益相关者的赋能。

一、课程评价的连续性的理解 / 126
二、课程评价的连续性的应用 / 127
▎课程智慧▎"金石言志"课程评价的艺术 / 131

第五章　连续性课程：聚焦儿童发展的资源联动 / 163

课程资源按照空间分布可以分为内部资源和外部资源；按照是否能"看得见、摸得着"分为有形资源和无形资源。不同形式的课程资源的界限不是绝对的，而是互相影响、互相作用的，具有连续性。在课程开发过程中，要充分有效利用内部资源，合理开发外部资源，在保证有形资源充分利用的同时，充分发挥无形资源的重要作用。

一、内部资源和外部资源的连续性 / 164
二、有形资源和无形资源的连续性 / 165
▎课程智慧▎"金石言器"课程资源的整合 / 167

第六章　连续性课程：纵横交错的主体牵引 / 203

课程发展是多元主体参与的过程，是多元主体对话的交互作用过程。毋庸置疑，课程发展离不开人。教学主体与学习主体之间、内部主体与外部主体之间相互作用，达成信任合作的环境才能实现课程治理效益的最大化，推动课程高质量发展。因此，课程治理要立足学生发展，注重完善多主体协商共治，尊重不同课程利益相关者的诉求，共同促进课程发展。

一、教学主体与学习主体的交互作用　/ 205
二、内部主体与外部主体的协同作用　/ 207
▎课程智慧▎ "金石言创"课程主体间的联系　/ 211

后记 / 250

前言　课程是不断生长的

上海市嘉定区方泰小学的历史，最早可以追溯到1905年，经变迁，2006年8月学校正式更名为方泰小学。学校坚守"点石成金，大美无言"的办学传统，坚持社会主义办学方向，旗帜鲜明地培育社会主义核心价值观，近年来，以课题"以'大美金石'课程为载体培养小学生审美素养的实践研究"为引领，通过实践研究，摸索出关于"连续性课程"的发展道路，取得了较好的课程实践成效。

教育是具有连续性的，"连续性课程"彰显出特色课程建设的一般规律，即在不断的发展完善中，为课程增加新的内容，增添新的活力，融入更丰厚的内涵，彰显课程的内在生长性和价值连续性。

一、问题的提出

中共中央办公厅、国务院办公厅印发了《关于全面加强和改进新时代学校美育工作的意见》，提出以立德树人为根本，以社会主义核心价值观为引领，以提高学生审美和人文素养为目标，弘扬中华美育精神，以美育人、以美化人、以美培元。教育部发布了《关于全面实施学校美育浸润行动的通知》，以浸润作为美育工作的目标和路径，将美育融入教育教学活动各环节，潜移默化地彰显育人实效，实现提升审美素养、陶冶情操、温润心灵、激发创新创造活力的功能，培养德智体美劳全面发展的社会主义建设者和接班人。《中国学生发展核心素养》中所包含的审美素养重点是：具有艺术知识、技能与方法的积累；能理解和尊重文化艺术的多样性，具有发现、感知、欣赏、评价美的意识和基本能力；具有健康的审美价值取向；具有艺术表达和创意表现的兴趣和意识，能在生活中拓展和升华美等。

学校是落实美育工作的主体，做好美育工作，关键在于对学校美育课程的规划、设计与实施。根据"美和美育本身具有高度综合性"的普遍认识，美育课程需要长期的、连续性的建设。因此，我们从学校深耕二十余年、连续发展推进、最具校本特色、具有扎实课程实践基础的"金石篆刻"项目入手，挖掘篆刻中美的特质，遵循学生认知规律，开发建设"大美金石"课程，以此作为培养学生审美素养的有效载体。

小学生审美素养是小学生核心素养得以形成的基础与前提，在一定程度上决定着小学生的全面健康成长及可持续发展。针对学校90%的学生是外来务工人员随迁子女，受生活环境和家庭条件的限制，较为缺乏认识美、感受美的机会的现状，我们希望通过升级迭代后的"大美金石"课程，充分挖掘金石篆刻中的育人内涵，将物质美与精神美不断叠加累积，形成内涵丰厚、触动人心的审美载体，使学生在学习中不断体验金石的美学意蕴，以此提升他们的美学修养，培养他们认识美、评价美、创造美的能力。

我校"金石篆刻"项目，历经多年的耕耘，逐步形成了"人人会拿篆刻刀，个个金石显创意"的学校特色。但随着时间的推移，我们也发现了单一的项目设置带来的一些弊端，即偏重对篆刻技艺的了解和体验，没有将金石篆刻所蕴含的美学意蕴、人文情怀、创新思维等丰富的内涵融入其中。于是，我们开始思考：如何为金石篆刻项目寻找新的生长点，以更加适应新时代教育的发展需要，使其在连续发展中成为学生审美等核心素养培育的有效载体。

基于这样的思考，我们将"金石篆刻"项目升级迭代，旨在引导学生运用多门学科领域的知识能力、学习方法及素养，联合文博场馆等多方资源，尝试从欣赏印章之美韵、了解篆刻名家的生平与创作经历、探寻印章的演变与中国历史发展的联系、寻访印石产地的地理风貌与风土人情、探究制作多彩印泥、设计可应用于生活的金石文创作品等方面入手，开展学习实践活动，推动学校"连续性课程"建设的特色、科学、高效发展。

二、"连续性课程"的探索过程

泰勒认为，我们在编制一组有效地组织起来的学习经验时，必须符合连续性、顺序性和整合性准则。因此，"连续性课程"设计要关注纵向组织的连续性、前后衔接的顺序性和内容叠加的整合性，体现从基础到拓展、从理论到实践的螺旋式上升逻辑。

在"连续性课程"的探索过程中，我们并没有将着眼点单纯放在课程建设上，而是以学生审美素养的培养为目标,链接起课程与素养之间的关联,让"大美金石"课程成为学生核心素养培养的有效载体,更加凸显课程的育人价值。

我们确立了课题的研究目标:链接审美素养与"大美金石"课程的关联;搭建基于审美素养培养的"大美金石"课程结构;形成基于审美素养培养的"大美金石"课程实施策略;建立基于课程载体的小学生审美素养的有效评价体系。

按照课题研究步骤,对照课题研究目标,我们完成了以下研究工作。

(一)课程结构的连续性:搭建"大美金石"课程结构

课程结构的连续性是按照一定的顺序和层次,合理地组织和安排课程内容,保障学生在学习过程中能够获得系统、连贯的知识和技能。连续性能够帮助学生建立知识的框架结构,促进他们对课程内容的整体把握和理解。连续性还可以确保学生在学习中形成良好的学习习惯和思维方式,提高学习效果和学习动力;有助于培养学生的创新能力和综合能力,提高他们解决实际问题的能力。

在原有"金石篆刻"项目的基础上,通过构建基于审美素养培养的"大美金石"课程结构,引导学生从了解金石文化发展、欣赏金石篆刻作品、体验金石名家情怀、探究篆刻所用石材、尝试制作多彩印泥、设计金石文创作品等六个方面,系统接受金石之美的浸润,为学生审美素养的激发和培养提供持续助力。

1. 设计课程图谱

围绕"大美金石"主题,结合学生的真实生活,以实践活动为组织形式,以项目化学习为学习方式,引导学生将日常学科学习中习得的知识、能力、方法、素养加以应用,拓展学习的广度与深度,形成"金石言韵""金石言志""金石言史""金石言情""金石言器""金石言创"六个学习领域,实现对特定学习领域内容和教育价值的统整(见图1)。

2. 设置课程目标

课程目标是根据教育目的和培养目标而提出的课程的具体价值与任务指标。"大美金石"课程目标的制定,考虑到了这些目标是否能让学生的内在思想和外在行为呈现某种程度的整合与连贯统一,在充分调动学生积极性的同时,更好地促进他们对知识的理解掌握,渗透审美等核心素养的培养,提升他们对生活的认识、态度、价值观等(见表1)。

连续性课程：特色课程发展的实践探索

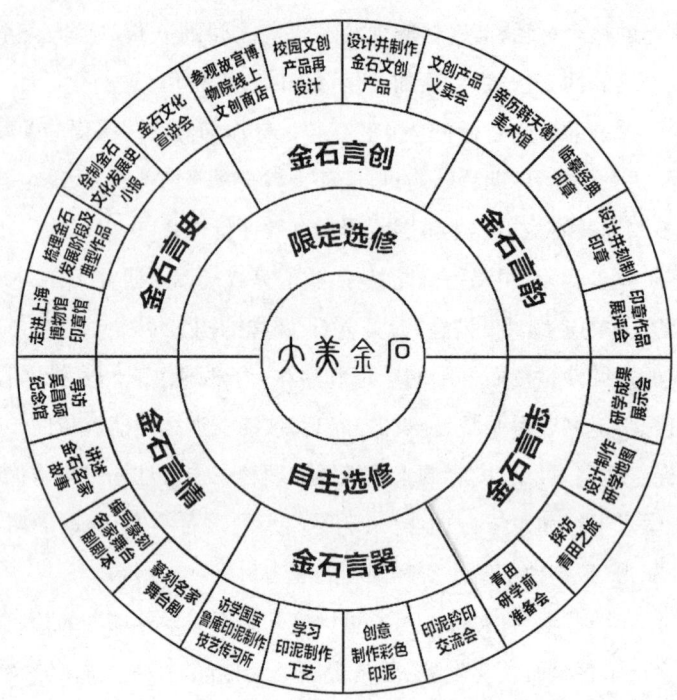

图1 "大美金石"课程图谱

表1 "大美金石"课程目标

学习领域	课程目标
金石言韵	通过研学、参观、欣赏等不同体验形式,发现、挖掘和感受各类书法篆刻作品中的美学意韵,领略中华优秀传统艺术的博大精深;在创作印章中融入自己对美的理解和创意
金石言志	发现和探究"青田石""昌化石"等来自全国各地篆刻石材的特性;通过调查及寻访了解当地的地理风貌和风土人情,体会祖国的地大物博;尝试使用新材料呈现金石之美
金石言史	通过了解汉字的进化史、金石文化的发展史,研究其与中国历史演变的关系,感悟祖国历史长河中所取得的伟大成就;尝试采用多样化的呈现形式来创意表现自己所理解的金石之美
金石言情	感悟篆刻名家的优秀品质、人格魅力及其审美理念、审美意识,探寻其创作过程中的美学体现,浸润人文意蕴,体会历史传承

续 表

学习领域	课 程 目 标
金石言器	体验传统印泥工艺制作过程,感受传统工艺的奇妙和智慧,形成传承并发扬传统工艺的意识,结合自身的理解创意制作彩色印泥,体会创新多元的艺术表达形式,增强创造性劳动思维
金石言创	敢于表达自己对美的评价、鉴赏和创意,尝试进行金石文化的创作与应用,在创新过程中不断研磨与提升,自主设计和制作应用于日常生活情境中的金石文创作品,让金石之美走进校园、家庭,乃至社会生活

(二) 审美素养的连续性:链接审美素养与"大美金石"课程

审美素养的培养是一个长期的、连续的过程,审美素养的连续性是一种不同审美经验和品位之间的连续性。小学阶段是塑造正确世界观、人生观、价值观的关键阶段,是审美素养培养的重要阶段,通过增强小学生的审美意识,提高他们快速全面地发现、鉴赏美的能力,学会深入观察周围的种种事物,结合已学知识进行深层次思索,进而归纳出美丑之间的差异,形成对各类事物基本的判断力。同时,激发他们的观察和思考潜能。审美素养的形成需要长期积累和熏陶,需要专业的知识和综合素养的共同滋润。

我们从审美素养中的"认识美""评价美""创造美"等三个方面入手,设计"金石言韵""金石言志""金石言史""金石言情""金石言器""金石言创"等六个领域的学习内容,引导学生在课程学习中感悟传统艺术之美、祖国山河之美、历史长河之美、人格魅力之美、匠心精神之美和变革创新之美(见表2—表7)。

表2 "金石言韵"学习目标与学习内容

金石言韵	学 习 目 标	学 习 内 容
认识美	充分利用相关文博场馆资源,引导学生提高审美意识,拓宽审美视野	识别篆书字体、结构,观摩陶器花纹、铜鼎器铭文、秦砖汉瓦、封印、竹简、碑文、古玺等,培养对中华传统艺术欣赏的兴趣

续 表

金石言韵	学 习 目 标	学 习 内 容
评价美	遵循"深入浅出、溯流求源"的原则,透过金石印章的表面,感知中华传统艺术博大精深的审美精神与审美情感,用自己的语言表达出对传统艺术之美的理解	充分挖掘篆刻艺术的笔法、章法和刀法之美,提高对美的鉴赏能力,做好审美知识积累,形成自己对篆刻艺术之美的理解与认识
创造美	通过临摹优秀作品提升篆刻技巧,尝试将喜爱的印风应用在自己作品中,创意表现印文内容	临摹名家作品,锻炼篆刻技能,并能够在老师的帮助下添加一些个人风格元素;开展篆刻作品讲评会,展示篆刻作品

表3 "金石言志"学习目标与学习内容

金石言志	学 习 目 标	学 习 内 容
认识美	组织学生走进印石市场,寻找四大名石,了解四种石材产地的地理风貌和风土人情,品味方寸间显现出的自然之美	了解四大名石的名称及产地,形成学习小组,明确参观印石市场的流程;了解四大名石的地理风貌(地质、气候等)和风土人情(历史人物、印石文化等)
评价美	发现和探究四种石材特征(刀感、适合哪种篆刻风格等),形成对印石文化发展的系统性的认知,感受大自然的魅力	以小组合作的形式尝试使用不同的石材进行篆刻,体会不同石材带来的不同创作美感,结合所学知识评价总结四大名石的特征,形成对印石文化发展的系统性认知
创造美	在传统石材的基础上,探索新型材料与新型刻印工具,感受创新带来的快乐	根据自身的生活环境,体验使用不同材料进行篆刻;了解金石文化的发展就是创新的历程

表4 "金石言史"学习目标与学习内容

金石言史	学 习 目 标	学 习 内 容
认识美	在参观、调查并梳理不同历史阶段的篆刻代表作品过程中,体悟各个历史阶段金石文化所体现的创新精神和时代之美	考察上海博物馆印章馆,以小组合作的形式收集各个历史阶段篆刻印章的演变史,探究经典篆刻作品在各个时期的关键作用,体会金石的魅力

续表

金石言史	学　习　目　标	学　习　内　容
评价美	通过金石文化的发展史充分感知中华民族各个历史时期展现的伟大艺术成就,从中感悟中华文化的源远流长,领略中华历史辉煌之美	各小组以思维导图的形式梳理呈现篆刻的历史发展脉络,探寻篆刻艺术从"高高在上"到"飞入寻常百姓家"的原因
创造美	设计"金石文化发展史小报",表现自己所理解的金石之美,感悟艺术创作在不断演变之中呈现的活力之美、创新之美	开展"金石文化宣讲会",尝试布置具有金石文化氛围的会场,以创新的形式设计金石文化发展史小报,并在宣讲会上讲解和宣传金石文化

表5　"金石言情"学习目标与学习内容

金石言情	学　习　目　标	学　习　内　容
认识美	探寻金石名家的生平事迹,收集他们的成长小故事,学习他们立志成才、坚韧不拔、好学奋进的品行之美	参观金石名家的美术馆、纪念馆,记录与整理名家的生平事迹、作品背后的故事等,提升自己艺术文化素养和对金石之美的欣赏与理解能力
评价美	感悟金石名家在道德品质与艺术修养上展现出的人格魅力,体会"百花齐放、百家争鸣"的艺术美感	学习以金石言情达意的方法,感受金石名家通过作品所表现出来的情感、理念与创新意识,以及勤奋坚韧、善于吸纳和执着不懈的艺术追求
创造美	采用舞台剧表演的形式,演绎金石名家生平事迹,丰富校园文化生活,提高文化素养与艺术修养	通过舞台剧展演活动体验创意多元的艺术表达形式,感受金石情、金石美,培养交往能力与团队合作意识

表6　"金石言器"学习目标与学习内容

金石言器	学　习　目　标	学　习　内　容
认识美	进一步感受印泥制作所体现出的工匠精神与创新意识,实现传统技艺的继承与发扬	经历实地访学、观摩印泥制作步骤、欣赏印泥的过程,提高对印泥的欣赏与理解能力

续 表

金石言器	学习目标	学习内容
评价美	在欣赏和评析中为每位学生提供参与活动的机会和展示的舞台,让学生有成就感,体会匠心精神	以印泥铃印会形式,经历印泥设计、制作、展览活动,介绍和展示小组印泥作品,评选最优印泥作品
创造美	在制作和创新过程中,切身感受印泥之美,培养团队合作精神,全面提高创新实践能力	经历对鲁庵印泥制作的了解,结合自身的理解创意制作彩色印泥,体会创新多元的艺术表达形式

表7 "金石言创"学习目标与学习内容

金石言创	学习目标	学习内容
认识美	线上参观故宫博物院文创商店,形成对文创产品的初步认知,激发创作的兴趣	参观故宫博物院线上文创商店,感受传统艺术与现代元素结合带来的实用性与美感
评价美	在选择、利用、整合、再开发的过程中,逐渐掌握创作金石文创作品的流程,寻找其中的规律,形成自己的认识,提升创新意识与能力	分析新材质、新形式在传统艺术传承中所起的作用,探寻金石文创产品的创意元素,学习相关资源的整合、利用与开发
创造美	将篆刻元素应用在实际生活中,开展和金石相关的文创设计与产品制作活动,展现金石的丰富、独特之美,通过文创活动探索金石之趣,发现生活之美	设计制作具有金石元素的文创作品,充分展示自己以金石融入生活场景中所做的创新尝试,开展"金石文创义卖会",增强沟通、表达以及协作能力

(三) 课程实施的连续性:探寻"大美金石"课程实施策略

课程实施的不同取向之间是连续的,课程实施的连续性包含着时间和空间的连续性。从实践上看,课程实施的连续性关注文化引领的聚焦性、学习主题的连续性、内容细化的序列性以及整体要素的融合性。只有将课程内容与实际生活相融合、学习活动与真实情境相融合、学科知识和学科实践相融合,才能整体提升课程实施效果。

"大美金石"课程的实施,既是对原有"金石篆刻"项目的延伸拓展,也为学生在小学阶段搭建了一个系统学习篆刻知识技能、感知金石文化的平台,实施的连续性还体现在:课程从一年级至五年级,会根据每个年级段学生的认知特点,建立"欣赏""认知"到"临摹"直至"创作"这样的一个学习历程,循序渐进,由浅入深。在课时的安排上,"金石言韵""金石言史""金石言创"是限定选修课程,根据需要集中安排课时;"金石言志""金石言情""金石言器"为自主选修课程,在寒假或暑假中以学生成长营的形式完成学习。

1. 实施原则

一是深挖课程资源。充分利用上海博物馆、韩天衡美术馆、吴昌硕纪念馆、国宝鲁庵印泥制作技艺传习所及各大博物馆线上平台等场馆资源,拓展学习方式,拓宽学习空间。借助参观前后的学习任务单,开展有效的研学实践活动,培养学生的审美情趣,树立审美理想。

二是认知策略融入。构建各种富有探索性以及启发性的教学活动,对学生思维进行拓展,以材料、技法、文创等不同形式创意表现金石之美,激发学生在创新创造中提升审美意识,积累审美经验。

三是注重知行合一。引导学生"做中学",通过印章创作、印泥制作体验、篆刻新形式体现和金石文创作品设计等经历,使学生在主动感知、发现、理解、创造的过程中接受美的浸润熏陶,掌握审美能力。

四是搭建展示平台。在课程实施中,创设"金石作品展""金石发展史宣讲会""金石名家舞台剧展演""金石文创义卖会"等情境作为学生展示创意的平台,展现探究精神,表达创新思维,形成"百花齐放"的审美效果。

五是整合学科内容。发掘道德与法治、科学、语文、美术、音乐、劳动、数学等学科中蕴含的金石美学元素,整合相关学科内容。在学习中强调"进行美感教育""培植欣赏艺术的能力",从"智慧""情感""创造"等环节中提炼审美要素。

2. 实施方式

在课程实施过程中,以"大美金石研学之旅"实践活动为组织形式,分别设计"金石言韵""金石言志""金石言史""金石言情""金石言器""金石言创"六个学习领域的社会实践活动(见表8)。

表8 课程实践活动安排

学习领域	活动场馆资源	活动主题
金石言韵	韩天衡美术馆	品美韵,拓视野
金石言志	青田印石市场	观自然,感风情
金石言史	上海博物馆印章馆	明历史,探发展
金石言情	吴昌硕纪念馆	习美德,增美趣
金石言器	国宝鲁庵印泥制作技艺传习所	做印泥,品匠心
金石言创	故宫博物院线上文创商店	赏文创,学创新

在开展实践活动的基础上,以"知识学习与实地考察""结构梳理与要素提炼""创意设计与作品制作""成果展示与反思总结"为基本流程,开展针对"大美金石"课程框架下六个领域的项目化学习流程(见表9)。

表9 课程项目化学习流程

课程活动\流程	知识学习与实地考察	结构梳理与要素提炼	创意设计与作品制作	成果展示与反思总结
金石言韵	亲历韩天衡美术馆	临摹经典印章	设计并刻制印章	印章作品展评会
金石言志	青田研学前准备会	探访青田之旅	设计制作研学地图	研学成果展示会
金石言史	走进上海博物馆印章馆	梳理金石发展阶段及典型作品	绘制金石文化发展史小报	金石文化宣讲会
金石言情	寻访吴昌硕纪念馆	讲述金石名家故事	编写篆刻名家舞台剧剧本	篆刻名家舞台剧
金石言器	访学国宝鲁庵印泥制作技艺传习所	学习印泥制作工艺	创意制作彩色印泥	印泥钤印交流会
金石言创	参观故宫博物院线上文创商店	校园文创产品再设计	设计并制作金石文创产品	文创产品义卖会

(四) 课程评价的连续性：形成"大美金石"课程评价方式

课程评价是持续性的意义建构过程，从过程评价到结果评价、从绝对评价到增值评价是一个连续的过程，具有连续性。课程评价的连续性发生在真实情境之中，通过对课程进展过程中的具体情境和特定时空等的预期，促进评价者对课程评价概念的情境性和整合性理解，实现对相关者的赋能。

"大美金石"课程通过实地考察等真实的活动形式，借助学习单和评价单等工具，让学生进行金石文化的学习，致力于达成课程总目标，全面提升学生的审美素养，实现过程评价与结果评价的连续性。同时，基于对金石文化的理解，课程采用个人或小组合作的形式，让学生进行与金石文化相关的创意设计和作品制作，并进行成果展示与反思总结，从而提升自主和合作学习的能力，实现绝对评价与增值评价的连续性。课程评价的连续性不仅能促进教师更好地教，学生更好地学，而且可以为"连续性课程"的设计、开发和实施提供崭新的蓝本和范例。

1. 评价原则

一是过程性评价。以课程目标为导向，综合运用多样化的过程性评价，关注学生在学习中的进步和变化，特别是学习习惯与审美能力的养成。

二是表现性评价。通过课程的逐步实施，对学生在认识美、评价美、创造美等意识和能力上的表现进行评价。

三是整体性评价。以预先设定的目标为基准，从审美经验、审美情趣、审美能力、审美理想等方面，建立相关评价模型，对学生的审美素养做出整体评价。

四是发展性评价。通过评价及时、准确地获取学生学习与发展的相关信息，正视学生的个体差异，对学生在审美素养的提升方面进行更为适宜的评价，促进学生的长远发展和个性化发展。

五是激励性评价。调动学生参与课程学习的积极性，肯定成果，表彰先进，树立榜样，让评价成为激励学生不断提升审美素养，持续发展的内驱力。

2. 评价方式

一是融入日常观察。教师在"大美金石"课程的实施过程中，收集大量真实的、通过自然观察所获得的记录。观察记录可以采用文字描述、表格记录，也可以运用录音、录像、拍照等方式。并据此撰写相关案例，提供丰富的、反映学生审美素养发展状况的实证依据。同时加以汇总,形成该学生在"大美金石"课程学习中的整体情况分析。

二是检验素养达成。以学生审美素养的维度为依据,用于评价"大美金石"课程建设对学生审美素养培养的效果与价值。以"认识美""评价美""创造美"三个方面为基础,将审美素养进一步分解为"发现美""感知美""体验美","理解美""鉴赏美""评判美","想象美""表达美""创作美"等维度,在不同的学习领域、活动过程中,从知识积累和技能掌握的角度、学以致用和创新发展的角度、情感表达和情感实践的角度检验学生审美素养的达成。

三是参考学习手册。根据"金石言韵""金石言志""金石言史""金石言情""金石言器""金石言创"六个领域设计相应的《"大美金石"项目学习手册》,引导学生记录学习过程和相应成果。在手册中,不仅包含项目计划、学习过程资料、个人与小组的作品,而且融入表现性评价,帮助学生反思学习过程,做出自我评估,提升学习能力。

四是学习成果展示。运用金石文化宣讲会、篆刻名家舞台剧、印章作品展评会、研学成果展示会、印泥钤印交流会、文创产品义卖会等学生乐于接受、参与面广、丰富多彩的形式进行有效评价。

五是突出质量管理。根据"大美金石"课程评估量表(见表10),每学期由课程领导小组和项目工作组顾问专家、教师、家长组成课程评估小组,分别就课程设计(包括课程背景分析、课程目标制定、课程内容设置)与课程实施(包括课程实施和课程评价)对课程展开评估。

表10 课程评估量表

评价指标		评价标准	评价等级			
			优	良	合格	不合格
课程设计(50%)	背景分析(10分)	课程理念先进,能凸显发展特色,体现政策导向、问题导向、学生需求导向;课程开发的必要性与可行性阐述清晰、逻辑性强				
	课程目标(20分)	课程目标体现对学生审美等核心素养的培养;叙写规范,阐述清楚,容易理解				
		课程目标可操作、可达成、可测评				

续 表

评价指标		评 价 标 准	评价等级			
			优	良	合格	不合格
课程设计（50%）	课程内容（20分）	课程内容结构设计合理，逻辑性强，符合学生年龄发展特点				
		课程内容与课程目标一致性强				
课程实施（50%）	课程实施（20分）	课程实施方式以实践活动为主，体现对学生审美等核心素养的培养				
		注重学生非智力因素的发展和能力的培养，体现五育融合思想				
	课程评价（30分）	评价的主体多元化，能从学生、教师以及其他人员处获得足够的反馈信息				
		学习评价方式多样，方法灵活，科学有效、可操作性强				
		学习评价能引导学生交流、展示学习成果，反思存在的不足				
评价者签名			总分：		等第：	

注：90—100为优；80—89为良；60—79为合格，59及以下为不合格

三、"连续性课程"的研究实践成效

"大美金石"课程的设计与实施，是基于学生审美素养的培养，以美育浸润学生，全面提升学生文化理解、审美感知、艺术表现、创意实践等核心素养，丰富学生的精神文化生活，让学生身心更加愉悦，活力更加彰显，人格更加健全。课程建设体现了连续性、一贯性，不仅仅关注学生个别阶段的学习和获得，而且更加重视学生将学习成果广泛应用于实际生活中，让学习成为一个连续的渐进性的过程，让产生的实践成效形成一定的规律和规模，产生更大的影响力。

（一）形成一批研究成果

除研究报告之外，我校还开发出《"大美金石"课程指导手册》，汇编了论文案例集。指导手册里包含一个课程总方案、六个课程纲要和数十个课程单元设计案，既是对课程建设成果的一次总结提炼，又能对课程的深入实施具有指导意义。论文案例集，是师生们在研究中形成的典型做法的一次汇总，是理论和实践的一次结合。《"金石言创"——印章元素的应用与创新》等多篇论文案例获奖或发表。

（二）完善学校课程建设

以"大美金石"课程为代表的"连续性课程"建设，在旨趣方面具有显著的聚焦性，在价值追求方面彰显了课程的内在生长性和价值连续性。课程秉持"教育是连续的"这一理念，在实践中迭代并不断改进，使课程成为联结儿童内在目标与外在表现、经验与认知、个体发展与社会改造的载体，帮助每一个儿童实现从身体到心灵、从被动到自主的自由生长。

我校在办学过程中逐步将金石文化内化为教师群体共有的精神境界、思维方式、人格魅力和行为特征，遵循学生身心发展规律，将金石文化融入课程建设中，在继承优良传统的同时，以高瞻的发展眼光、全新的教育理念、开拓的创新思路，全方位规划、实施课程建设，不断积淀文化底蕴，全面提升校园文化品位，促进学校可持续发展。"金石篆刻"作为学校传统特色、艺术教育的重要载体，经过近二十年的实践和发展，又延伸迭代为"大美金石"课程，有效促进学生审美素养和创造力的培育。课程立足办学传统和培养目标，基于学生实际情况，发挥金石文化特色及地域资源优势，落实好国家课程的校本化实施，同时满足学生个性化学习需求。

在新课程理念下，"大美金石"课程以指向核心素养的大单元、大任务、大概念或大项目为组织形式，按照学习逻辑整体思考与推进大单元学习设计，整合相关学习资源、内容和方法，引导学生构建完整的知识体系，加强知识间内在关联，促进知识结构化，使学习具有整体性、系统性、连续性和逻辑性。大单元学习设计注重情境的生活化、趣味性，创设和谐有序的真实情境、任务，设计需要探索的真问题，让学生思维能够在真实情境中，基于知识和技能的运用发展概念性理解，借助概念的迁移和协同思考，自主有效解决问题。让学生在经历学习的过程中学会学习，掌握学习方法。

"大美金石"课程实施注重"做中学""用中学""创中学",创设真实情境,加强知识学习与学生经验、现实生活、社会实践之间的联系,引导学生参与多种形式的实践活动,经历发现问题、解决问题、建构知识、运用知识的过程,在寻访、观察、调查、实验、记录和思考中主动建构经验,自主分析并解决问题;开展任务式实践,创设设计、制作、表演等真实任务唤醒学生经验,完成学习任务;开展体验式实践,让学生进入社区、场馆,通过职业体验、志愿服务等形式等参与社会活动。

(三) 提升学生审美素养

1. 学生加深了对美的认识,学会发现美、感知美、体验美

一是发现传统艺术之美。金石艺术作为中华优秀传统文化艺术,一方面,具有物质文化和精神文化的双重属性,富含实用价值和审美价值。金石艺术的形成和发展,与中华历代的政治、经济、文化等密切相关,凝聚着中华民族的审美经验。通过"金石言韵""金石言史"领域的学习,学生发现其中的关联,体会到其中的内涵。另一方面,金石作为一门纯艺术,其审美价值表现在它十分强调主体精神,主张抒情、比兴,将有个性的审美意趣融入作品形式,重视以情、意、境、趣为内容,以抽象文字的线条与结构为其表现形态,学生通过金石创作表达个人的审美追求,抒发情感。

二是感知中华自然之美。一方面,在"金石言志"领域学习中,学生能了解四大名石产地的地理风貌和风土人情,品味其中蕴含的自然之美。在"金石言器"领域的学习中,学生掌握了如何运用大自然中的素材,提炼制作各种色彩的印泥,感受自然界的奇妙,感悟古人的匠心独到之处。另一方面,通过"金石言创"领域学习,学生在金石作品创作过程中,以"自然之美"为主题,刻印"鸟鸣山更幽""杏花微雨江南""妙境"等作品,将大自然的意蕴融入小小的印章之中。

三是体验身边生活之美。一方面,在"金石言情"领域的学习中,学生感悟人格魅力之美,学习篆刻名家立志成才、坚韧不拔、好学奋进的优秀美德,以其人格之美作为修身立学的榜样;另一方面,培养学生有一颗发现生活之美的心,通过金石这一艺术形式,关注身边事,聚焦中国梦,记录家乡美,印刻爱国情,并将学到的知识技能用于生活中对美的创作,从环境布置、物品装饰、衣帽服饰,到言行举止,用不同的形式表现出来,时时处处带来美的享受。

2. 学生掌握了对美的评价，学会理解美、鉴赏美、评判美

一是知晓如何理解美。美的表现形式多种多样，通过"大美金石"课程的学习，让学生逐渐理解美的不同表现。一方面，学会将汉字书法的美，与章法表现的美、刀法展现的美及金石自然美融为一体，表现金石艺术的外在之美；另一方面，通过领会金石的气韵、神采、风骨和格调，彰显金石艺术的内在之美。尤其是通过"金石言创"领域的学习，明白优秀传统文化艺术需要在传承中发展，通过对新材质、新形式的把握和创造，敢于大胆表现美，享受创造带来的美感。

二是知晓如何鉴赏美。一方面，学生学会了欣赏金石等优秀传统文化，从中得到美的享受；另一方面，学会鉴别美的种类（壮美、秀美、健美等）和程度（较美、完美、最完美）并加以评定，这样让学生对美的鉴赏更加理性。而鉴赏美要求具有较高的审美趣味、审美观点、审美标准及一定的艺术修养，如对金石艺术的基础知识、对金石艺术内容的熟悉及对金石作品的分析、综合和判断能力等。这样的学习，在无形中极大提升了学生的审美能力。

三是知晓如何评判美。引导学生用自己的语言表达出对美的理解，做出恰当的评价。一方面，从金石的印面篆刻美、印石材质美、印纽[①]雕刻美等维度，评价金石之美，做好审美知识积累，形成自己对金石艺术之美的理解与认识；另一方面，能以美的眼光去评价身边的事物，并感悟艺术创作在不断演变之中呈现的活力之美、创新之美，更能掌握如何通过作品创作，表达自己的情感态度价值观，彰显自己所要传达的旨趣，表现自己的精益求精、坚韧顽强，展现自己的博闻广记、聪颖好学。

3. 学生形成了对美的创造，学会想象美、表达美、创作美

一是提高了对美的想象。想象是一种创造性的思维活动，是审美活动中的一种重要的心理功能。一方面，通过对金石元素的艺术性的思维——联想、想象和共鸣，加深对金石艺术意蕴的理解，增强审美感受，并将金石的形象和学习生活中的现象联系在一起，得到一种美的享受；另一方面，通过"金石言创"等课程学习，加强对学生想象力的培养，引导学生对于所欣赏的金石艺术进行"再创造"，提升自己的抽象思维能力，打开自己的想象空间。

---

① 印纽又称"印钮""印鼻"。古玺印背面凸起处有孔眼，可以穿绶佩戴，称之为纽或钮。——作者注

二是提高了对美的表达。一方面,学生将获得的审美感受和审美鉴赏通过语言、文字等进行审美表达,就会对以金石为代表的中华优秀艺术之美的认识愈明确、愈巩固、愈提高,通过表达使学生的认识定形,感情深化;另一方面,从审美情趣、审美能力、审美理想等角度出发,创设"金石文创作品展""金石名家舞台剧展演"等审美情境,让学生经历感知、理解、欣赏、品味的过程,在此过程中赋予自己的想象与情感,从情感熏染中获得真、善、美的审美体验。

三是提高了对美的创作。一方面,以金石艺术作为培养学生动手、动脑,启发创造性思维的重要手段,通过各种富有探索性以及启发性教学活动的构建,拓展学生思维,以材料、技法等的不同形式表现金石之美,增强学生的创新思维与创造能力;另一方面,引导学生将金石元素应用在实际生活中,开展和金石相关的文创设计与产品制作活动,展现金石的丰富、独特之美,探索金石之趣,发现生活之美。

课题组设计了相关调查问卷,采用对学生随机抽样的方式开展调查。此次调查总共发放问卷150份,每个年级50份,回收有效问卷145份。根据回收调查问卷进行统计后的结果来看,对"大美金石"课程感兴趣的同学占到96.5%;对六个领域活动参与积极性高的占99.2%;对通过课程学习提高自己审美素养持完全肯定态度的占95.2%;愿意继续学习相关课程的占98.3%;对通过课程学习有能力在生活中表达美、创造美的占93.6%。由抽样调查的数据可以表明,学生对"大美金石"课程学习兴趣高,对审美素养的提升与运用持积极自信态度。

在对学生进行访谈时,学生更多谈到对"大美金石"课程的喜欢与收获,例如:当美术书上出现篆刻艺术鉴赏,孩子们会侃侃而谈;有外校老师来参观时,学生们化身为小导游自信满满地介绍学校的"金石十景"。学生们的文化自信,民族自信就是从日常的文化、艺术熏陶中积累而成的(见课例1)。

课例1:语文学科中的审美素养

教育背景:

学校"大美金石"课程建设,通过全方位规划、实施,不断积淀课程底蕴,并以此作为提升学生核心素养的重要载体,帮助学生在优秀传统文化的熏陶中得到美的享受。

课例分析:

统编版语文学科《口语交际:名字里的故事》是一个可以有效链接课堂和生活实际的主题,并能将审美内涵注入其中,让学生留下深刻印象。

- 低年段铺陈,赏金石之美

记得在小学低年级主题式综合活动课程中,班级曾经深入开展了"小石探姓氏"的活动,学生从语文课本里的《姓氏歌》中学到了介绍姓氏可以通过拆分再组合的方法,如"言午许,弓长张,子小孙,美女姜……"教师在课堂中适当拓展:诵读《百家姓》片段;亲子查阅百家姓中的大姓的说法;亲子认识复姓,了解历史上复姓名人的资料等。学生清楚地知道对于姓氏,自己不可随意更换,姓乃是家族的传承。低年级课堂中的"赏金石"活动,学生欣赏了各类姓氏的篆体,并动手描绘自己的姓氏,让学生从感官和言语中初步感受金石的魅力。教师适时采访,学生畅谈感受。

生1:篆体字很复杂,很难认,以前我从来没有见过。

师跟进:篆体字确实有它独特的魅力,学校的各个地方都有这些神奇的文字,等着你们去找寻呢!

生2:原来我的姓用篆体书写是这样的,很特别,我很喜欢。

师跟进:是呀,篆体给我们的姓氏来了一次全新的变装,我们在宋体、楷体的基础上又认识了一种字体。

生3:我的姓,用篆体刻在石头上,可以成为印章,我是一个很厉害的人。

师跟进:确实很多厉害的名人都会刻印,将自己的名字,或是自己很喜爱的名言刻在印章上保存。如韩天衡爷爷……

师铺垫:其实我们学校一直在实施"大美金石"综合课程,小朋友们就像一块块小石头,在老师和家长的教导下,大家都能"点石成金",成为闪亮的存在。我们还需要"小石头"带领我们,成为更出色的自己。

课堂中老师的指点,让学生对"金石"有了极大的兴趣,孩子们将自己姓氏的篆体样式,以及听来的有关"金石"的话题向家人分享,作为新鲜事给家长介绍,一定程度上,将课堂所学延伸到家庭,口语交际也在生活中真实发生了。

后续发现,在上下楼的时候,在倒水的路上,在去厕所的途中,总能看到学生像寻宝般停下脚步的小身影,他们在欣赏,在谈论,在询问。"小石头"形象,以及"金石专栏""金石大道"等在那一刻也突然有了温度。"金石"这个名词像一颗种子,已悄悄种入孩子幼小的心田。

● 中年段提升,悟金石之美

《口语交际:名字里的故事》课堂上,学生回忆低年级的"金石探姓氏"活动,清楚大方地介绍自己的姓名。说到姓时,大家会这样说。

生1:我叫李某某。我姓李,木子李,我跟爸爸姓,这是我们家族的传承。

生2:我叫郑某某。我姓郑,我和爸爸妈妈一个姓,很巧的是他们都姓郑。爸爸和妈妈有时会说,我是他们各自家族的传承者。

生3:我叫张某某,我出生在山东菏泽一个叫张家村的地方,我们一个村子里的人都姓张,所以我也姓张。

师评:几位同学说得很清楚,姓氏是家族的传承,我们的姓,就代表着我们有着传承家族美好品德的责任。

而本堂课的重点是《名字里的故事》,名字里的故事更多是家人的殷殷期盼和美好的祝愿。每位同学的名字肯定都有特别的来历,学生在预学阶段,与家长交流后,大致了解名字的来历,知道起名时也许还有一段特别的故事。

生1:我叫玉鑫,我的姓是……妈妈说名字中的"玉"指像玉石一样珍贵,我就是爸爸妈妈最珍贵的礼物。"鑫"是三个"金"的组合,家人希望我能很富有。

师:名字中有父母美好的期许。一个玉、三个金,都是珍贵的代表。

生2:我叫鑫宇,我的名字里也有三个"金",我的名字是我爷爷取的,爷爷找了精通五行的先生,说我五行缺"金",希望我补足,所以名字里有了"鑫"。

生3:我叫鑫瑶,"瑶"中有"王字旁",古时候叫"玉字旁",我的爸妈同样也是认为我像玉一样宝贵。而三个"金",爸爸说可以有不同的含义,第一个"金"表示我可以很富有,第二个"金"代表我能像金子一样发光,第三个"金"我有点想不起来了。

师:其实第三个"金",你可以有自己的理解。

生4迫不及待:你是金石少年呀!你的照片和名字在学校金石走廊里。

生5脱口而出:你还可以说点石成金、金石可镂。

师问生3:你现在可以说说你第三个"金"有什么含义了吗?

生3：第三个"金"也许是安排好我以后可以成为学校的"金石少年"吧。

师：看，你对第三个"金"有了自己的理解，也希望你能一直用"金石少年"的标准来要求自己。其实，你刚才的说法，有点像"屠呦呦"奶奶名字的来历，仿佛命中注定一般，课后你可以去了解。

师提升：其实刚才的三位同学名字里的"鑫"，三个金可以有不同的含义。另外，大家肯定注意到"鑫"是品字结构，是品质的代表，大家常常听到或看到金石少年、点石成金、金石可镂……学校也如我们的大家长，期望大家能有金石一样的品质。

- 高年段提炼，铸金石品质

"点石成金，大美无言"的校训，"像金子一样闪亮的金石品质"，"锲而不舍，金石可镂"……这些词句，学生到了高年段定是耳熟能详，也必定能给低年段的学生做好示范和引领。因为"金石"在高年段学生的心中早已扎根颇深。

"金玉之声"广播站的广播员和小记者，"金石少年讲解员""金石之星"等就像活跃在学校各个角落的一个个活脱脱的"小石头"，他们在分享，他们在服务，他们在"炼金"。也许你会听到这样响亮的声音：

金石少年：大家好！我是方泰小学某某，"方"是一方印的"方"，"泰"是稳如泰山的"泰"。不管是一方印还是屹立的泰山，是不是能让你想到四四方方的石头？方小的特色是篆刻，老师们正如一把把刻刀，不断打磨我们这一块块石头。经过不断地雕琢，请静待"点石成金，璞石成玉"的一日。请记住我，我是小石头某某。

……

（四）丰富课程学习方式

一是梳理了项目化学习的基本流程。在开展实践活动的基础上，以项目化学习为载体，创设真实而富有挑战性的问题情境，引导和支持学生持续探究，尝试创造性地解决问题，并通过个性化的方式展现相关学习成果，不断培养学生基于真实生活创造性解决问题的能力。课程以"知识学习与实地考察""结构梳理与要素提炼""创意设计与作品制作""成果展示与反思总结"为基本流程，创设"为什么印泥不只可以是红色""为什么说艺品即人品"等问题，开展"大美金石"课程框架下六个领域的项目化学习。

二是形成了跨学科学习的探索实践。"大美金石"课程综合运用多门学科知识，将学习活动的主题,融合和统整于项目的学习过程中。通过对"青田石""昌化石"等石材的认识,在科学、道德与法治等学科中,渗透石材的原料产地、地形地貌等知识,体会祖国的地大物博;在道德与法治、语文等学科中,通过对从金文、篆文到现代汉字的进化史等知识的了解,感悟祖国历史长河中所取得的伟大成就;在道德与法治、美术、语文等学科中,感受金石家身上所体现的优秀品质与人格魅力,浸润人文意蕴与历史传承;在语文、美术、音乐等学科中,领略篆刻、书法等中华优秀传统艺术的博大精深;在美术、劳动、信息科技等学科中,系统学习篆刻知识与技能技法,并借助现代化技术手段,赋予传统艺术创新元素。

  三是得到了情境化问题的真实解决。在课程学习中,基于学生经验,在学生认知中,确立需要解决的情境化问题,经过发现问题、提出问题、分析问题、提出假设、评价验证、得出结论等几个阶段,在解决问题的过程中,让学生的审美经验得到提升。如针对"为什么古老的印章在现代社会还能发挥它的作用"这个问题,借助艺术场馆资源,开展"探究小挑战——寻找我最喜欢的一枚印章""知识大搜索——找到我最需要的一份资料"等探究活动,梳理印章在不同时期的作用和意义,找寻印章在现代生活中的实际应用。如学生们发现了北京2022年冬奥会和冬残奥会的体育图标,就是明显的汉印篆刻风格,是将冬季运动元素与中国传统文化巧妙结合,而它体现的美感和动感,是任何一门艺术所不能比拟的。

  四是探索了学习成果的多样表达。通过"大美金石"课程的学习,学生最终形成了一个或一系列作品成果。这些作品的表达主题多样、内容新颖、形式多样,如图片、音频、视频、戏剧表演、实物模型、文字作品等,充分体现了学生学习的个性化表达,更好地阐释了知识的融会贯通。如通过"金石言志"课程的学习,学生们被形态各异的石材所吸引,一个小型的"石头秀"展览会在校园里开展起来,从石头的采集、摆放,到石头的介绍、命名,再到现场的讲解、展示,学生们把对美的追求,用不同的方式表达出来,并做成影像资料进一步推广。

(五)保障课程学习资源

  一是利用了"金石课程"场馆资源。上海博物馆、吴昌硕纪念馆、韩天衡美术馆、国宝鲁庵印泥制作技艺传习所等与"金石文化"有关的场馆,成为课程学习的有利资源。首先,这些场馆造型美观,展品布置精美,无不给人以美的感受;其次,丰富多彩的藏品,每一件背后都隐藏着一个生动的故事,蕴含着不同时代对美的追求,给学生美的熏陶。此外,通过与场馆的深入合作,学生亲自参与了场馆的文化布置、展品介绍,并担任义务讲解员,这样的过程,更是加深了学生对美的感知认识与个性化表达。

二是挖掘了"内外兼修"师资力量。盘点教师专业和兴趣特长,鼓励教师积极参与课程开发与实施;依托学校作为"全国优秀传统文化传承学校"和"上海市'篆刻进校园'试点学校"的优势,聘请专家走进校园提供专业指导;在学校家委会的支持下,广泛征集家长资源,有效发挥家长的特长和职业方面的优势。定期组织开展课程的专题教研和校本培训,通过专家讲座、外出观摩、理论学习、主题论坛等形式增强教师课程实施和评价的能力。通过课程案例评比、课程公开展示、教学擂台赛等形式,提高教师参与课程开发与实施的积极性。

(六)促进教师专业发展

一是教师的课程意识得到提升。随着"大美金石"课程建设推进,一系列的自学、集体学习、培训交流带来了教师思想观念的转变和课程意识的提升。在思维碰撞中,教师的观念发生了根本性变化,他们既是课程最忠实的"执行者",也是课程的"决策者"。课程建设激发了教师自我发展的需要,催生了教师创新思维,构筑起了师生共同发展的平台。

二是教师的专业素养得到优化。学校的教师队伍整体年轻,专业素养高,有较强的探索创新意识,在"大美金石"课程建设中,通过不断地研究实践,逐步形成了一定的教育教学特色。通过课程研究的参与、组织、指导和管理,转变课程观、教学观和教学方式,使教师能真正从学生需求角度出发,关注学生审美体验,让学生愉快学习、体验成功。

三是教师的研究能力得到提高。课程建设是一个有组织、有目的、有计划地行动研究的过程,教师在这一过程中不断反思,不断扬弃,这样的过程实则就是一个不断提高的过程,教师的科研能力得到进一步的提高。多位教师的论文、案例在刊物上发表,并获得多个奖项。

在"大美金石"课程研究之初,学校对教师进行问卷调查和访谈,从中了解到,有近一半教师认为课程学习要花费的时间、精力比较多,学习难度也很大,并不是很支持学生们参与。后续课程不断推进后,又再次对教师进行问卷调查和访谈,发现教师对课程实施普遍认可,他们认为,学校并不是单一地开展篆刻教学,而是以"大美金石"为主题进行多学科融合,开展大项目教学。教师们自身的美育素养有提升,学生也有明显变化。美术老师说学生的艺术鉴赏能力有了很大提高,语文老师说学生的品德素养有了很大提升,体育老师说学生更自信了,班主任说班级更团结了……因此,教师队伍对课程实施的认同度有了很大提升。

(七) 增强学校办学效能

几年来,"大美金石"课程建设由零散走向系统,由宽泛走向凸显,保持了很好的持续发展的势头。尤其是学校之前开展的篆刻项目,对人文情怀、美学意境、价值引领等内涵涉及不多。因此,针对学校90%学生是外来务工人员随迁子女的现状,升级后的"大美金石"课程,充分挖掘金石艺术中的育人内涵,将金石作为审美对象,将物质美与精神美不断叠加累积,形成内涵丰厚、触动人心的审美载体,使学生在学习中不断体验金石的美学意蕴,以此提升他们的美学修养,培养他们的审美能力。学校先后获得全国优秀传统文化传承学校、上海市校园文化建设"一校一品"特色学校、上海市小学低年级主题式综合活动课程试点校、上海市"篆刻进校园"试点学校、嘉定区教育综合改革示范校、嘉定区新优质学校、嘉定区艺术教育特色学校、嘉定区劳动教育特色学校、嘉定区"非遗进校园"试点学校、嘉定区书法篆刻联盟校、嘉定区综合课程建设实验校等荣誉。

总之,我校以"大美金石"为主题的"连续性课程"的实施,是对传统文化的一次传承和发展,将金石元素与实际生活相联系,时时处处展现传统文化的独特之美,体现了中华优秀传统文化的延续性、创新性和适应性,具有丰富的文化内涵和历史价值,同时有着很高的可操作性。"以'大美金石'课程为载体培养小学生审美素养的实践研究"课题,既丰富了学校"连续性课程"建设,又有效提升了学生的审美素养,并促进了学生德智体美劳的全面发展。我们认为,"大美金石"课程建设是提高学生核心素养、促进教师专业发展、发挥社会功能和实现教育理想的有效途径。我们将在实践的基础上继续加强研究,对接新课程方案和新课程标准,进一步完善学校课程建设管理制度和运行模式,着力培养学生的核心素养,稳步提高学校教育教学质量。

(撰稿者:上海市嘉定区方泰小学　姚　忠)

第一章

连续性课程：为了儿童的自由生长

教育是具有连续性的，连续性课程彰显出特色课程建设的一般规律。"大美金石"课程在价值追求方面彰显了课程的内在生长性和价值连续性。在这里，课程成为联结内在目标与外在表现、经验与认知、个体发展与社会改造的价值载体。

世界是连续和非连续的统一:人与社会的发展既具有连续性,又具有非连续性。对于人来说,理解能力与心智状态一般是随着年龄的增长而发展的,此为连续性;但有时,也会有一些突发事件,对人的身心发育产生重大的转折或深远的影响,此为非连续性事件。[1] 社会亦是如此:一般情况下,社会是在当前的基础上不断纵深发展的。但有时,一些因素也会使社会的发展取得飞跃式的突破。

倘若没有连续性的存在,也就没有非连续性可言。总体而言,连续性是人和事物在发展时主要遵循的规律。杜威认为,教育是具有连续性的:对于个体来说,体现为经验与认知的相互作用;对于社会来说,个体的发展与社会的进步相辅相成。这也是目前教育界的主流观点。[2]

基于杜威"教育具有连续性"的观点,上海市嘉定区方泰小学以培养学生热爱金石文化为旨趣,以行动传承金石文化为目标,开发了"大美金石"课程,力求使儿童在实践活动中获得身心的自由生长。方泰小学"大美金石"课程在价值追求上具有连续性,聚焦明显,彰显出特色课程建设的一般规律和特点。

一、杜威教育哲学的核心:连续性

杜威认为,传统的二元论导致了理性与经验、精神与物质、目的与手段、个人与社会等的二元对立。这一观点令教育与儿童的天性相违背、教育内容与儿童的生活经验相脱离、使得儿童只是按照外部的要求机械地生长,儿童生命中的活性、创造力没有得以充分发挥。[3] 为此,杜威提出了"连续性教育"思想。杜威的"连续性教育"思想要点如下。

(一) 外在表现与内在目标的连续性

学校的诞生、教育的初衷,是为了帮助儿童掌握生活中的一些必备技能。譬如,农业时代,家长把孩子送到作坊学习手艺;到了工业时代,社会则又把学生看作"原料",把学校看成加工原料的"机器",一切都将学生是否习得某门手艺作为价值追求。[4] 即当时

---

[1] 于凤银. 非连续性教育思想探讨[D]. 曲阜师范大学,2003:2-8.
[2] 陈国清. 经验与教育——杜威教育哲学的得失新探[J]. 高教探索,2019(2):23-28.
[3] 王红莉. 杜威"经验"课程思想及其实践研究[D]. 天津师范大学,2009:4-10.
[4] 拉尔夫·泰勒. 课程与教学的基本原理[M]. 施良方,译. 北京:人民教育出版社,1994:6-12.

的学校课程往往仅以外在的表现作为课程的目标,却忽视了来自儿童内部的生长需求。

杜威认为,教育是一种主动的过程。[①] 学生自身在内心具有学习新知、完善自我的价值追求。学校要做的是,为学生提供一切符合他们身心发展需求的条件,以充满趣味的情境、贴近生活实际的实践活动、螺旋上升的递进式课程目标等,引领学生主动投入学习,帮助儿童实现可持续生长。

学校结合学生所处的认知阶段,以及发自内心的想法所制定的课程目标,能激发学生强烈的自主学习愿望。在此基础上,把与学生相关的一些行为描述作为目标达成的外显特征,可将内在目标与外在表现建立对应与勾连:以内在目标引导外在表现的界定,以外在表现评判内在目标的达成度。两者互相促进,推动学校课程连续发展。

(二)认知与经验的连续性

"经验是有机体在与其周围环境互动的过程中产生的。"传统二元论主张主体与对象的分离,而杜威强调了经验的连续性,他认为:是过往的经验累积,塑造了人对当下的认知。[②] 譬如,儿童不小心碰到了刀子被割伤,神经的疼痛反应会在儿童的脑海中建立"刀子是危险的,要远离"的观点;随着年龄的增长,这一观点可能被扩充为"一切尖锐的东西都是危险的""对于锋利的东西要用罩子把它遮盖住"等概念。借助经验,儿童建立起对危险物品的认知并产生了自我保护的意识。

由此可见,经验不完全是被动的产物。儿童意外被刀子割伤,是一种"被动"获得的经验;但经认知的加工,儿童主动选择避开类似的、尖锐的物品,却形成了一种"主动"的经验。经验经过大脑的思考,成为人反思过去,预测未来的纽带。经验不是简单、重复的感受;经验刺激认知的发展,反之,认知又指导人们在原有的基础上继续探索,获得新的、有价值的经验。

因而,经验与认知是互相缠绕、密不可分的关系,蕴含着"交互融通"的连续性。

(三)个体发展与社会改造的连续性

杜威的目光始终投向社会中的人,关注人的社会生活。他认为,"社会是在传递中发展的"。人作为一个社会成员,其发展与群体的进步是紧密相关的:个体在完善自

[①] 王红莉. 杜威"经验"课程思想及其实践研究[D]. 天津师范大学,2009:8-10.
[②] 马开剑. 杜威重建经验概念的课程价值[J]. 华东师范大学学报(教育科学版),2005(1):22-27,37.

我的同时，也会推动社会的进步；反之，社会在发展的同时，也会促进个体的成长。①

从纵向角度来看：儿童作为建设社会的预备军，其所接受的教育将促进儿童在品德、能力、审美等方面的发展；长大后的儿童又将依靠自身的价值观和本领对社会进行改造，使之变得更加美好。

从横向角度来看：不同个体各异的创见，通过沟通、传递与改进，其智慧被更多社会成员接收；在此基础上，容易诞生更多的创见，从而推动社会的发展。为了社会发展的丰富性和多元性，应给予每个个体自由发展、平等表达、彼此借鉴的机会。

综上所述，杜威的"连续性教育"思想具有外在表现与内在目标的连续性、认知与经验的连续性、个体发展与社会改造的连续性等多维特征。这些特征为方泰小学开发引领儿童实现"自由生长"的课程奠定了理论基础。

二、促进儿童生长的课程象限

基于对杜威"连续性教育"思想的认同，方泰小学在原有课程的基础上，开发了"大美金石"课程。以"经验"与"认知"为纵坐标、"个体"与"社会"为横坐标，"大美金石"课程可划分为四个象限，如图1-1所示。

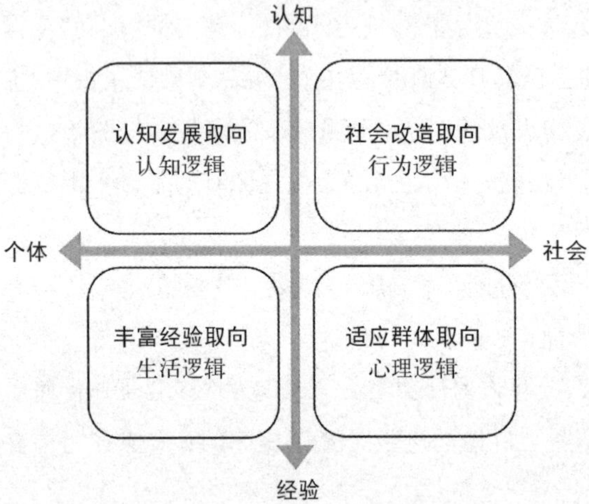

图1-1中，各象限内涵如下：

第一象限由"个体"和"认知"相交而成，该象限体现的是认知逻辑：个体只有借助于学习，才能不断提升自身的认知水平。

第二象限由"个体"与"经验"相交而成，该象限体现的是生活逻辑：通过多样的生活实践，个体方能丰富自身的经验，并为积累新的经验做积累和铺垫。

图1-1 "大美金石"课程象限图

---

① 王红莉.杜威"经验"课程思想及其实践研究[D].天津师范大学，2009：12-14.

第三象限由"经验"与"社会"相交而成,该象限体现的是心理逻辑:只有分享各自的经验,一个有凝聚力的群体才会形成并不断壮大。

第四象限由"认知"与"社会"相交而成,该象限体现的是行为逻辑:社会群体的认知水平越高,则社会得到良好改造的可能性就越大。

三、"大美金石"课程的连续性

结合课程象限图而言,"大美金石"课程的连续性主要体现如下。

(一)目标设计的连续性:在内在目标与外在表现之间

教育是一种改变人行为方式的过程。教育的目标应该始终具有高度的一致性,避免学生因为前后矛盾而陷入困惑。[①] 制定课程目标时,教育者需要考虑这些目标是否能让学生的内在思想和外在行为呈现某种程度的整合与连贯统一。

自21世纪初,嘉定区方泰小学即已将篆刻作为一门承载艺术教育与育人塑品功能的校级课程。随着时代的发展,学校已不满足于仅仅引导学生掌握单纯的篆刻技艺,而是要把学生带进更加博大的"金石文化"艺术殿堂。

方泰小学将"培养儿童热爱金石文化,以行动传播金石文化"作为课程总目标,在一至三年级学生仍继续学习"中华篆刻"课程的基础上,针对四、五年级学生开发了"大美金石"课程。其课程目标设计如表1-1所示。

表1-1 "大美金石"课程目标设计

目标阐述 目标维度	"传统篆刻"课程目标 (一至三年级)	"大美金石"课程目标 (四、五年级)
问题解决 (外在表现)	会解决在篆刻过程中遇到的雕刻手法方面的问题	会根据石材特性作分析,掌握不同石材的篆刻技巧
创意物化 (外在表现)	能手工独立完成篆刻作品	能借助现代智能设备,设计包含金石元素的文创作品,制作成品

[①] 拉尔夫·泰勒.课程与教学的基本原理[M].施良方,译.北京:人民教育出版社,1994:26-28.

续 表

目标阐述＼目标维度	"传统篆刻"课程目标（一至三年级）	"大美金石"课程目标（四、五年级）
价值体认（内在目标）	认同"篆刻"的美学价值	了解包括"篆刻"在内的中华金石文化的发展史，认同其价值
责任担当（内在目标）	建立热爱篆刻的思想感情，以及传承"篆刻"技艺的责任意识	通过义卖自制的金石文创产品、表演金石名家舞台剧等方式传播金石文化，扩大其影响力

由表1-1可知："大美金石"课程不仅在"目标阐述"方面体现了课程开发由点及面、螺旋上升的连续性，在"目标维度"[1]方面更是体现了儿童在学习课程时，内在目标与外在表现之间的连续性：当儿童学习愈多的篆刻技巧，其对金石文化的兴趣也就愈加浓厚；反之，当儿童建立起对篆刻等金石文化的喜爱，也就会更加用心地创作文创作品，主动投身到弘扬金石文化的活动中去。

（二）内容呈现的连续性：在经验与认知之间

杜威一直强调"做中学"，即儿童要从经验中学，从活动中学。[2] 为了贯彻这一点，方泰小学"大美金石"课程在课程内容的呈现方面，努力做到实践与认知相结合，引导学生将所见、所闻、所感与头脑中对金石文化原有的认知建立链接，以经验促进更深层次认知的建构，以认知指导更进一步经验的获取。

通过参观上海博物馆，增加了学生对金石文化发展阶段的了解；通过参观名人纪念馆，学生进一步走近金石名家，并为其精益求精的品格所折服；参观美术馆时，学生通过观察与比较，分析了经典印章的布局及笔法特点；抵达印石市场后，学生们通过看一看、摸一摸、闻一闻等具身认知的方式，辨别不同石材的特性，并了解形成这一现象的原因；通过参观故宫博物院线上文创商店，学生学会了用艺术设计的眼光重新看待生活中熟悉的各类文创产品（见表1-2）。

---

[1] 李宝敏.中小学综合实践活动课程的目标指向：核心素养发展[J].中小学管理,2017(12):8-10.
[2] 王凯婷.杜威"做中学"思想对新时代劳动教育的启示[D].喀什大学.2022:2-5.

表1-2 "大美金石"课程内容呈现

课程内容＼儿童发展	"行"（经验）	"知"（认知）	"意"（思维）	"情"（感情）
金石言史	参观上海博物馆印章馆	了解金石文化的发展阶段	归纳	热爱金石文化
金石言情	寻访吴昌硕纪念馆	知晓金石名家的故事	演绎	崇敬金石名家
金石言韵	亲历韩天衡美术馆	分析经典印章的布局、笔法	比较	领略金石之魅
金石言志	探访青田县	感受地理风貌	分类	甄别金石之异
金石言器	访学国宝鲁庵印泥制作技艺传习所	体验制作印泥	分析	感知金石之趣
金石言创	参观故宫博物院线上文创商店	知道文创作品的设计要素	创造	弘扬金石之美

如表1-2所示，"大美金石"课程引导儿童通过实地调研、自主探究等方式，寻找到经验与认知的联结，回归到"社会即学校，生活即教育"[①]的本原；同时，课程激励儿童将动手与动脑相结合，释放自身的童趣与创造力。通过激活儿童"行、知、意、情"的交互，实现"教育即生长"的理念。

（三）课程价值的连续性：为儿童未来改造社会赋能

今日的儿童即未来的建设者。儿童在当下所习得的经验、形成的认知模式、养成的价值观会对明日其改造社会产生深远的影响。儿童在"大美金石"课程学习中培养的对历史的尊重、对自然的探索以及对艺术鉴赏与创作等能力，会引导他们在将来成为一名德智体美劳全面发展的社会主义建设者与接班人。他们也必将在度过儿童期以后，仍继续坚持对"真、善、美"的追求，为弘扬金石文化、建设一个理想的社会而奋斗终身。

---

① 张华.陶行知生活教育观：内涵、价值和境界[J].中华文化论坛，2017(2)：54-60.

综上所述，上海市嘉定区方泰小学的"大美金石"课程在旨趣方面具有显著的聚焦性，在价值追求方面彰显了课程的内在生长性和价值连续性。今后，方泰小学将秉持"教育是连续的"这一理念，在实践中迭代并不断改进，使课程成为联结儿童内在目标与外在表现、经验与认知、个体发展与社会改造的载体，帮助每一个儿童实现从身体到心灵、从被动到自主的自由生长。

（撰稿者：上海市嘉定区方泰小学　傅燕萍）

▎课程智慧 ▎

"金石言史"课程的生长价值

金石篆刻于方寸之中、红白之间创造各种美的结构和形式。"金石言史"课程将带领学生实地参观上海博物馆的印章馆，亲身体验篆刻在历史长河中的发展，通过绘制思维导图、创作金石文化发展史小报、宣讲篆刻发展史等一系列的活动，体悟篆刻在不同发展时期的演变和创新所在，感受中华民族悠久历史和传统文化的独特魅力。

（一）课程背景

方泰小学是"上海市'篆刻进校园'试点学校"，经过十余年的实践和发展，篆刻成为学校课程体系的重要板块，并升级迭代为"大美金石"课程。"金石言史"课程是该系列课程中的第一门必修课程，属于普及性课程。学生在本课程中对篆刻文化进行初步感知，在理论与实践相结合的学习经历中为后续开展与篆刻相关的各种创作打下坚实的基础。

本课程在设计时十分注重将理论与实践相结合。本课程适用四年级。学生通过一、二、三年级对篆刻基础知识的学习，对篆刻有了基本的认知，发展了一定的审美与欣赏能力。本课程让学生走出书本，将学到的理论知识应用到实践当中，实地观赏我国不同历史时期的印章并进行记录，进一步提升收集和整理资料的能力。

同时，本课程尝试帮助学生对金石文化世界进行系统建构。本课程为"大美金石"

课程的首门课程,带领学生走出校园,走进更丰富更宏伟的金石篆刻世界。通过本系列课程的学习,学生在绘制思维导图、创作印章小报的活动中提升自身的归纳与总结能力,进而能够将原先已有的零散的篆刻知识进行系统建构,同时,学生结合自身理解,以宣讲会的方式宣讲篆刻发展史,将金石文化的魅力发扬光大,开启更精彩的金石文化之旅。真正做到"人人会拿篆刻刀,个个金石显创意"。

(二) 课程目标

(1) 通过考察上海博物馆印章馆,初识印章相关知识;以小组合作的形式收集印章演变过程的资料以及探究经典篆刻作品在各个时期的关键作用,积极参与互动和分享,体会金石的魅力。

(2) 学习思维导图的相关知识,锻炼逻辑思维;以绘制思维导图的形式梳理各个历史时期的代表印章,体验如何借助思维导图呈现篆刻的历史发展脉络,深入研究印章在关键历史事件中的作用,提升信息分析与处理能力。

(3) 通过组内分享与交流,纵向梳理不同主题下,印章在各个历史时期的发展历程,合作创作金石文化发展史小报,锻炼资料归纳梳理能力和实践动手能力,促进团队协作能力。

(4) 在宣讲会上宣讲金石文化发展史,系统了解并巩固篆刻发展史,在分享中促进反思,提升表达能力。

(三) 课程内容

本课程围绕"金石言史"主题分为四个板块,具体内容如下。

1. 走进上海博物馆印章馆

学生在学校预学篆刻相关知识,在老师和学习单的引导下,知道古代印章分为官印和私印两类,但根据不同用途,具体还可以分为殉葬用印、辟邪印、烙马印、烙漆印等。此外,制作印章的材料丰富,包括金属、晶质、翠玉玛瑙、角质、石质、木材、有机玻璃等,其中古代最多见的是铜质印章。明清时期的印材多为叶蜡石,其中最著名的有青田石、寿山石、昌化石等。印章的形制包括一面印、两面印、多面印、套印、带钩印、连珠印、正方形与长方形印、圆形与椭圆形印、异形印、随形印等。印章的体式根据篆刻者的需要,通常分为姓名印章、诗句印章、寓意印章、名人签名印章、宗教文化印章、个人创作印章等。

有了一定量的知识储备后,教师和学生在出发前一起上网查阅本时期上海博物馆印章馆的主要展出内容。学生在老师的指导下进行分组,每组六人,此后,组内成员根据个人特长进行分工,其中一人为小组长,组内每个学生都有自己的任务,以小组为单位领取学习单,包括小组学习单和个人学习单。随后教师在讲解参观顺序与要求后,带领学生走进上海博物馆印章馆。上海博物馆印章馆按照时期一共分为四个部分,分别是"早期的古玺印""秦汉规范的确立与延续""唐宋金元官私印的新样式""明清文人篆刻的兴起和繁盛"。

第一部分:早期的古玺印。中国古代印章素有重视印材、印纽的传统。宋元以后,印章成为文人的清玩。除传统的印材以外,多种叶蜡石因其具有质地晶莹、色泽绚丽的特点而广泛使用。其雕刻清雅工整,颇胜于玉雕。清康熙、乾隆之世的纽制,题材多样,技法娴熟。福建寿山和浙江青田的印纽雕刻历史久远。晚清与绘画相融合的浅浮雕装饰颇为流行。

第二部分:秦汉规范的确立与延续。秦代推行"书同文"政令,玺印文字、纽式趋向统一,与中央集权的封建政治相适应的官印制度开始建立,至西汉臻于完备。各级官爵印的质料、形制确定了严格的规范,缪篆成为印章的专用书体,由此形成延续八百年的秦汉印系。东晋至南北朝常出现政权更迭,促使官印篆书走向蜕变,形制不再统一,制作较为粗犷。这一时期民间佩印的风气趋于衰退。

第三部分:唐宋金元官私印的新样式。隋代对旧制多有变革,官印形制益大,印文用小篆,一律作朱文,完成了用印方式由封泥向钤色印的转换,唐承隋制,中国古代官印从此形成新的体系。隋、唐篆书印文圆润疏朗,宋代趋向平实整齐,至金元时纯用排迭屈曲的九叠文。唐宋时出现隶楷书的官私印,书法清新质朴。宋代开始流行签字式的花押,丰富了印文表现形式。辽、西夏、金、元曾以自创的民族文字入印,但多仿照汉文篆体模式。

第四部分:明清文人篆刻的兴起和繁盛。明清官印有严格的铸凿规范,事实上已无艺术特性。文人篆刻流派起自明代。明中叶石质印章普及,便利了以艺术鉴赏为主要功用的篆刻创作。当时文人书画的空前发展,也推动了和书画创作有密切关系的文人篆刻的兴起,由此展开明清五百年间篆刻艺术波澜壮阔的历史。

学生按照顺序进行参观,在参观中积极思考老师提出的问题,同时利用学习单记录自己的收获,并提出自己未解决的问题。

通过考察上海博物馆印章馆,学生初识了印章相关知识;在小组合作收集印章演变过程的资料及探究经典篆刻作品在各个时期的关键作用的活动中,学生积极参与互动和分享,体会到金石的魅力。

返校后,学生以小组为单位分享在参观过程中的所得所思,分享后进行自评与互评,评价内容包括学习单的完成情况以及在成果分享与答疑环节中的表现。

2. 梳理金石发展阶段及典型作品

教师用 X Mind 软件进行演示,帮助学生了解思维导图的概念、组成部分和优点。

思维导图是一种有效的发散性思维工具。思维导图实质上是一种可视化的图表,能够还原大脑思考和产生想法的过程。通过捕捉和表达发散性思维,可以对大脑内部进程进行外部呈现。思维导图的组成部分包括色彩、图像、线条和文字,每一个部分都有重要的作用。思维导图能够将复杂的信息进行提炼和归纳,具有许多优点。思维导图有助于提升思维能力和创造力,能够帮助我们更好地规划和组织任务,能够提高我们的工作效率和质量。学生在该活动中学习思维导图的相关知识,锻炼逻辑思维能力。

教师明确思维导图的绘制步骤为:(1)点:画出中心主题;(2)线:画出主干(即一级分支主题);(3)画:添细节,充分全面;(4)彩:配图,加上色彩。教师边讲解边以秦汉时期的印章为例绘制思维导图。

教师做完示范,学生开展组内讨论,选择一个时期作为本组绘制的中心主题,确定好各一级分支主题。并根据中心主题和一级分支主题进行资料的归纳与整理。例如,选择秦汉时期的印章为中心主题,一级分支主题为主要代表作品、印章的材料、印章的形制、印章的用途、印章的体式等。

小组准备好绘制思维导图所需要的工具,包括白纸、彩笔、直尺、贴图等,进行初步创作,并在教师的指导下进行优化与修改,最终呈现出一份精美的手稿图。

绘制完成后开展班会进行展示与交流,结束后在组间进行评价。学生通过绘制思维导图的形式梳理各个历史时期的印章,体验了如何借助思维导图呈现篆刻的历史发展脉络,深入研究了印章在关键历史事件中的作用,提升了自身的信息分析与处理能力。

3. 绘制金石文化发展史小报

教师指导学生根据活动一的分工单中的"职责二"进行重新分组。重新分组后的学生将确定印章的某一分支知识为中心主题，重新按时间线进行纵向上的梳理。例如第一小组确定的分支主题是印章的材料，那么第一小组将从早期的印章的制作材料到近现代的印章的制作材料进行纵向上的分析与梳理，更加清晰地学习到印章的不同方面在各个时期的发展状况，从而加深自身对篆刻知识的理解，感受金石文化的魅力。

学生重新分组完成并确定好主题后，进行金石文化发展史小报的制作，主题是"印章发展史"。以"印章的材料"为例，学生从时间纵向上梳理时会学习到早期的印章材料大多数为铜，到了秦汉时期，皇家印章的材料大多为玉，唐宋篆刻私印时多用陶瓷，直到元末明初时，石印材才被广泛使用。

学生在制作"金石文化发展史小报"时，重新分组后的小组成员将自己在活动一中所观察到的信息进行汇总，在教师的指导下上网查阅资料，完成新的学习单。一条清晰的时间发展线会在小组成员思维的碰撞中渐渐呈现。教师在此过程中鼓励学生自主发现印章的不同方面在不同时期的发展情况及其意义，必要时进行指导与帮助。

学生通过组内分享与交流，纵向梳理不同主题下印章在各个历史时期的发展历程，合作制作金石文化发展史小报，锻炼资料的归纳梳理能力和实践动手能力，促进团队协作能力。

4. 金石文化宣讲会

小组内借助分工表对于宣讲展示活动进行分工。人员安排包括PPT制作者、讲解员、现场放映员，以及资料稿件整理、宣讲会议记录人员和机动人员。各小组代表在交流会上宣讲展示本组的金石文化发展史小报。组员对于各个小组的展示进行提问与交流，巩固印章的不同方面在历史中的演变与发展。学生能够从纵向上系统学习印章的不同方面的发展脉络。最后，教师引导学生进行组间评价，各小组根据评价结果召开组内复盘会，为下个课程活动积累经验。学生在此宣讲会上宣讲金石文化发展史，系统了解并巩固篆刻发展史，在分享中促进反思，提升表达能力。

(四) 课程实施

多年来，方泰小学一直以篆刻项目建设为抓手，在全校少年儿童中，开展篆刻知识的认知、研究与篆刻技能的学习，接受篆刻文化的熏陶，故学校篆刻基础设施到位，篆刻氛围浓厚。学校建有篆刻文化馆金石苑、跨学科综合学习空间"金石工坊"、篆刻专用教室，有着完备的设施设备、学习材料，另有专职篆刻教师，这些硬件以及软件资源为开展"大美金石"课程提供了有力的支持。同时，学校位于上海，拥有丰富的校外资源。上海博物馆印章馆拥有专业人员和丰富的馆藏展品、视听资源。这些都为本课程的实施提供场地和学习资源的支持。在课程实施过程中，一共需要16个课时，我们将通过以下方法引导学生学习。

观察法：学生来到上海博物馆印章馆，每个小组都有其特定的学习任务。组内成员需要通过详细的观察记录下该小组选定的历史时期的篆刻代表作品，印材质地和材料，印章的形制，印章的体式，篆刻的用途等。这些细节都需要学生进行详细的观察。学生通过学习单的引导加上自身的观察，能够在参观的过程中避免走马观花式的游览，而是真正学有所得，"好记性不如烂笔头"，将观察到的信息进行记录，有助于后期活动的开展。

归纳法：在"金石言史"课程的第一个活动即"走进上海博物馆印章馆"活动过程中，学生会收集到丰富的信息和资料。这些信息和资料加以整理和归纳才能够真正发挥其用处，本课程需要学生合作绘制思维导图以及金石文化发展史小报，思维导图和金石文化发展史小报对逻辑性以及美观性要求较高，需要学生将收集到的数据和材料进行整理与归纳，才能形成系统性的总结。运用归纳法进行学习有助于提高学生的逻辑思维能力。

实践法：本课程是"大美金石"课程的第一门必修课程，也是学生在篆刻学习生涯中第一次走出书本，参加校外的社会实践活动。学生在前期学习过程中，只能通过图片和视频了解美丽的篆刻世界。本课程能够将学生的理论经验和实践相结合，提升思维高度，开宽眼界，增强动手能力和实践能力。

(五) 课程评价

课程评价是指对教学过程和教学效果进行评估和反馈的过程。它是教学质量保障的重要环节，也是教师和学生之间沟通的桥梁。课程评价具有多种功能，我们在活动过程中坚持进行及时的、激励性的正面评价，促使学生在整个活动中保持较高的兴趣和自信，真正学有所得。

过程性评价：过程性评价是以注重评价对象发展过程中的变化为主要特征的价值判断。在"金石言史"课程中，评价与活动同时进行。学生自我评价、互相评价和老师评价互相结合，清晰展现学生在学习过程中的点滴进步。如活动二"泱泱历史话印章"的评价内容中,学生要反思自己是否能够积极主动投身思维导图的梳理过程。思维导图的产出固然重要,在梳理知识与整理资料的过程中所培养的归纳能力和逻辑能力更为重要。及时对学生的学习行为进行评价,有助于学生反思自身已有的学习经验,调整后期的学习态度与安排。

激励性评价:本课程中评价的主要作用是激励。学生为学习金石文化走出校园,对金石文化世界产生了好奇与探索欲,适时适当的评价激发学生的学习兴趣,提升学习信心,为"大美金石"课程的系统学习打下了坚实的基础。如活动三"设计制作金石文化发展史小报"中,我们设计了反思表帮助学生将此活动中的重要收获以及精彩瞬间记录下来,学生参与性强,自觉收获丰富,会对接下来的课程活动充满期待,且照片形式的记录也为学生参加此次活动留下了美好回忆。

学程设计1 走进上海博物馆印章馆

活动目标

通过考察上海博物馆印章馆,初识印章相关知识;以小组合作的形式收集印章演变过程的资料及探究经典篆刻作品在各个时期的关键作用,积极参与互动和分享,体会金石的魅力。

活动过程

(一)预学与分工

1. 学习篆刻历史知识

教师通过图片以及视频资料向学生展示印章,学生在欣赏的过程中学习印章的相关知识。

(1)印章的材料。篆刻印材是指刻印章所用的材料。汉代以前,印章均以铜质为主,偶有牙、角之质,亦显希睹。汉以后则出现其他材质的材料,如:铅、铁、合金、宝石、翡翠、松石、玛瑙、琥珀、蜜蜡、紫砂、石、瓷、牛角、珊瑚、贝壳、黄杨木、沉香木、紫檀木、竹根、缅茄、果核等。

图片展示(部分常见材料)如下。

铜：一般是铜合金，有青铜、黄铜之分，性较稳定，始用于春秋战国期间，秦汉时期最为普遍，直到元末明初时才逐渐被石印材所取代，出土的古代铜印以铸印法和凿印法制作而成，由于铜印材的特殊性质，制作出的印文皆端凝稳厚，具有独特的艺术价值。

玉：质地坚实致密，先秦时人皆喜用，取君子佩玉之意。秦汉始为皇家专用，分硬玉、软玉两种。硬玉俗称"翡翠"，透明或不透明，性坚韧，片状断口，珍珠光泽，以翠绿者为佳。软玉性韧，多尖片状断口，透明或不透明，具玻璃光泽，以玉材治印，印文挺拔刚健，别具韵味。

象牙：产于南亚、南非等热带地区，其质地细密坚韧，具密格状年齿纹。汉代即有牙印，唐宋元更为普遍，因其易刻，又耐磨，坠地不易碎，纽雕显浑朴，故被文人雅士所喜，高手所制印不逊于石。

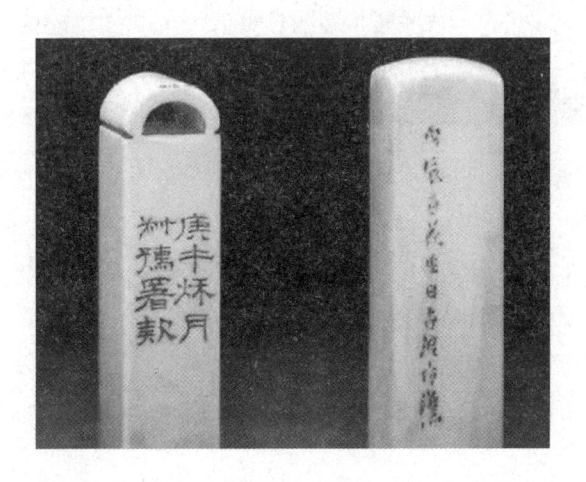

陶瓷：通常以瓷坯刻成印之后，再烧结成印。唐宋时用于刻私印，瓷质密结，坚硬，但不易碎。也有以刀硬入成文者，但极少见。所制瓷印，厚重苍劲，朴茂可爱。

田黄石：产于寿山溪，颜色为黄色，有石皮微透明、肌理玲珑清澈的特点，更有清晰细密的萝卜纹。故清人毛奇龄在《后观石录》中称："每得一田坑，辄转相传玩，顾视珍惜，虽盛势强力不能夺。"此外，另有一种"银里金田黄"，外表包裹白色石皮，肌理为纯黄色，酷似蛋白包裹着蛋黄的热鸡蛋，较前者更为珍稀。

（2）印章的形制。印章形制，顾名思义，就是印章的形状和制式。形状指印面的形状，一般有正方、长方、圆形、椭圆、异形、随形等。制式则是指印章本体的样子，有一面印、两面印、多面印、套印、连珠印等。

历代印章的形制，一般分为方形的或长方形的两种，方形的最常用。但战国迄今印章的形制千变万化，尤其是私印，形制更是种类繁多。

图片展示（常见的形制）如下。

一面印：古代带纽的印章，大都是一面印。一面印多是姓名印，方形，印文的字体比较规范。

两面印：印章的两面都有印文，称为两面印。两面印多是私印，始于秦，盛于汉。印文有一面刻姓，一面刻名；或一面刻姓名，另一面刻表字、臣某、妾某、吉语、鸟、兽、鱼、虫等。也有两面吉语印、两面肖形印、两面图案印等。两面印大都是铜质的，个别也有玉的。印身很薄，中间有长方形穿孔，可以穿绳，便于携带，因此两面印又称为穿带印。

多面印：五面或六面都刻有文字的印章称为多面印。这种形制的印章，质地都是铜的。五面印是在印章的正面和四周都刻有文字，一面是纽。五面印多见于秦代私印，印文大都是吉祥文字。六面印盛行于魏晋南北朝时期，这种印呈"凸"字形，正面、四周和印鼻上端都有印文。印鼻有孔，可以穿绳，便于携带时佩于身上。

套印：将两枚或数枚大小不等的印章互相合理地套合起来，使之融为一体，称为"套印"。套印有两种，一种是带兽纽的，称为"子母套印"，另一种是无纽的方形套印。

套印始于汉代,盛行于魏晋六朝时期。制作方法都是铸铜的。铸造兽纽的套印时,一般总是把动物的首和身分别铸在两颗印上,大印的印纽作母兽,小印的印纽作子兽,套合在一起,成为一个完整的兽形,如同母抱子的形状。有一母一子的双套印,也有一母二子的三套印,分别称为"子母套印"或"子母孙套印"。无纽方形套印有三套的、四套的,甚至五套、六套的不等。最小的方印是实心的,上面也有刻五面或六面文字的。

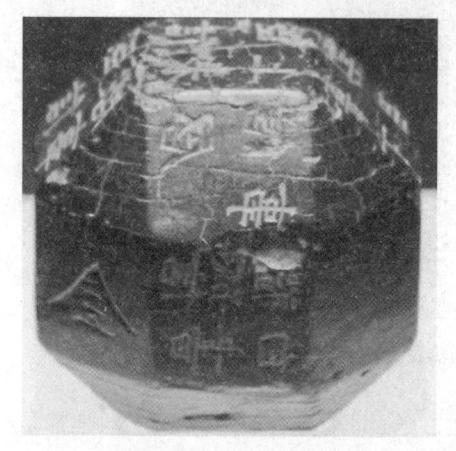

异形印:异形印是一种不规则形状的印章,其形状大小都没有定例,这类印章一般都是私印。最早的异形印始于战国,秦汉时期的古钵,也有很多异形。随着印章艺术的不断发展,其形状也逐渐趋向多样化,尤其是石印盛行以后,形制更是五花八门。从战国时期的异形钵,经过历代演变至今,其形制主要有钱币形、禽兽形、连环形、竹叶形、葫芦形、牛角形、梅花形、鸡心形、瓦当形、不等边形、三角形、直角形、菱形以及琴、鼎、壶、炉等器物形。异形印的制作,应该有耐人寻味的布局,遒劲有力的字体刀法,庄重雅致的格调,否则很容易落入俗套。

(3)印章的体式。印章的体式即印章文字的式样。印章的体式类别较多,琳琅满目,不胜枚举。

部分常见体式如下列图片所示。

姓名印：顾名思义，即以印主的姓名入印。它是取信之物，在日常生活中是不可缺少的，尤其是书画艺术家。

（沈鳳之印）　　　　　　（邓琰）

字号印：字号印的印文一般有"印"字，也可在字号前加自己的姓，或者姓后加个氏字。书画作品的鉴定、补白常钤盖字号印。字号印中还有种比较特殊的别号印。始于宋代，在书画作品中也比较常见。

斋馆印：古人常为自己的居所、书房、斋馆题词命名，并将之刻成印章，钤印在自己的书画作品之上，慢慢形成了一种文人雅士的惯例。最早的斋馆印我们一般认为是唐李泌的"端居室"玉印。宋以后斋馆印比较盛行，名称一般为斋、馆、轩、舍、堂、室、屋、楼、院、庐、亭、庵、阁等。

（赵孟頫印）　　　　　（祁阗钱氏能尔斋鉴藏）

鉴藏印：鉴藏印系鉴赏、审定、收藏书画作品及欣赏、阅读典籍时钤盖之印。兴于唐盛于宋。鉴藏印一般用"赏""珍赏""心赏""清赏""珍藏""所藏""赏阅""过目"等字样。

(4) 印章的用途。古时人们封存物体或递送物件,如果单用绳子扎住,难以防止被别人拆动,所以在绳结上封一泥块,把印章盖在泥块上,别人就不能拆动它。这种封物的泥块,名叫"封泥"。最初是封存财物需用玺印封口,后来递送文书(当时文书是写在竹简木简上的)也用玺印封口。这是古代印章的主要用途。除了这一主要用途以外,古代印章还有几种不同的用途:手工业者在所制造器物上的记名;专作佩身携带之用。印章背上原有纽,中有小孔,目的是便于穿绳,携带时佩于身上;生前用印,死时殉葬等。

(5) 制印的方法。

翻砂:用铅、石、木等各种材料刻出印章母范(含印纽),分上、下印模,铸造时先将下半印模放在平板上,放砂箱填满砂紧实、刮平,下型造完,将造好的砂型翻转180度,放上半印模,撒分型剂,放上砂箱,填满砂并紧实、刮平,将上砂箱翻转180度,然后分别取出上、下半印模,再将上型翻转180度和下型合好,砂型造完,浇注入熔好的铜液,最后,冷却成形,这套工艺因为砂箱有翻转的动作,俗称"翻砂"。

拔蜡:用蜡做好印章母范(含印纽),然后用胶泥涂在蜡范之外,泥上留下一个小孔,然后对其加热,蜡自小孔充分流出,然后从小孔处将铜熔化倒入,待冷却完毕后,剥去胶泥。这套工艺因为类似把蜡从胶泥里拔出,俗称"拔蜡"。

铸印:刀笔相融铸印之前,先书篆于母范,然后刻模、制模、范铸成印。铸印往往由于翻铸,使字画转角处、露锋处易失刀痕,变得较为含蓄、浑穆、沉着。这正与篆书的圆笔中锋可产生的效果近似。故常有称赞用笔圆浑、沉着的线条如"折钗股""如印泥"。这也正是铸印线条的特点。

凿印:笔藏刀内凿印,是槌凿成文,较之铸印则刀锋显露。有一种较露锋芒者,如"将军印"之类,由于"军中急于封拜,往往不加修饰,意到笔不到"。刀多于笔,刀露笔藏。有一种直率、自然、豪放之美,但也有一部分过于潦草,形体松散。

琢印:刀寓笔中玉印等文字,大多线条较细,粗细匀称。有的磋琢后,笔画两端未加修饰,有尖细之感;有的雕琢之后,两端稍加修饰,使之平整而齐,如同刀切。总的来说,刀寓笔中,因而显得遒劲、圆转、清丽、温润,别具一种文静、典雅的风貌。在殳篆中,有的玉印更具婀娜、茂密之美。

(6) 印章的组成。印章由印面、印纽和印绶组成。

印面:即印章刻有图案的一面。

印纽:古人印玺随身携带;或佩于腰,或系于臂,因而就在印章顶部钻个圆孔,用绳子将它穿系起来。或者随其所好,在印顶刻上简单的形象,作为装饰,于是就产生了"印纽"。印纽式样繁多。

印绶:旧时系在印章上方便携带的绶带。

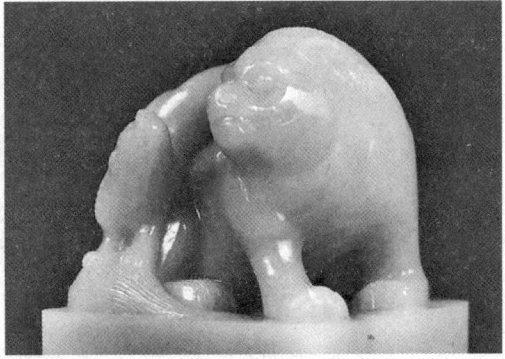

印面

印纽

印绶

知 识 清 单	
印章的材料	金属材料、晶质材料、翠玉玛瑙材料、角质材料、石质材料、木材料、有机玻璃等
印章的形制	一面印、两面印、多面印、套印、带钩印、连珠印、正方形与长方形印、圆形与椭圆形印、异形印、随形印等

续 表

知 识 清 单	
印章的体式	姓名印、字号印、斋馆印、鉴藏印、书简印、吉语印、闲文印等
印章的用途	官印、私印、殉葬用印、辟邪印、烙马印、烙漆印等
制印的方法	翻砂、拔蜡、铸印、凿印等
印章的组成	印面、印纽、印绶等
……	……

2. 小组分工

教师和学生一起线上了解上海博物馆印章馆,包括印章馆的位置以及出展内容等。教师向学生明确参观顺序及要求。学生在教师的指导下进行小组分工,一共分为五组,每组六人,其中一人为组长(详见以下分工表,其中职责1是活动一中的任务,职责2则是为活动三重新分组做准备)。

	职 责 1	职 责 2
组长	负责整个小组的参观活动,听从老师安排,注意组织纪律	统筹整理小组资料
组员1	爱护好摄影设备,记录小组成员的参观过程以及各类展品	关注小组选定的相关时期的篆刻代表作品
组员2	爱护好摄影设备,记录小组成员的参观过程以及各类展品	关注小组选定的相关时期的印章的主要材料
组员3	负责联络本小组与其他小组以及老师	关注小组选定的相关时期的印章的主要形制
组员4	及时记录小组参观过程中产生的疑问,以及问题讨论的结果等	关注小组选定的相关时期的印章的主要体式
组员5	完成学习单的填写	关注小组选定的相关时期的印章的主要用途

(二) 参观与发现

学生在老师的带领下走进上海博物馆印章馆,在观察的过程中完成学习单1(小组)和学习单2(个人)。

学习单1(小组):

游上博——我是小小观察员

日期:_____　　　　组员姓名:_____

小朋友你们好,今天我们来到的是上海博物馆的印章馆,将要一起领略我国印章的魅力。我们今天的参观一共分为四个部分,分别是"早期的古玺印""秦汉规范的确立与延续""唐宋金元官私印的新样式""明清文人篆刻的兴起和繁盛"。这四个部分展示了中国印史的悠久历程和各个时期印章的不同风貌及其深厚的艺术内涵。让我们出发吧!

第一站　早期的古玺印

想一想:"早期"指的是什么时期呢?早期的古玺印有什么作用?

找一找:下面这种代表性印章,你找到了吗?

涡纹玺,也称火纹玺。印面中有同心圆,内圆饰有三条旋转着的弧线。

拍一拍:你喜欢的早期的古玺印还有哪些?请你拍照留存,有条件的可打印出来贴在本学习单空白处。

第二站　秦汉规范的确立与延续

想一想：为什么在秦汉时期对印章进行了规范？在哪些方面进行了规范？

找一找：下面这种代表性印章，你找到了吗？

宜阳津印：结体紧敛，自然率意，笔势欹侧方圆浑然一体，为秦官印之代表风格。

拍一拍：你喜欢的秦汉时期的印章还有哪些？请你拍照留存，有条件的可打印出来贴在本学习单空白处。

第三站　唐宋金元官私印的新样式

想一想：唐、宋、金、元时期的印章有哪些新样式？

找一找：下面这种代表性印章，你找到了吗？

齐王国司印：印文布局疏朗，圆转与方折互见，具有稚拙的趣味，代表隋唐官印的典型风格。

拍一拍：你喜欢的唐宋金元时期的印章还有哪些？请你拍照留存，有条件的可打印出来贴在本学习单空白处。

第四站　明清文人篆刻的兴起和繁盛

想一想：什么是文人篆刻？

找一找：下面这种代表性印章，你找到了吗？

丁敬扬州罗聘石章：丁敬是浙派的创始人，其在篆法、刻法、刀法上都有个人独创，布局冲淡质朴，印文书体简洁端庄，刀法苍茫古拙。

拍一拍：你喜欢的明清时期的印章还有哪些？请你拍照留存，有条件的可打印出来贴在本学习单空白处。

经过参观，相信大家都已经对于各时期篆刻作品的不同方面有了一定的了解，请同学们合作完成下表。（"时期"指的是各小组所研究的不同时期，例如"秦汉时期"。）

时期	
代表作品	
质地材料	

续　表

印章形制	
印章体式	
印章用途	
……	

学习单2(个人)：

参 观 记 录 卡	
姓名	
我的职责2	
成果记录(照片、文字形式均可)	
你的观察对象在本时期有什么特殊意义吗？(本部分内容于活动三完成)	

小朋友，你真棒！到这里我们的参观就要告一段落啦！对于此次学习你有什么感想或者对于印章你还有什么想了解的地方，都可以写在下方，也可以附上活动照片留作纪念哦！

(三) 分享与交流

教师组织学生开展班会，学生交流在参观过程中的收获，提出自己未能解决的疑问，记录自己的收获。

(四) 评价与反思

根据评价单，教师指导学生进行自评和组间互评。评价内容为学习单的完成度和成果分享与答疑环节的表现，共20分。

评价指标	评价标准	评分		
		自评	互评	师评
学习单完成度(10分)	学习单完整完成,字迹美观,有独特的思考,照片精美(8~10分)			
	学习单完成大部分,字迹一般,附有照片(4~7分)			
	学习单没有全部完成,字迹潦草,未附照片(1~3分)			
成果分享与答疑(10分)	展示内容完整且正确,重点突出,条理清晰,各类资料丰富,能全面地回答同学们的疑问(8~10分)			
	展示成果较多,但未分类,较为杂乱,能较好地回答同学们的疑问(4~7分)			
	展示成果少,过程混乱,不能完整呈现,不能回答同学们的疑问(1~3分)			
合计得分				

学程设计2 梳理金石发展阶段及典型作品

活动目标

学习思维导图的相关知识,锻炼逻辑思维;以绘制思维导图的形式梳理各个历史时期的印章,体验如何借助思维导图呈现篆刻的历史发展脉络,深入研究印章在关键历史事件中的作用,提升信息分析与处理能力。

活动过程

(一)感知与梳理

1. 学习思维导图的概念、组成部分和优点

学生观察老师用 X Mind 软件制作思维导图,在制作的过程中,学习思维导图的概念、组成部分和优点。

(1) 思维导图的概念。

思维导图是一种有效的发散性思维工具。思维导图实质上是一种可视化的图表，能够还原大脑思考和产生想法的过程。通过捕捉和表达发散性思维，可以对大脑内部进程进行外部呈现。

(2) 思维导图的组成部分。

教师用 X Mind 软件来制作"思维导图的组成部分"，帮助学生直观感受思维导图在进行知识建构时的便捷度与清晰度。学生从中会学习到思维导图的组成部分包括色彩、图像、线条和文字。每个部分在思维导图中都占据重要的位置。

(3) 思维导图的优点。

学生在观看老师制作讲解思维导图的过程中，能够体会到思维导图的优点。思维导图有助于提升思维能力和创造力：通过将信息以图形化的方式呈现，思维导图能够刺激我们的右脑，激发我们的想象力和创造力。通过整理和分类信息，思维导图也能够帮助我们更好地理解和记忆知识，从而提升我们的思维能力和学习效率。思维导图能够帮助我们更好地规划和组织任务：通过将任务分解成若干个子任务，并为每个子任务设定优先级和时间节点，我们可以更加清晰地了解任务的进度和完成情况，从而更好地规划和安排自己的时间。思维导图能够提高我们的工作效率和质量：通过将信息以图形化的方式呈现，我们可以更加直观地了解问题的全貌和各个部分之间的关系，从而更加快速地找到问题的根源和解决方案。同时，通过整理和分类信息，我们也能够更加有条理地进行工作，避免遗漏和重复劳动，从而提高工作效率和质量。

2. 明确制作思维导图的步骤

教师向学生讲解制作思维导图的步骤，并联系印章进行说明，帮助学生了解如何绘制思维导图。绘制思维导图具体可分为四个步骤。

第一步，点：画出中心主题。我们的主题为秦汉时期的印章。

第二步，线：画出主干（即一级分支主题），一级分支主题即为活动一中学到的知识点。在此过程中，学生能够明确思维导图的整体架构。

第三步，画：添细节，充分全面。在第三步过程中，学生对于一级分支主题进行细节上的补充，将不同分支主题的信息和内容补充进去。

第四步，彩：配图，加上色彩。对于小学生来说，全是文字内容的思维导图可能稍

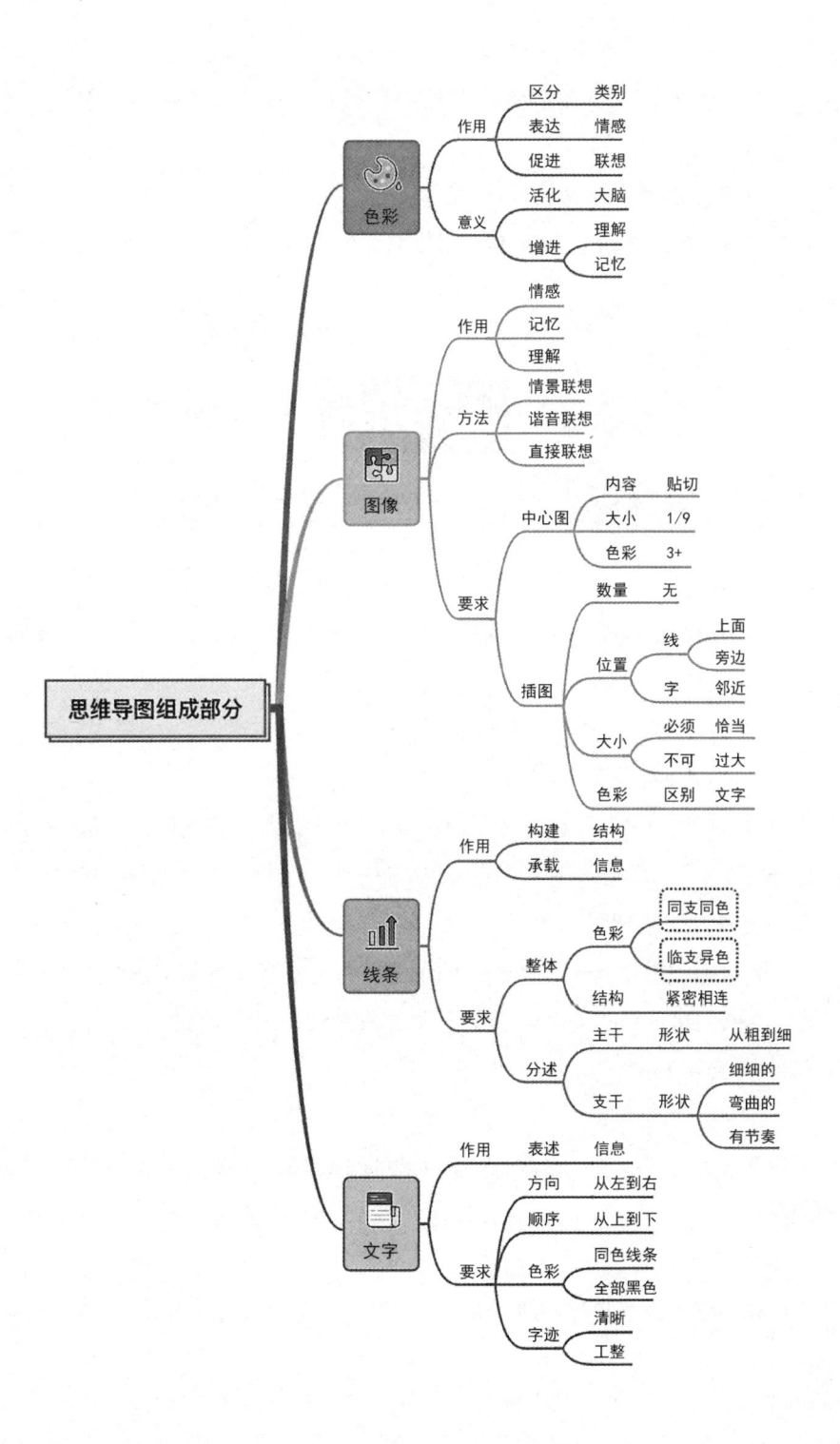

第一章　连续性课程：为了儿童的自由生长

思维导图组成部分
- 色彩
  - 作用
    - 区分　类别
    - 表达　情感
    - 促进　联想
  - 意义
    - 活化　大脑
    - 增进
      - 理解
      - 记忆
- 图像
  - 作用
    - 情感
    - 记忆
    - 理解
  - 方法
    - 情景联想
    - 谐音联想
    - 直接联想
  - 要求
    - 中心图
      - 内容　贴切
      - 大小　1/9
      - 色彩　3+
    - 插图
      - 数量　无
      - 位置
        - 线
          - 上面
          - 旁边
        - 字　邻近
      - 大小
        - 必须　恰当
        - 不可　过大
      - 色彩　区别　文字
- 线条
  - 作用
    - 构建　结构
    - 承载　信息
  - 要求
    - 整体
      - 色彩
        - 同支同色
        - 临支异色
      - 结构　紧密相连
    - 分述
      - 主干　形状　从粗到细
      - 支干　形状
        - 细细的
        - 弯曲的
        - 有节奏
- 文字
  - 作用　表述　信息
  - 要求
    - 方向　从左到右
    - 顺序　从上到下
    - 色彩
      - 同色线条
      - 全部黑色
    - 字迹
      - 清晰
      - 工整

29

显枯燥。各小组可以在文字的基础上进行涂色和插图搭配，使思维导图更具个性化，更具吸引力。

3. 教师应用思维导图做示例

教师以秦汉时期的印章为例，做出思维导图参考图。

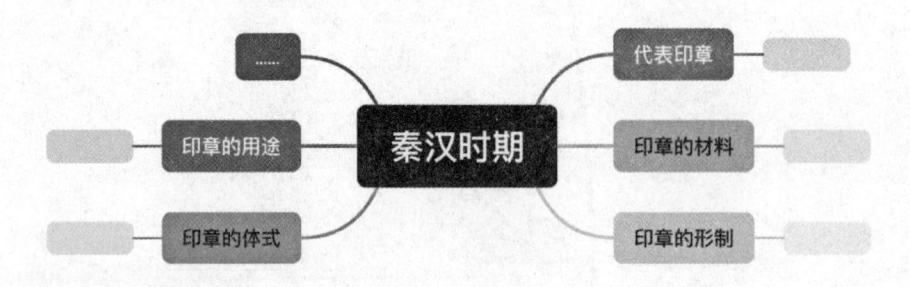

代表印章

印章的用途　　秦汉时期　　印章的材料

印章的体式　　印章的形制

4. 梳理资料

学生以小组为单位梳理活动一中收集到的资料，每个小组选择一个时期为中心主题，提取关键词信息，确定一级分支主题。

（二）创作与优化

1. 学生绘制思维导图

教师出示秦汉时期印章思维导图的示例图，学生进行创作，教师巡视指导学生绘制思维导图。

2. 学生优化思维导图

学生在老师的指导下继续绘制各组的思维导图，在逻辑性和美观性上进行优化。最后产出精良的思维导图手稿。同时，教师要关注操作有困难的学生。

（三）交流与评价

1. 交流各组思维导图

学生开展班会展示各组的思维导图，每组将本组的绘制过程与思维导图成果进行清晰说明。

2. 评价

教师指导学生进行自评和组间互评。评价内容为历史脉络的完整度，正确率，学生的参与情况等，共20分。

评价指标	评价标准	评分		
		自评	互评	师评
思维导图 (10分)	思维导图内容呈现完整,历史脉络清晰,且与史实相符,正确率高(7~10分)			
	思维导图内容较完整,但较为杂乱(4~6分)			
	思维导图内容较少或者没有,有较多错误(1~3分)			
参与程度 (10分)	学生能够积极主动投身思维导图的梳理过程(7~10分)			
	学生能在老师的带领下参与活动(4~6分)			
	学生参与度较低(1~3分)			
合计得分				

学程设计3 绘制金石文化发展史小报

活动目标

通过组内分享与交流,纵向梳理不同主题下印章在各个历史时期的发展历程,合作制作金石文化发展史小报,锻炼资料的归纳梳理能力和实践动手能力,促进团队协作能力。

活动过程

(一)分析与梳理

1. 重新分组

学生根据活动一中的分工表的"职责2"进行重新分组。教师在分组的过程中需强调分组的规则与分组时的纪律,确保每位学生重新正确分组。

	职责 1	职责 2
组长	负责整个小组的参观活动,听从老师安排,注意组织纪律	统筹整理小组资料

续 表

	职 责 1	职 责 2
组员 1	爱护好摄影设备，记录小组成员的参观过程以及各类展品	关注小组选定的相关时期的篆刻代表作品
组员 2	爱护好摄影设备，记录小组成员的参观过程以及各类展品	关注小组选定的相关时期的印章的主要材料
组员 3	负责联络本小组与其他小组以及老师	关注小组选定的相关时期的印章的主要形制
组员 4	及时记录小组参观过程中产生的疑问以及问题讨论的结果等	关注小组选定的相关时期的印章的主要体式
组员 5	完成学习单的填写	关注小组选定的相关时期的印章的主要用途

2. 交流与讨论

二次分组后，每组根据"职责 2"的不同主题进行讨论交流，完成活动一中的学习单 2 剩余部分，并汇总到新的小组学习单中。

学习单(个人)：

参 观 记 录 卡	
姓名	
我的职责 2	
成果记录(照片、文字形式均可)	
你的观察对象在本时期有什么特殊意义吗？(本部分内容于活动三完成)	

学习单（小组）：

主题(在"□"内打"√")：代表作品□、质地材料□、印章形制□、印章体式□、印章用途□		
组员：		
时期		发 展 过 程
	早期	
	秦汉	
	唐宋	
	明清	

通过组内分享与交流，学生纵向梳理不同主题下印章在各个历史时期的发展历程。教师在此学习过程中鼓励学生自主发现印章的不同方面在不同时期的发展情况及其意义，必要时进行指导与帮助。

（二）创作与反思

1. 手抄报的设计与创作

教师为学生讲解手抄报的组成部分以及制作过程。手抄报的主要组成部分包括报名、报头、文字信息、插图和花边装饰。其中报名是手抄报的名称。报名要醒目，用美术字体书写。报头是紧邻报名的一幅画，需要与报名有机组合在一起，具有较强的美观性。文字信息是手抄报的主要组成部分，每个板块应该有个小标题。例如早期印章的材料、秦汉时期印章的材料、唐宋时期印章的材料、明清时期印章的材料。插图是根据内容及版面装饰的需要进行设计，好的插图既可以美化版面又可以帮助读者理解文章内容。插图的位置不宜太大，有"画龙点睛"之效。花边也是手抄报中不可少的。重要文字用花边作外框；文字之间也可用花边分隔。在花边运用中常用的是直线或波状线等。

学生准备好一张 A4 纸，小组学习单以及其他相关资料，书写、绘图工具等。进入绘制阶段：（1）版面设计：根据文字的长短进行排版，并画好格子或格线。（2）抄写过程：文字的书写宜用碳素墨水，字体宜用楷书，书写要工整。（3）美化过程：抄写完文字后，即可进行插图、花边的绘制，将整个版面美化。

2. 完成金石文化发展史小报

各小组合作完成金石文化发展史小报,小组各成员积极参与,教师在巡视过程中进行指导,关注操作有困难的学生。

3. 评价与反思

各小组结合老师的建议完成反思表(小组)与评价表(个人)。

反思表(小组):

一句话概括这个活动(30个汉字以内)			
(例:梳理各时期篆刻代表作品)			
从本活动中取得的3—5个重要的收获(每句话15个汉字以内)			
(1)			
(2)			
(3)			
(4)			
(5)			
关于本活动的4张图片(其中第1张将成为封面)			
(1)	(2)	(3)	(4)

评价表(个人):

评价指标	评价标准	评分		
^	^	自评	互评	师评
小报创作 (10分)	小报内容丰富,画面美观,条理清晰,具有新意(7~10分)			
^	小报内容较丰富,但缺乏创意(4~6分)			
^	小报内容较少或者没有,不够美观(1~3分)			

续 表

评价指标	评价标准	评分		
		自评	互评	师评
参与程度 （10 分）	能够积极主动投身金石文化发展史小报的创作过程 （7～10 分）			
	能在老师的带领下制作小报(4～6 分)			
	参与度较低(1～3 分)			
合计得分				

个人评价表的内容主要包括：小报内容的丰富程度、美观程度、学生参与创作小报的积极主动性等(共 20 分)。

学程设计 4　金石文化宣讲会

活动目标

在宣讲会上宣讲金石文化发展史，系统了解篆刻发展史，在宣讲分享中激发对篆刻以及金石文化的兴趣，传承中华优秀传统文化，促进反思，增强传统文化传承、弘扬、保护意识。

活动过程

(一) 展示与分享

1. 分工

小组(第二次分组)成员借助分工表对于宣讲展示活动进行分工。教师帮助学生完成宣讲展示活动分工任务，做到人人有任务，事事有人负责。此外，选择一名学生作为主持人收集各组的资料，并写好主持稿串词。

职　能	人员安排	备　注
PPT 制作		
讲解员		

续表

职　　能	人员安排	备　　注
现场放映		
资料稿件整理		
宣讲会议记录		
机动		

2. 宣传

在宣讲会之前,学生自行收集关于金石文化和篆刻发展的资料。教师确定好宣讲会开展时间后在班级中做好"预热",让学生提前做好准备,全班同学以小组为单位进行手抄报制作,并在宣讲会上进行分享与讨论。

3. 场地布置

教师提前向学校借用具有多媒体功能的会议室,学生在宣讲会开始之前到会议室进行场地布置,将桌子位置进行调整,以小组为单位,六人一桌,方便进行资料的整理与分享,同时检查多媒体设备的画面和声音是否正常运行。

4. 分享与展示

开展班会,在班会进行前,各小组提前确定好小组组名,促进金石文化发展史小报更好呈现,以及班会更好进行;各小组在班级内进行抽签,决定出场展示顺序。主持人依据出场顺序,有序引导各组进行展示;两个小组展示完毕后,教师进行一个3—5分钟的篆刻文化的短片分享;每个小组内的六个人做好配合,争取将本组的金石文化发展史小报进行完美呈现。

(二)交流与评价

1. 提问与交流

学生对于各个小组的展示进行提问与交流,展示小组进行回复与解答。学生在此活动中能够巩固印章的不同方面在不同时期的演变与发展。教师帮助学生答疑解惑,纵向上系统学习印章的不同方面的发展脉络。

2. 评价

学生依据"评价记录单"中各评价维度,对各小组(含本组)汇报情况进行评价,选出最受欢迎的设计。评价内容：学生的成果展示内容以及小组合作探究能力（共40分）。

评价指标	评 价 标 准	评 分		
		自评	互评	师评
成果宣讲（20分）	能够在班会上流利地介绍成果内容,能够加入个人思考,宣讲时能够脱稿（15～20分）			
	宣讲过程完整,内容丰富,但不够创新（8～14分）			
	宣讲过程较为枯燥,全程照读,没有个人思考（1～7分）			
交流讨论（20分）	对同学们的相关疑问反应迅速,并能完整回答（15～20分）			
	能够较为流利地回答其他同学的问题（8～14分）			
	对展示内容不熟悉,不能回答同学们的问题（1～7分）			
合计得分				

教师在组间评价过程中,结合各组案例,帮助学生不断加深对各评价维度的理解。

3. 召开复盘会

每组汇总其他小组意见,召开本组复盘会,改进不足,在讨论过程中优化本组金石文化发展史小报的内容,扩充自身的印章知识。

4. 还原场地

宣讲会结束后,学生打扫会议室的卫生,将桌椅还原。收拾好本小组的资料以备后期活动使用。关闭多媒体设备和电源等。

5. 总结与反思

宣讲会结束后,教师对此次活动进行总结和反思,对学生们的内容分享、宣讲会上的表现等进行文字总结,对于此次活动的不足之处及时发现和反思。

（撰稿者：上海市嘉定区方泰小学　游雪绒）

"金石言史"跨学科主题设计案例

"金石言史"在设计时十分注重将理论与实践相结合。学生通过一、二、三年级篆刻基础知识的学习，对篆刻有了基本的认知，发展了一定的审美与欣赏能力。本课程引导学生将学到的篆刻理论知识与技能应用到实践当中，观赏了解我国不同历史时期的印章并进行记录，进一步提升收集和整理资料的能力。

《义务教育课程方案（2022年版）》指出，坚持与时俱进，更新课程内容体现课程时代性。[①] 不同时期的印章各具特色，通过历史积累、学思结合的方式更有助于强化学科知识内容整合，通过绘制思维导图、创作金石文化发展史小报、宣讲篆刻发展史等一系列的活动，体悟篆刻在不同发展时期的演变和创新所在，感受中华民族悠久历史和传统文化的独特魅力。

（一）课标理念与知识背景

1. 信息科技

《义务教育信息科技课程标准（2022年版）》指出：核心素养在于培养学生的信息意识、计算思维、数字化学习与创新、信息社会责任。四方面相互支持，互相渗透，共同促进学生数字素养与技能的提升。[②] "金石言史"强调对印章演变的过程性资料以及探究经典篆刻作品在各个时期的关键作用的收集，是"信息意识"的集中体现，在此过程中培养学生利用信息技术交流和分享信息，开展协同创新能够使其合理利用信息真诚友善地进行表达。

四年级的学生能够在日常学习和生活中选用合适的数字设备、平台和资源开展探究性学习，创造性地解决问题，能够对信息进行归纳分析从而更好地绘制思维导图。

[①] 中华人民共和国教育部. 义务教育课程方案（2022年版）[S]. 北京：北京师范大学出版社，2022：4-5.

[②] 中华人民共和国教育部. 义务教育信息科技课程标准（2022年版）[S]. 北京：北京师范大学出版社，2022：4-5.

2. 劳动

小学阶段的劳动课程将"劳动观念、劳动能力、劳动习惯和品质、劳动精神"作为劳动的核心素养。其中劳动能力是指顺利完成与个体年龄及生理特点相适宜的劳动任务所需的胜任力,是个体劳动知识、技能、行为方式等在劳动实践中的综合表现。这一阶段主要发展初步的筹划思维,形成必备的劳动能力,能从目标和任务出发,系统分析可利用的劳动资源和约束条件,制定具体的劳动方案,发展初步的筹划思维,发展基本的设计能力;能使用常用工具与基本设备,采用一定技术、工艺与方法完成劳动任务。[1]

四年级学生能规范地使用常用劳动工具,对劳动过程中遇到的问题具有好奇心和探究欲望,能初步学会与他人合作劳动,在"金石言史"这一主题学习活动中,第三单元"设计制作金石文化发展史小报"体现了学生的动手能力和团队协作能力。

3. 艺术(美术)

艺术的核心素养包括"审美感知、艺术表现、创意实践、文化理解"等。其中,"艺术表现"最重要的是对文化作品内涵思想情感的表达,通过情感沟通与思想交流能更好地了解篆刻发展历程;"创意实践"是综合运用多学科知识,紧密联系现实生活,进行艺术创新,创新实践有利于提高艺术实践能力和创造能力,能增强团队精神;"文化理解"是领会艺术对文化发展的贡献与价值,阐述艺术与文化之间的关系。艺术素养有助于学生在了解篆刻历史发展历程中形成正确的历史观、民族观、文化观,感受中华民族悠久历史和优秀传统文化的独特魅力,感受金石文化的魅力,增强文化自信。

四年级的学生能够运用现代工具、材料和媒介,创作美术作品,表达自己的所见所闻、所感所想,学会以视觉形象的方式与他人交流。[2] 通过"制作思维导图""设计金石发展史小报"的方式能够体现学生的创新和想象力,体现简单明了、独具特色的表达创新意识。

综合以上三点,本主题学习以信息科技为主学科,劳动、艺术为辅助学科,设计了"金石言史"的跨学科主题学习活动。

---

[1] 中华人民共和国教育部. 义务教育劳动课程标准(2022年版)[S]. 北京:北京师范大学出版社,2022:5-6.
[2] 中华人民共和国教育部. 义务教育艺术课程标准(2022年版)[S]. 北京:北京师范大学出版社,2022:6-7.

(二) 主题涉及学科

(1) 信息科技："信息意识""数字化学习与创新"。

(2) 劳动："劳动能力""团队合作"。

(3) 艺术："艺术表现""创意实践"。

(三) 主题学习活动目标

(1) 走进上海博物馆印章馆，了解印章相关知识，学生在教师的指导下分组收集整理印章的历史发展过程资料，体会印章文化在不同历史时期的作用及意义。

(2) 学习制作思维导图相关知识，通过思维导图体现印章不同主题发展过程，理清发展脉络，锻炼学生的归纳整理能力、信息分析与处理能力及思维表达能力。

(3) 分组归纳不同主题印章发展历史，探索印章在不同时期的作用，分组制作金石文化发展史小报，锻炼学生动手实践能力，促进团队协作能力的提升。

(4) 组织宣讲会，学生分组合作，根据金石文化发展史小报讲述金石文化发展史，通过宣讲锻炼学生的思维表达能力，体会历史文化内涵，增强文化传承与民族自信。

(四) 主题学习活动设计

活动一：走进上海博物馆印章馆

具体实践：第一步，初步学习印章的相关知识，包括印章的不同材质、印章的形状分类、印章的内容分类、印章的用途、印章的组成及不同篆刻形式；第二步，学生在老师的带领下走进上海博物馆印章馆，在观察的过程中，小组分工完成学习单；第三步，学生交流在参观过程中的收获，提出自己未能解决的疑问，记录自己的收获；第四步，根据评价单教师指导学生进行自评和组间互评。

通过参观上海博物馆印章馆，系统地了解篆刻印章的发展历程，有助于构建系统性篆刻背景，为后续制作思维导图，设计制作金石文化发展史小报做铺垫。

活动二：制作篆刻印章发展思维导图（跨信息科技、艺术）

具体实践：第一步，感知梳理，学习基础理论知识即思维导图的概念、组成部分和优点，初步了解如何制作思维导图（点、线、画、彩四步骤），明确思维导图要点；第二步，创作优化，以小组为单位完成手工绘制思维导图，并在老师指导下进一步优化；第三步，交流评价，以小组为单位对思维导图进行汇报交流，并通过多维度评价选出最受欢迎设计。

通过制作篆刻印章发展史思维导图，学习思维导图的相关知识，锻炼逻辑思维，

"依据问题解决的需要,组织与分析数据,用可视化方式呈现信息之间的关系,能够支撑观点"①,对深入研究印章在关键历史事件中的作用,提升信息分析与处理能力具有重要作用。"借助信息科技进行简单的作品制作、展示、交流,能够开展数字化创新活动,感受应用信息科技表达观点、创作作品、合作创新的优势"。② 同时,通过对思维导图的样式及涂色的选择锻炼了学生艺术审美感知能力。

活动三:设计制作金石文化发展史小报(跨艺术、劳动)

具体实践:第一步,分析梳理,通过组内分享与交流,学生纵向梳理不同主题下,印章在各个历史时期的发展历程,教师在此学习过程中鼓励学生自主发现印章的不同方面在不同时期的发展情况及其意义,必要时进行指导与帮助;第二步,各小组成员合作完成小报;第三步,根据评价表标准完成多维度评价;第四步,对制作活动进行反思,概括所取得的收获。

通过动手实践操作,能够较好地达到课程方案中的基本原则,综合课程有助于统筹设计、制作创新,强化学科知识整合,通过学思结合的方式,"做中学""用中学""创中学",能够优化综合实践活动实施方式,促进学习方式变革。③ 金石文化发展史小报的设计内容体现了对学生审美感知及创造能力的要求,合作制作金石文化发展史小报,能锻炼学生资料的归纳梳理能力和实践动手能力,促进团队协作能力。

活动四:金石文化宣讲会(跨艺术)

具体实践:第一步,展示分享,小组分工宣讲会任务,并在班级中分享;第二步,交流评价,其他组员对展示内容进行提问交流,纵向学习印章的不同发展脉络,同时借助评价表对各组展示内容进行多维度评价。

通过对艺术活动与作品中的艺术语言、艺术形象、情感表达内容进行阐述,体现了对学生"审美感知"能力的培养,艺术活动中表达金石文化的艺术语言有助于认识艺术与金石文化的联系,通过宣讲会能够让学生从横向纵向双维度体会金石印章蕴含的文

---

① 中华人民共和国教育部. 义务教育信息科技课程标准(2022年版)[S]. 北京:北京师范大学出版社,2022:9.
② 中华人民共和国教育部. 义务教育信息科技课程标准(2022年版)[S]. 北京:北京师范大学出版社,2022:10.
③ 中华人民共和国教育部. 义务教育课程方案(2022年版)[S]. 北京:北京师范大学出版社,2022:5.

化内涵,对金石文化发展的阐述能力是"文化理解"的体现,从而形成正确的金石文化观,在宣讲分享中激发对篆刻以及金石文化的兴趣,传承中华优秀传统文化,促进反思,增强优秀传统文化传承、弘扬、保护意识,增强文化自信。

(五) 主题学习评价设计

基于《义务教育信息科技课程标准(2022年版)》《义务教育劳动课程标准(2022年版)》和《义务教育艺术课程标准(2022年版)》,结合方泰小学"特色立校,内涵发展"的办学目标,围绕"金石言史"主题活动,开设一系列课程,培养学生灵活运用多种学科知识解决问题,发展核心素养,促进跨学科知识学习和综合素质能力的提高。

结合校内特色的评价体系,设计跨学科主题"金石言史"的过程性评价指标。通过观察、实践操作等活动,探究篆刻文化发展史这一实际问题,让学生感受信息科技、劳动、艺术与日常生活相联系,体会印章发展史所蕴含的文化及对历史的作用,从而激发学生的探究兴趣和创新意识,并通过分组实践活动建立良好的合作关系和提升团队协作能力。

基于四年级学生心理发展规律和学习特点制定合理的学习目标,在"金石言史"课程中,评价与活动同时进行。学生自我评价、相互评价和老师评价相结合,清晰展现学生在学习过程中的点滴进步。及时对学生的学习行为进行评价,有助于学生反思自身已有的学习经验,调整后期的学习态度与安排。本课程中评价的主要作用是激励。学生为学习金石文化走出校园,对金石文化世界产生了好奇心与探索欲,适时适当的评价能激发学生的学习兴趣,提升学习信心,为"大美金石"课程的系统学习打下了坚实的基础。

评价量表1:"参观上海博物馆印章馆"活动评价单

评价指标	评 价 标 准	评 分		
			自评	互评	师评
学习单完成度(10分)	学习单完整完成,字迹美观,有独特的思考,照片精美(8~10分)			
	学习单完成大部分,字迹一般,附有照片(4~7分)			
	学习单没有全部完成,字迹潦草,未附照片(1~3分)			

续 表

评价指标	评 价 标 准	评 分		
			自评	互评	师评
成果分享与答疑(10分)	展示内容完整且正确,重点突出,条理清晰,各类资料丰富,能全面地回答同学们的疑问(8~10分)			
	展示成果较多,但未分类,较为杂乱,能较好地回答同学们的疑问(4~7分)			
	展示成果少,过程混乱,不能完整呈现,不能回答同学们的疑问(1~3分)			
合计得分				

评价量表2:"制作思维导图"活动评价单

评价指标	评 价 标 准	评 分		
			自评	互评	师评
思维导图(10分)	思维导图内容呈现完整,历史脉络清晰,且与史实相符,正确率高(7~10分)			
	思维导图内容较完整,但较为杂乱(4~6分)			
	思维导图内容较少或者没有,有较多错误(1~3分)			
参与程度(10分)	学生能够积极主动投身思维导图的梳理过程(7~10分)			
	学生能在老师的带领下参与活动(4~6分)			
	学生参与度较低(1~3分)			
合计得分				

评价量表3:"设计制作金石文化发展史小报"活动评价单

评价指标	评价标准	评分		
		自评	互评	师评
小报创作 (10分)	小报内容丰富,画面美观,条理清晰,具有新意(7~10分)			
	小报内容较丰富,但缺乏创意(4~6分)			
	小报内容较少或者没有,不够美观(1~3分)			
参与程度 (10分)	能够积极主动投身金石文化发展史小报的创作过程(7~10分)			
	能在老师的带领下制作小报(4~6分)			
	参与度较低(1~3分)			
合计得分				

评价量表4:"金石文化宣讲会"活动评价单

评价指标	评价标准	评分		
		自评	互评	师评
成果宣讲 (20分)	能够在班会上流利地介绍成果内容,能够加入个人思考,宣讲时能够脱稿(15~20分)			
	宣讲过程完整,内容丰富,但不够创新(8~14分)			
	宣讲过程较为枯燥,全程照读,没有个人思考(1~7分)			
交流讨论 (20分)	对同学们的相关疑问反应迅速,并能完整回答(15~20分)			
	能够较为流利地回答其他同学的问题(8~14分)			
	对展示内容不熟悉,不能回答同学们的问题(1~7分)			
合计得分				

(六) 主题学习活动环境

教室设施：篆刻专用教室，以 6 人为一小组，共 5 组，呈矩形排列。

多媒体设备：黑板、希沃白板各一块，工坊内网络良好。

资源：数字资源为印章图片以及视频资料，百度、知网账号及密码；纸质资源为图书馆相关书册；校外资源为上海博物馆印章馆，拥有专业人员和丰富的馆藏展品、视听资源。

(七) 主题作业设计

本单元作业围绕单元学习目标，综合运用信息科技、劳动、艺术学科知识完成跨学科作业——设计制作金石文化发展史小报。

作业类型：探索实践类、艺术审美类，体现实践性、综合性。

作业难度：难易居中。

作业时长：3 周。

作业链设计：

1. 知晓篆刻历史知识。

2. 知晓思维导图组成部分。

3. 能够梳理不同主题下印章在各个历史时期的发展历程。

4. 可以制作金石文化发展史小报。

(八) 主题教学结构图

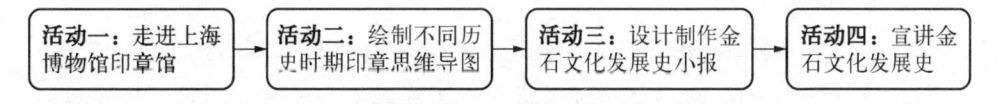

活动一：走进上海博物馆印章馆 → 活动二：绘制不同历史时期印章思维导图 → 活动三：设计制作金石文化发展史小报 → 活动四：宣讲金石文化发展史

(九) 核心单元"设计制作金石文化发展史小报"设计

1. 教学内容分析

"金石言史"课程是该系列课程中的第一门必修课程，属于普及性课程。本单元是"金石言史"课程中的第三单元"设计制作金石文化发展史小报"。本单元内容要求学生了解印章材料、形制、体式等相关内容的历史发展，并能对相关内容进行归纳总结，找出重点要素。在第一课"分组梳理"中，学生要进行分组，明确任务，选定相关篆刻作品，了解相关时期的印章材料、形制、体式及用途等，学生纵向梳理不同主题下，印章在各个历史时期的发展历程;在第二课"创作与反思"中,分组进行手抄报设计,完成金石文化发展史小报制作。

本单元的教学内容与信息科技、劳动、艺术学科相关。通过学习本单元能提高学生的"信息意识""数字化学习与创新",提升学生的"审美感知""创意实践",有利于发展筹划思维,对不同历史时期的印章发展进行归纳,发展创造性劳动能力。发现印章的不同方面在不同时期的发展情况及其意义,感受中华民族悠久历史和优秀传统文化的独特魅力。

2. 学情分析

本课教学对象是我校四年级学生,根据学校实际情况和学生发展需求,进行特色活动——"设计制作金石文化发展史小报"。学生通过一、二、三年级篆刻基础知识的学习,对篆刻有了基本的认知,发展了一定的审美与欣赏能力。本课程让学生走出书本,将学到的理论知识应用到实践当中,实地观赏我国不同历史时期的印章并进行记录;纵向梳理不同主题下印章在各个历史时期的发展历程,合作制作金石文化发展史小报,培养锻炼学生归纳梳理资料的能力和实践动手能力,促进团队协作能力。

学习困难:对金石文化发展史思维导图的理解程度不够,难以重点把握所要研究的对象是否为同一维度。

学生发展需求:学生选择的篆刻作品不同,思维维度不统一,通过不同印章小报的设计能够让学生对印章发展史了解得更全面。

3. 学习目标

(1) 通过印章相关历史学习,梳理印章在各个历史时期的发展历程。

(2) 通过手抄报组成部分与制作步骤的讲解,了解手抄报的要点内容、材料,创作平面或立体的金石文化发展史小报美术作品,能够表达自己的所见所闻,能够以视觉形象与他人交流。

(3) 通过动手实践,知行合一,学思结合的方式分组制作小报能提高综合探索与学习迁移能力,增强对历史文化的理解与弘扬发展。

4. 教学重点、难点

教学重点:手工制作金石文化发展史小报。

教学难点:纵向梳理不同主题下印章在各个历史时期的发展历程。

5. 学习评价设计

评价指标	评价标准	评分		
		自评	互评	师评
小报创作 (10分)	小报内容丰富,画面美观,条理清晰,具有新意(7~10分)			
	小报内容较丰富,但缺乏创意(4~6分)			
	小报内容较少或者没有,不够美观(1~3分)			
参与程度 (10分)	能够积极主动投身金石文化发展史小报的创作过程(7~10分)			
	能在老师的带领下制作小报(4~6分)			
	参与度较低(1~3分)			
合计得分				

6. 学习活动设计

本单元学习活动共有四个环节,分别是分组、分析梳理、创作金石文化发展史小报、反思评价。每个环节设计包括教师活动、学生活动、设计意图和时间。

环节一:分组。教师在分组的过程中需强调分组的规则与分组时的纪律,确保每位学生重新正确分组;学生根据职责2重新分组;设计意图是让对不同主题感兴趣的学生在同一组,更好地研究各类小报制作;用时5分钟。

环节二:分析梳理。教师在学生交流讨论过程中鼓励学生自主发现印章的不同方面在不同时期的发展情况及其意义,必要时进行指导与帮助;学生根据"职责2"的不同主题进行讨论交流,完成活动一中的学习单2剩余部分,并汇总到新的小组学习单中;设计意图在于让学生经过充分讨论,思维迸发,激发学生的创作兴趣,对创作的过程和方法进行探究与实验生成独特的想法并转化成艺术成果,促进更好创作;用时35分钟。

环节三:创作金石文化发展史小报。教师在学生创作小报时对学生的小报进行指导与提出建议；学生通过小组合作方式完成小报；设计意图是学生综合运用多学科知识，紧密联系生活实际，进行艺术创新，创新实践能力有利于学生形成创新意识，提高艺术实践能力和创造能力，增强团队精神①；用时30分钟。

环节四：反思评价。教师提供反思表，并指导学生正确使用反思表，对评价内容进行解释，提醒学生在相互评价过程中尽量全面；各小组学生结合教师的建议完成反思表和评价表；设计意图在于提高小报的设计标准和自身参与程度，加深自身对篆刻知识的理解，感受金石文化的魅力；用时10分钟。

7. 板书设计

金石文化发展史小报制作

不同主题：印章材料

　　　　　　印章形制

　　　　　　印章体式

　　　　　　印章用途

　　　　　　……

小报组成部分：报名、报头、文字信息、插图和花边装饰

8. 作业设计

根据自己感兴趣的主题设计制作不同的金石文化发展史小报。

9. 教学反思和改进

（1）利用信息科技平台有限，创新意识不够。

该单元主题活动的学习主要围绕金石文化发展史小报制作，注重培养学生的动手实践能力，学生在劳动过程中能顺利完成与个体年龄及生理特点相适应的劳动任务。在金石文化发展史小报制作中，四年级的学生具有较好的归纳能力，但对单元主题分析不够明确，对小报制作分类不够清楚，对历史资料的整理不够全面；四年级学生的"信息意识"不够充分，难以根据解决问题的需要有意识地寻求恰当方式检索、选择所需信息；难以充分利用信息科技平台，协同创新，在数字化学习环境中发挥自主学习能

---

① 中华人民共和国教育部. 义务教育艺术课程标准（2022年版）[S]. 北京：北京师范大学出版社，2022：6.

力，主动探索新知识与新技能；四年级的学生思维方向比较单一，难以采用新颖的视角思考问题和分析问题，设计和创作具有个性化的作品。[①] 四年级的学生对金石文化发展史了解不够全面，难以形成具有主题性、全面化、创新性的设计，小报设计大多拘泥于印章材料，无法较好地体会金石所传达出的不同时代历史文化，感悟文化不深刻。

（2）艺术表现形式多样，感知审美过程漫长。

艺术贯穿在漫长的艺术实践活动过程中，艺术表现包括艺术活动中联想和想象的发挥，表现手法的选择，在引导四年级学生制作金石文化发展史小报时，重点引导鼓励学生自主发现印章的不同方面在不同时期的发展情况及其意义，必要时进行指导与帮助。但审美感知是通过漫长的美术环境陶冶而来，仅凭金石文化发展史小报的设计无法一蹴而就，对小报不同组成部分的合理搭建及美化需要重点指导，从而达到创新而美观的水平。同时，蕴含在小报里的文化理解等多方面素养，包括对艺术作品的感悟，对艺术活动中反映的文化内涵、文化理解的培育需要长时间达成。

（3）加强经验与认知之间的连续性。

杜威一直强调"做中学"，即儿童要从经验中学，从活动中学。为了贯彻这一点，方泰小学"大美金石"课程在课程内容的呈现方面，努力做到知行合一，引导学生将所见、所闻、所感与头脑中对金石文化原有的认知建立链接，以经验促进更深层次认知的建构，以认知指导经验的更进一步获取——引导儿童通过实地调研、自主探究等方式，寻找到经验与认知的联结。同时，课程激励儿童将动手与动脑相结合，释放自身的童趣与创造力。通过激活儿童"行、知、意、情"的交互，实现"教育即生长"的理念。"金石言史"主题活动包括"走进上海博物馆印章馆""绘制不同历史时期印章思维导图""设计制作金石文化发展史小报"及"宣讲金石文化发展史"。在"设计制作金石文化发展史小报"中强调学生自主实践，儿童自主发展，在教师的引导下，学生自主收集印章资料，自主设计绘制小报，体现了学生的自主创新与实践能力，这一过程更加注重教师对学生的引导，对教师自身的知识储备要求更高。

（撰稿者：上海市嘉定区方泰小学　赵　薇）

[①] 中华人民共和国教育部. 义务教育信息科技课程标准（2022年版）[S]. 北京：北京师范大学出版社，2022：6-7.

第二章

连续性课程：螺旋式上升的课程设计

人是不断生长的，为人生长的课程设计具有连续性。泰勒认为，我们在编制一组有效地组织起来的学习经验时，必须符合连续性、顺序性和整合性准则。因此，连续性课程设计要关注纵向组织的连续性、前后衔接的顺序性和内容叠加的整合性，体现从基础到拓展、从理论到实践的螺旋式上升逻辑。

教育是培养人的一种社会活动,它的社会职能,就是传递生产经验和社会生活经验,促进新生一代的成长。① 人是不断成长的,从一个发展阶段到另一个发展阶段,前一个发展阶段为后一个阶段打下基础,后一个阶段是前一阶段的发展延续。主体、世界本身以及知识都具有整体性,这决定了我们的教育必须要以整体知识培养整体人。整体的人才能和整体的世界产生整体的相互作用,实现与世界的和谐共存,产生丰富的人生意义。② 然而,对课程内容进行分析,会发现很多课程内容设计缺乏一贯性、连续性。课程内容组织的割裂可以从纵向与横向两个维度来看。纵向上表现为时间维度上的,不同的学段之间、课程内容先后之间的课程割裂问题。横向的割裂主要是从空间维度来看的,表现为学校课程内容组织与学生生活经验的割裂。③ 如何解决上述问题呢? 我们可以从连续性课程设计的理据,连续性课程设计的维度和连续性课程设计的探索三个方面思考。

一、连续性课程设计的理据

　　泰勒认为,我们在编制一组有效地组织起来的学习经验时,必须符合三项主要的准则。它们是连续性、顺序性和整合性。连续性是指直线式地重申主要的课程要素,它被认为是有效的纵向组织的一个主要因素。顺序性强调把每一后继经验建立在前面经验基础之上,同时又对有关内容作更深入、广泛的探讨。这里强调的不是重复,而是在更高层次上处理每一后继的学习经验。整合性是指课程经验的横向关系,这些经验的组织应该有助于学生逐渐获得一种统一的观点,并把自己的行为与所学习的课程要素统一起来。④

　　因此,在组织学习经验时,要思考是否符合这三项主要原则,要在课程的各个阶段反复提到主要的课程要素,使学生能有机会一次又一次知晓并了解主要课程要素,需

---

① 王道俊. 郭文安. 教育学[M]. 北京:人民教育出版社,2009:14.
② 陈理宣. 论知识的整体性及其教育策略——基于实践教育哲学的视角[J]. 中国教育学刊,2015(12):26-31,48.
③ 朱忠琴. 论中小学课程内容组织的连续性[J]. 当代教育科学,2017(2):42-45.
④ 拉尔夫·泰勒. 课程与教学的基本原理[M]. 施良方,译. 北京:人民教育出版社,1994:67-68.

要注意的是，重复不是机械式的同一水平的重复，而是不断深入、拓展、提高，相关内容呈现螺旋式上升的态势。此外，所学知识并不是孤立、零散地存在于认知中，掌握知识的同时要能运用知识，将所学知识与生活相结合，进而使知识变为能力，使学生的看法、技能和态度逐渐统一起来。

泰勒的这一理论为特色课程的课程内容组织指明方向，以篆刻课程为例，为使学生深入学习篆刻文化，在课程安排上，要始终关注"赏""识""书""临""创"，并在教学中不断重申这些重要的课程要素，使学生有机会能连续练习这些技能，从而更好地掌握。需要注意的是，在教学中不能简单重复，而是要根据学生已有经验和认知水平组织相应的课程内容，逐步扩大学习篆刻所涉及技能操作的广度，逐渐帮助学生更广泛更深入地理解"篆刻"所包括的更广和更深的含义。此外，要考虑"篆刻"与日常生活相结合，将所学知识应用于书写、设计和其他场所，有效应用这些技能。

二、连续性课程设计的维度

基于此，在课程内容设计时，要重点关注横向分类和纵向布局两个方面，确保课程内容的衔接性，在横向分类上关注从理论到实践，在纵向布局上关注从基础到拓展，遵循学习经验组织的连续性、顺序性和整合性原则，开发设计课程内容，使课程内容组织具有连续性，促进学习经验的高效组织，进而促使学生能力和素养循序渐进地发展提升（见图 2-1）。

如图 2-1 所示，在课程内容设计时，为保证相关学习经验的高效组织，首先要关注横向分类和纵向布局两个方面。从横向上看，关注学生已掌握理论，并引导其将所学知识与生活相结合，创设相应情境，引导学生将所学知识应用于实践中，在适切的情境中练习、巩固。从纵向上看，了解学生已有基础，从学生原有水平出发，在此基础上拓展相应内容。由此，从基础到拓展，从理论到实践构成了一个整体，帮助学生逐渐获得一种统一的观点，促使学生从原

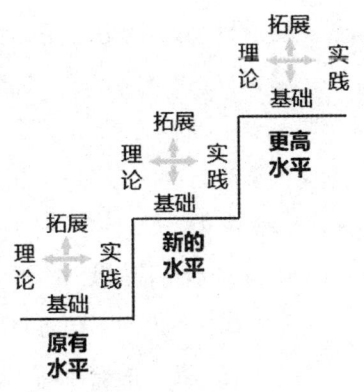

图 2-1 连续性课程螺旋式上升图

有水平达到新的水平。在新的水平上,继续保持从基础到拓展,从理论到实践这一整体,引导学生持续发展,从而达到更高水平。

三、连续性课程设计的探索

将以上模型应用于特色课程开发设计中,主要需关注纵向组织的连续性,注重前后衔接的顺序性,保证内容叠加的整合性。

(一) 纵向组织的连续性

为避免不同的学段课程内容先后之间的课程割裂,保证课程组织的连续性,我校紧紧围绕"篆刻"这一主题设计校本课程,在一至五年级开设连贯的篆刻课程,课程内容关注学生已有经验,与学生认知水平相匹配。始终围绕篆刻展开教学,由浅入深,由基础到拓展,确保学生对篆刻知识的掌握。

篆刻是我国书法和雕刻相结合的独特的艺术,是中华优秀传统文化,是传统艺术的典型代表之一,学习篆刻技艺有利于学生感受中华书法和雕刻文化的魅力,增强人文底蕴;有利于培养学生的耐心,提高学生动手操作等多种能力,助力健康生活;有利于传播弘扬中华优秀传统文化,促进国家认同。为此,我校在"点石成金,大美无言"的校训引领下,以"篆刻"作为学校传统特色、艺术教育的重要载体,开设了篆刻校本特色课程。从课程开设的时间来看,"大美金石"综合课程群覆盖了小学全学段,在一至三年级开展篆刻基础学习,四、五年级开展"大美金石"课程学习。此外,课程设计也关注了寒暑假时间,在寒、暑假中以学生成长营的形式开展其中的自主选修课程。由此,学生一进校就在精心设计的篆刻氛围中成长,从一年级开始便接受篆刻学习,欣赏篆刻作品,领略篆刻艺术的博大精深,在此基础上,不同年段均紧紧围绕篆刻这一主题开设相应课程,学生有机会反复地、连续地了解学习篆刻,掌握相关的技能。

(二) 前后衔接的顺序性

针对课程开发中不同的学段之间、课程内容先后之间的课程割裂问题,我校对校本课程进行了精心的设计,不仅仅是对"篆刻"内容的简单重复,而是以目标引领,以学生为本,关注课程内容与学生认知发展水平,把每一后继经验建立在前面经验的基础之上,对相关内容进行更深入、更广泛的探讨。通过有效的课程整合,形成了较为完善的育人课程体系。

"大美金石"综合课程群使学生从了解金石文化发展史、欣赏优秀篆刻作品、体验篆刻名家情怀、探访名石产地风土、探究制作多彩印泥、设计金石文创作品等六个方面系统地接触和感受金石文化。通过一至三年级篆刻基础知识的学习,四年级学生对篆刻知识有了基础了解,能够掌握基本的篆刻技艺;经过三年其他科目知识的学习,以及学生认知水平的发展,学生具备初步收集和整理相关资料、制作小报、独立查阅书籍,以及利用网络搜集信息和资料等能力。在此基础上,开展"金石言史"课程,进一步掌握基本的篆刻技艺,初步收集和整理相关资料,体悟篆刻的不同发展时期的发展演变和创新所在,感受中华民族的悠久历史和传统文化的独特魅力。学生在本课程中感知篆刻历史,在理论与实践结合的学习经历中为后续与篆刻相关的各种创作打下坚实的基础。感知篆刻的历史后,开展"金石言韵"课程,欣赏各类优秀篆刻作品,临摹优秀作品,提升篆刻技巧,体会篆刻的美韵。同时,举办金石之韵展览,创意展示临摹作品,提高欣赏水平和审美能力。此课程开展后,学生能体会到篆刻之美韵。此后,"大美金石"综合课程群对学生提出更高的要求,开展"金石言创"课程,开展和金石相关的文创设计、制作活动,展现金石文化丰富、独特之美,通过文创活动探索金石之趣,发现生活之美。

课程设计从基础到拓展,始终关注学生已有知识,与学生认知水平紧密结合:从基础知识的学习,到相关内容的逐步拓展;从基础知识的掌握,到情感态度价值观逐步升华。课程内容连贯统一、环环相扣、层层递进。

(三) 内容叠加的整合性

针对课程开发中学校课程内容组织与学生生活经验的割裂问题。我校在课程开发中注重课程内容与学生生活经验相联系,深化课程内容与生活的联系,注重篆刻知识从理论到实践的有效迁移。

作为传统文化的篆刻文化,距学生的生活较为遥远,在日常生活中较少接触,为了更好促进篆刻知识的学习,教师要积极创设相应情境,促使学生将所学知识更好地应用于日常实践中。以"金石言情"课程为例,该课程关注学生的理论学习和实践应用。在课程设计中,学生先考察吴昌硕纪念馆并以小组合作形式搜集金石名家吴昌硕的相关资料,对其生平经历与创作风格有了初步的了解和掌握,初步感知了金石名家的人格魅力;在此基础上,学生提炼并讲述以吴昌硕为代表的更多金石名家的故事,进行组内的分享和交流。在充分了解的基础上进行舞台剧剧本的创编,并进行展演活动,将所学、所思、所获呈现出来。在这一过程中,学生不仅通过多种方式了解金石名家,更为重要的是将所学内容进行了有效迁移应用。在真实的情境中应用所学知识,学生能在理解掌握知识的同时进行反思内化。同时,也是对学生多种能力的培养锻炼,关注学生核心素养的发展。通过本课程的学习,学生对篆刻历史文化有了深入感知,在理论与实践结合的学习经历中为后续与篆刻相关的各种创作打下坚实的基础。

在课程设计上,我校校本课程设计中关注了内容叠加的整合性,创设相应情景,引导学生将学习所得回归于生活,解决生活中的实际问题。在充分调动学生积极性的同时,更好地促进对知识的理解掌握,提升他们对生活的认识、态度、价值观等,同时,教育者对学生在新情境中的表现进行记录、分析、评估,可以更好地了解学生对知识的掌握程度。

总之,在课程开发设计中,要关注纵向组织的连续性、前后衔接的顺序性和内容叠加的整合性。始终围绕主题,落实教学目标,关注学生认知和已有知识水平,设计相关学习内容。课程设计从基础到拓展螺旋式上升,学生能力和素养发展逐步提高。此外,要关注理论学习和实践经验相结合,创设适切情境,将所学内容有效地迁移到日常生活中,使教育"润物细无声"。

(撰稿者:上海市嘉定区方泰小学　路春月)

课程智慧

"金石言情"课程设计的逻辑

作为"上海市'篆刻进校园'试点学校",我校一直致力于金石文化的传播与发扬。

本课程旨在引导学生了解篆刻名家的生平事迹、代表作品及创作历程。尝试采用戏剧表演的形式,表现自己所理解的金石文化,将自己的所学、所悟、所得以舞台剧的形式展现,从而传承金石文化,感受传统艺术的魅力。

(一) 课程背景

篆刻已逐步成为学校课程体系的重要板块。目前,学校将原有的篆刻特色课程升级迭代为"大美金石"课程,"金石言情"课程即为此系列课程之一。本课程建立在"金石言史"课程学习的基础上,引导学生提炼篆刻名家故事,并将其改编成舞台剧剧本进行演绎,感受名家情怀和创作理念。

一是促进艺术文化素养的提升。学生经历场馆寻访、作品赏析、轶事讲述的过程,了解作品背后的故事,进一步感受篆刻作品所表现出来的情感理念与创新意识,提高对金石之美的欣赏与理解能力,实现自身艺术文化素养的提升。

二是关注创新实践能力的培养。学生经历对名家故事的了解,结合自身的理解进行剧本的创编,通过戏剧周活动体会创意多元的艺术表达形式,切身感受金石情金石美,培养交往与团队合作意识,全面提高创新实践能力。

(二) 课程目标

1. 通过对吴昌硕纪念馆的寻访,了解吴昌硕的生平事迹,欣赏其优秀作品,提高收集信息、分析梳理的能力。

2. 通过学习小组的形式提炼并讲述名家故事,进一步感受篆刻名家的创作理念和道德情操,提高语言组织和表达能力。

3. 以学习小组的形式经历金石名家舞台剧剧本的创编,提高想象和创作能力。

4. 通过金石名家舞台剧的演绎,体会创意多元的艺术表达形式,提高艺术表达能力。

(三) 课程内容

本课程围绕"金石言情"主题分为四个板块,具体内容如下。

1. 寻访吴昌硕纪念馆

吴昌硕是中国近代诗、书、画、印艺术承前启后、继往开来的艺术家、画家,是海上画派的代表人物。吴昌硕纪念馆内设"吴昌硕艺术生平展"展室,分"根植沃土""磨历艰难""盛名沪上""树帜华夏"四个部分,展出图片79幅,画集、书刊20多本。并展出吴昌硕及其弟子、传人和其艺术研究人士的书画作品,以及吴昌硕生前所用的文房四宝、书信、诗稿用具等。

2. 名人轶事讲述

了解诸如吴昌硕用以寄托对章夫人的思念之情的"明月前身"印、吴熙载所刻的"人因见懒误称高"印与"十里荷花"印之间的渊源、闻一多先生挂牌治印纾解生活困难等近现代篆刻名家的经历和他们的代表性作品背后的故事,学生通过对学习资料的查阅、品读等活动,以小组为单位选择一个感兴趣的内容,结合学习单加以提炼,形成金石小故事,结合PPT对本组的金石故事进行讲述汇报。

3. 舞台剧剧本创编

《成长笔记》剧本(片段)

第一幕

庄毅是一名品学兼优且要强的好孩子,每次考试都是第一名,他的姑妈又是他的班主任,因此无形当中增添了更多的压力。这一天,同学们都在教室安静地上自习,他却睡着了……(旁白)

梦境中姑妈说:小毅,这次你可不能再粗心了!(话外音)

庄毅:是!保证第一!(说完播放音乐,歌曲唱完,音乐渐弱并停止)

庄毅:原来是个梦啊!(演唱歌曲——木马)

4. 舞台剧表演

舞台剧,可以定义为呈现于舞台的戏剧艺术,按表现形式可以分为话剧、歌剧、舞剧、哑剧、诗剧、音乐剧、木偶剧等。舞台剧基本采用"唱+跳+对白"的形式,是一种现场表演,不仅对演员的要求很高,还涉及一些辅助条件,如音乐、剧本、造型、舞美、灯光等。

(四) 课程实施

学校建有跨学科综合学习空间"金石工坊",陈列有钱君匋大师后人捐赠的珍贵印谱以及一些近代篆刻大家的生平、作品介绍,可供学生参观学习。学校还与多位书法、篆刻大家有着密切的交流与合作,可以提供给师生近距离接触和了解名人故事的机会,更生动地感受到名家身上的深厚文化底蕴与其独特的人格魅力。此外,嘉定乃至整个上海地区拥有丰富的篆刻文化资源,相关的文博场馆记录了诸多名家的作品与事迹,为本课程的实施提供了强有力的支持。

本课程适用于四年级。在课程实施过程中,一共需要 18 个课时,我们将通过以下方法引导学生学习。

1. 实地寻访法

教师组织学生先对吴昌硕纪念馆进行系统的参观,有了初步的赏析体验后,让学生针对自己感兴趣的作品进行二次赏析,并引导学生结合学习单做好照片、文本等多形式的信息采集与记录。在参观完场馆后组织学生统一集中并对采集到的信息进行归纳和梳理。

2. 知识点拨法

学生通过《成长笔记》脚本范例,初步了解舞台剧剧本所涵盖的基本内容,结合学习单进行片段分析,进一步掌握舞台剧剧本的结构和元素。以小组为单位进行对金石故事的创编与细化,形成主题鲜明的、可实施的舞台剧脚本。教师对脚本的内容和细节进行针对性的指导。

3. 实践体验法

各组针对舞台剧脚本甄选出具有表演欲与丰富的情感表达能力的演员,各组员认领合适的角色。以小组为单位进行脚本的解读,体会各人物应展现出的情感态度,揣摩人物心理活动,初步排练剧目。在演练的过程中细化人物台词、行动等细节,完善剧目排练,进行汇报演出。

(五)课程评价

在本课程的学习中,教师采用多样化的评价,对学生参与课程的活动情况、合作意识、探究精神与收获反思进行全面且有针对性的评价。

1. 分享式评价

在分享学习内容和学习成果时,学生已经经历了从个人探究转换到团队合作的过程,结合分享交流的评价单,将评价重心聚焦于团队合作。例如在活动二中,学生以小组为单位进行对金石故事的汇报讲述,学生结合学习单针对团队合作的成果从交流表述到故事内容的不同维度进行评价。

2. 展示式评价

学生在学习的过程中是不断思考、探索、实践的，每一个活动环节都是学习过程的展示。教师要善于发现学生的优势和潜能，无论是金石故事的汇报讲述，还是舞台剧目的演出，都是为学生提供展示自己的舞台，学生的每一次展示过程既是对自己的评价，也能在观摩他人展示的过程中获得新的思考，让学生在参与展示活动的过程中得到收获与体验。

3. 反思式评价

在活动进行的过程中，不论是对其他小组进行的评价还是本组获得评价反馈的过程，学生都会有意识地关注自身的优势和不足。因此在一些展示活动，如舞台剧演出后及时地召开复盘会议，让学生能及时消化评价反馈，并针对自己在组内的表现进行二次评价，能让学生在实现自我提升的同时，激发主动发展、自主学习的愿望与热情。

学程设计 1　寻访吴昌硕纪念馆

活动目标

1. 通过对吴昌硕纪念馆的寻访，了解吴昌硕的生平事迹，欣赏其优秀作品，体会篆刻文化的魅力。

2. 通过对于信息的采集、梳理、补充和汇报，提高信息处理能力，培养团队合作意识。

活动过程

（一）场馆寻访

1. 系统参观场馆

教师组织学生有序参观场馆，初步了解各展厅内包含的作品，如吴昌硕先生的"西泠印社"记拓片轴、篆书八言联、砖铭拓，沙孟海先生的行书六言联，河井仙郎的篆刻"印俌"等。

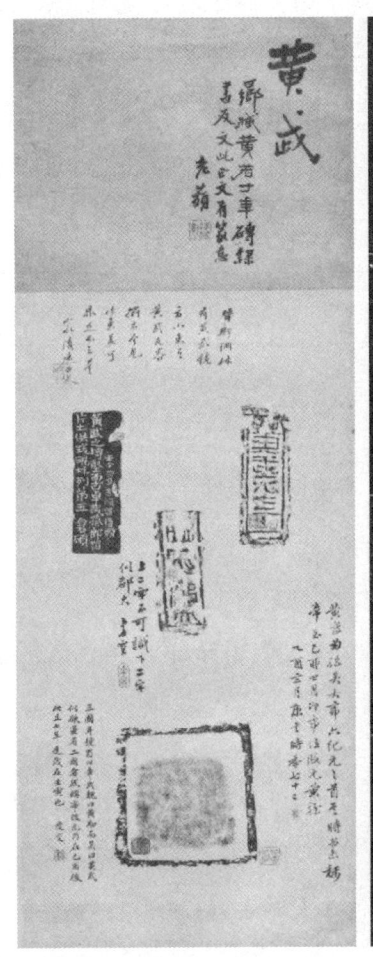

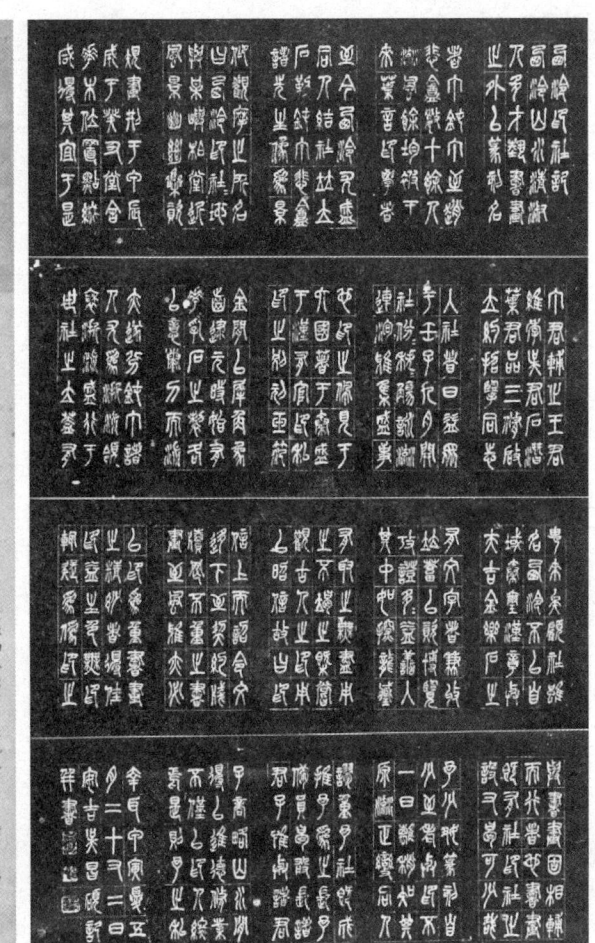

第二章 连续性课程：螺旋式上升的课程设计

2. 自由参观场馆

学生自由参观场馆，对感兴趣的展品进行信息的采集，并根据活动单做好记录。

活动单 1　场馆寻访信息记录

小组：_____　记录者：_____

作品名称	作品内容	作品特点	作品背后的故事

续　表

作品名称	作品内容	作品特点	作品背后的故事

（二）信息梳理

1. 分组交流

分组活动，学生对收集到的信息进行初步交流。

由组员逐一对自己收集到的作品信息进行介绍，包括作品名称、作家、时期，作品的内容，作品的特色以及作品吸引自己的地方等。

在交流的过程中教师进行巡视，并对学生的语言表述进行引导，让学生在交流的过程中突出重点、有序精炼，展现出自信的一面。

2. 信息梳理补充

以小组为单位选择一件最感兴趣的展品进行信息的梳理，并利用网络等对该作品进行搜索，根据结果结合活动单对该作品信息进行更详细的补充。

活动单 2　信息的梳理与补充

小组：_____　成员：_____

最感兴趣的一件作品	
展品介绍	

续 表

背后故事/ 情感理念	
补充	

(三) 交流反馈

1. 交流汇报

教师明确汇报讲解要求(含成员分工、作品名称、展品介绍、背后故事等)。

根据活动单2,以小组为单位聚焦所选展品进行集体汇报,在汇报的过程中注意语言精炼,表述清晰,重点突出。

各组汇报完成后,由其他小组选派代表进行针对性评价,包括优点和建议。

2. 评价反馈

出示评价单:教师针对各评价维度进行解释说明,并引导学生进行公正、客观的评价。

活动单3 评价记录单:交流汇报

小组:＿＿＿＿＿＿ 成员:＿＿＿＿＿＿

请从以下几个角度进行评星(每项1～5★填星数)

	内容是否完整	补充是否到位	表达是否清晰	汇总	建议
( )小组					
( )小组					
( )小组					
( )小组					
( )小组					

自评互评：依据"评价单"中内容、补充、表达的评价维度，对各小组（含本组）汇报情况进行评价，提出建议。

复盘会：汇总其他小组的建议，进行反思和改进。

结合建议重点关注本组在汇报时有哪些不足？下次汇报时，哪些方面还可以改进？

在这次展品信息整理和汇报过程中，我担任了怎样的角色？我的收获有哪些？

学程设计 2　名人轶事讲述

活动目标

1. 通过近现代篆刻名家的学习资料，了解更多篆刻大家的经历和作品，进一步感受他的创作理念和道德情操。

2. 通过提炼讲述名家故事，提高语言组织和表达能力。

活动过程

（一）了解名人轶事

1. 阅读资料

学生通过阅读近现代篆刻名家学习资料，了解更多的篆刻大家的经历和作品。

在阅读的过程中，教师引导学生对作品名、作家、背景、内容等关键信息进行重点圈画。

例如：

人因见懒误称高。此句原出陆游诗，明人陈继儒曾集陆游诗为联："天为念贫偏与健，人因见懒误称高。"此印原为吴湖帆所藏，20世纪60年代初，吴湖帆找来叶潞渊先生，拿出此石，嘱其磨去刻"十里荷花"，叶先生鉴定此印为吴熙载所刻且为精品，不忍磨去，便向吴湖帆言明，请其另换石章。不料吴湖帆非常喜爱此印石，以为是田黄，执意让叶磨去重刻，叶只得请来陈茗屋先生，将其印面小心地锯下薄薄的一片，另找一方上好的青田石粘上。令人意外的是，锯时发现，此石为粉石染色，并不是田黄。叶潞渊先生在原石上刻下"十里荷花"白文印交付吴湖帆。如今，"十里荷花"印已入藏上海博物馆。此印中行实而左右虚，"人""称""高"皆有大块空白互为呼应。

明月前身。"流水今日,明月前身"是司空图《诗品》中的句子,而吴昌硕刻此印却别有怀抱。此印刻于己酉(1909 年),当时吴昌硕 66 岁,寓居苏州时忽梦见其原配章夫人,此时距章夫人去世已近半个世纪,吴昌硕感慨万分,刻了"明月前身"这方印,并在印侧刻下章夫人背影,又在另一侧用阳文刻下"元配章夫人梦中示形,刻此作造像观,老缶记"。吴昌硕与章夫人在 1860 年定亲,不久,太平军与清军在安吉彰吴一带交战,为避战乱,章家将已定亲未过门的女儿送到吴家,两人来不及结婚,吴昌硕与父亲逃难离乡。两年后吴昌硕归乡才知道,章夫人死于饥病后无棺木盛殓,草草埋于庭前桂花树下。吴昌硕在庭前挖掘竟一无所获,所以以"明月前身"寄托了对章夫人的思念之情。此印用近石鼓的小篆刻出,吴昌硕经常在其梅花图上钤用。

2. 补充信息

学生以小组为单位选取一位感兴趣的名家,通过搜索引擎了解有关名家更多的信息,并将结果记录在活动单上。

教师引导学生在搜索时注意关键词的准确性,将搜索到的信息进行梳理概括,在填写活动单时尽量全面。

活动单 1　近代名家大百科

小组：_____　成员：_____

篆刻名家	
生平经历	
让你印象最深刻的事件或作品	
备注：(作品/事件背后的故事补充)	

(二) 提炼名家故事

1. 提炼故事大纲

学生以小组为单位根据选择一段名家经历或一个作品故事提炼出故事大纲,并完成活动单。

教师对如何填写故事梗概、主要情节进行简单的说明,引导学生提炼故事时精炼且完整,突出情节重点,为后续改写故事脚本做准备。

活动单 2　金石名家故事提炼

小组:_____　成员:_____

故事名称	
人物	
故事梗概	
主要情节	

2. PPT 制作

教师对 PPT 的制作提出要求,包括图、文、视频等内容,鼓励学生先进行组内讨论,确定分工,再进行制作,引导各组根据自己的名家故事对 PPT 进行个性化的设计和图文补充。

学生根据故事大纲完成 PPT 制作并进行自我审查修改。

(三) 交流与评价

1. 交流

学生以小组为单位先推选出一名演说家,结合本组制作的 PPT 进行名家故事的汇报。

在汇报过程中,教师引导学生有感情地叙述故事情节、提高语言表达能力。

2. 评价

学生依据"评价单"中各评价维度,对各小组(含本组)汇报情况进行评价,提出建议。

教师引导学生结合汇报的优点和不足进行客观公正的评价。

活动单 3 评价记录单：名人轶事讲述

小组：_____ 成员：_____

评价指标	评价标准	评分
交流表达 （10 分）	声音响亮，表达清晰，思路明确（8~10 分）	
	声音响亮，表达较为清晰，思路较为明确（5~7 分）	
	声音低沉，表达含糊，思路不明确（1~4 分）	
故事内容 （10 分）	内容全面，主题清晰，能准确表达出故事的情感理念（8~10 分）	
	内容较全面，主题较清晰，能大致表达出故事的情感理念（5~7 分）	
	内容不够清晰全面，不能展示出所表达的金石故事（1~4 分）	
合计得分		
建议		

3. 反馈

各组汇总其他小组的建议进行反思、修改。

重点关注评价单中的薄弱项，对本组的汇报如何优化作针对性思考。

学程设计 3 舞台剧剧本创编

活动目标

1. 通过学习小组的形式经历金石名家舞台剧剧本的创编，提高想象和创作能力。
2. 在剧本创编的过程中培养实践创新能力，提高团队合作意识。

活动过程

（一）分析范例

1. 阅读课本剧《成长笔记》脚本范例

学生阅读脚本材料，初步了解故事脚本的格式及内容。

第一幕

庄毅是一名品学兼优且要强的好孩子,每次考试都是第一名,他的姑妈又是他的班主任,因此无形当中增添了更多的压力。这一天,同学们都在教室安静地上自习,他却睡着了……(旁白)

梦境中姑妈说:小毅,这次你可不能再粗心了!(话外音)

庄　毅:是!保证第一!(说完播放音乐,歌曲唱完,音乐渐弱并停止)

庄　毅:原来是个梦啊!(演唱歌曲——木马)

第二幕

胡金花:庄毅,把你的作业给我看看!

庄　毅:得了吧!看看?就是抄!

胡金花:你要让我抄,我送你一支钢笔,怎么样?

庄　毅:钢笔?谁稀罕呐!瞧,上海英雄牌,刚买的,全班第一棒!

胡金花:那算什么!看,美国派克牌!你有吗?

庄　毅:……有……

胡金花:让我看看——你没有。哟!比不过了,这回你得不了第一喽!哈哈!

(下课铃响　胡金花及同学退场)

庄　毅:(打开胡金花的铅笔盒,拿起那支钢笔)这么好的笔偏偏落在她手里!

(庄毅欲摔钢笔,看到莉莉走来,急忙把钢笔塞进口袋)

莉　莉:(走到李大为的座位,拿出钢笔)昨天不小心踩坏了李大为的钢笔,他呀,不用我赔,那我就,悄悄地还给他吧!(放好退场)

第三幕

李大为:(削铅笔进)钢笔折了,铅笔头拿不住了,怎么写?

(打开铅笔盒,突然发现)钢笔?这是谁的钢笔?还是新的?管他呢,补完作业再说!(写)

胡金花和同学:(欢声笑语地走进教室)跟你说,我刚买了一支新钢笔,是美国派克牌呢。

小　杜:是吗,快给我们看看。

胡金花：走，就在我铅笔盒里。(翻找)咦，我的钢笔哪去了？

小　杜：快找找。

胡金花：(翻找着书包)我的钢笔丢了，谁偷了？谁偷了！

(胡金花东找西找，发现李大为手中的钢笔，欲抢……)

李大为：干什么？

胡金花：看看你手里的钢笔是不是我的！

李大为：你的？

胡金花：(顺手夺过)还真是我的！好哇，你！你这个小偷！

李大为：你胡说！(举起拳头)

胡金花：大家快来看啦，李大为偷人钢笔还要打人！小偷！小偷！

小　雨：小偷！小偷！(胡金花以及同学指责李大为)(第二首　教室表演唱)

体育委员：哎呀！就要体育课了，还不抓紧去操场！

小　灿：快走快走！我可不想被罚跑！(同学们急忙退场)

2. 选取片段分析元素

学生以小组为单位选取《成长笔记》中的片段，分析构成元素，完成学习单。

教师引导学生根据活动单有序地分析，对脚本中重点的内容进行圈画，在填写活动单时注意书写端正，语言简练且完整。

活动单 1　脚本片段分析

班级：_____　姓名：_____

场　次	人　物	剧　情	对　话	备　注
第(　)幕				

(二) 创编剧本

1. 确定剧本大纲

学生以小组为单位，根据活动二中各组的名家故事确定剧名及大纲，并梳理出主要人物角色,结合活动单2对各人物的角色设计和人物关系进行简单的记录。

教师在学生讨论及填写活动单的过程中进行巡视,对过程中产生的问题进行针对性的指导与帮助,引导学生在人物角色的设计时关注其性格特点,增加故事的戏剧性。

活动单2　剧目脚本创编

小组:＿＿＿＿　成员:＿＿＿＿

剧　名		
故事大纲		
人物介绍	(角色1)	
	(角色2)	
	……	

2. 细化剧本

学生以小组为单位结合活动单进行剧本创编,细化内容。

教师引导学生在充实剧本内容时对场次进行合理安排,在对话设计时可以结合人物的性格特色进行个性化设计,使故事更生动。

场次	人物	剧情	对话	备注
第1幕				
第2幕				
第3幕				
……				

(三) 汇报反馈

1. 汇报

学生以小组为单位,聚焦主题内容、人物、情节等方面进行集体汇报。

教师引导学生在汇报时针对本组的亮点设计进行重点讲述。

2. 评价

学生依据"评价单"中各评价维度,对各小组(含本组)汇报情况进行评价,并对发现的问题及时提出建议。

教师针对各评价维度进行解释说明。在组间评价过程中,结合各组案例,帮助学生不断加深对各评价维度的理解,引导学生客观、公正地进行评价。

评价记录单:舞台剧剧本创编

小组:_____ 成员:_____

评价指标	评 价 标 准	评分
完整性(10分)	格式完整,内容积极向上(6~10分)	
	格式不完整,内容积极向上(1~5分)	
文化性(10分)	内容明确,主题突出(6~10分)	
	内容明确,主题不突出(1~5分)	
艺术性(10分)	在音乐、道具、背景等方面具有创意设计(6~10分)	
	在音乐、道具、背景等方面不具有创意设计(1~5分)	
合计得分		
建议		

3. 反馈

结合各组的建议,组内对汇报情况进行复盘。

针对不足之处进行重点思考,并及时对剧本进行优化修改。

学程设计 4 舞台剧表演

活动目标

1. 通过金石名家舞台剧的演绎,体会创意多元的艺术表达形式,提高艺术表达能力。

2. 在剧目演出的过程中培养实践创新能力,提高团队合作意识。

活动过程

(一) 分工排练

1. 明确分工

学生以小组为单位,组内协商确定角色分工,确定排练场地、时间、道具等细节,并填写活动单。

教师引导学生根据个人的特长选择合适的角色,并对各分工位置进行协调。

活动单1 组内分工

小组:＿＿＿＿ 成员:＿＿＿＿

剧 名		
扮演者	(角色1)	
	(角色2)	
	……	

			备注
排练地点	第( )幕		
	第( )幕		
	第( )幕		
	……		

2. 剧目排练

小组合作完成金石名家舞台剧排练，教师进行针对性指导，给予细节方面的建议。

台词：学生先根据各自角色的台词进行初步记忆背诵，再结合角色的性格特色进行台词演绎。教师对语气、顿挫进行针对性指导，帮助学生进行生动演绎。

动作：学生分场次进行集合排练，根据不同角色间的对白展现故事情节。在排练的过程中，教师根据排练情况对学生的表情、走位，以及行为举止进行细节上的指导，力求情节流畅、演绎生动。

转场：教师引导学生合理安排场次之间的衔接工作，包括上下场的路线、顺序等，并对转场时的细节如灯光、黑幕、音乐作出适当的提示和指导。

细节：学生在经过完整的走场排练后，进一步对细节如演出服装、演出道具、旁白音量、背景音乐的淡入淡出等进行优化。

（二）剧目演绎

教师安排好舞台剧演出的地点，各组以抽签方式决定演出顺序，有序进行金石名家舞台剧演绎。

演出前给予学生充分的准备时间进行服化道的准备，并邀请家长进行帮助。

演出过程中教师做好主持工作，维持观摩纪律，并引导演员在演出前对本组剧目向观众做简单的名称及人物介绍，以使观众获得更好的观感体验。

（三）评价反馈

1. 评价

学生依据"评价单"中各评价维度，对各小组（含本组）的金石名家舞台剧表演进行评价，提出建议。

教师对评价单中的元素进行解释说明。

活动单 2　舞台剧表演

小组：＿＿＿＿＿＿　成员：＿＿＿＿＿＿

评价指标	评 价 标 准	评 分
完整性（10 分）	剧目表演完整，主题突出，内容积极向上（6～10 分）	
	剧目表演完整，内容积极向上（1～5 分）	

续 表

评价指标	评价标准	评 分
艺术性(10分)	在音乐、道具、背景等方面具有创意设计(6~10分)	
	在音乐、道具、背景等方面不具有创意设计(1~5分)	
表演力(10分)	台词清晰,情感到位(6~10分)	
	台词清晰(1~5分)	
合计得分		
建议		

2. 反馈

汇总其他小组意见,召开本组复盘会,内容如下:

对自己演绎的角色有什么理解,在演绎过程中有什么收获。

结合本次团队合作谈一谈对舞台剧这种艺术表现形式的感受。

在舞台剧演绎的过程中,从团队和个人的角度出发进一步思考是否还有优化的空间,并提出针对性改进的措施。

(撰稿者:上海市嘉定区方泰小学　朱卫娜)

"金石言情"跨学科主题设计案例

我校一直致力于金石文化的传承与发扬,目前已将原有的篆刻特色课程升级迭代为"大美金石"课程,"金石言情"课程即为此系列课程之一。本课程建立在之前"金石言史"等课程学习的基础上,面向我校四年级学生。学生在一系列活动中,自主了解篆刻名家的生平事迹、代表作品及创作历程,从中提炼篆刻名家故事,并改编成舞台剧剧本,尝试采用戏剧表演的形式进行演绎,感受名家情怀和传统艺术魅力。

(一) 课标理念与知识背景

1. 艺术(音乐)

《义务教育艺术课程标准(2022年版)》指出:"艺术课程要培养的核心素养主要包括审美感知、艺术表现、创意实践、文化理解等。""艺术表现"是指在艺术活动中创造艺术形象、表达思想感情、展现艺术美感的实践能力。"创意实践"是指在创作过程中,将独特的想法转化为艺术成果。同时,课程标准还将"学生积极参与创作、表演、展示、制作等艺术实践,从而提升创意实践能力"[1]作为课程的总目标之一。

四年级的学生具有一定的规则意识和学习意志力,并且乐于表达自己独特的感受和想法,能够在小组交流与合作中,进行戏剧表演这种形式的艺术活动。

2. 语文

《义务教育语文课程标准(2022年版)》中关于语文课程的核心素养是这样描述的,"核心素养是学生在积极的语文实践活动中积累、建构并在真实的语言运用情景中表现出来的,是文化自信和语言运动、思维能力、审美创造的综合体现"。[2]

四年级的学生已经具备有目的地搜集资料的能力,并能够用圈点、批注等阅读方法,初步把握文章主要内容,体会文章表达的思想感情。此外能够复述叙事性作品的大意,与他人交流分享自己的阅读感受,乐于尝试运用语文并结合其他学科知识进行艺术创作,在创作活动中感受文化内涵、增强文化自信。

3. 道德与法治

《义务教育道德与法治课程标准(2022年版)》在课程理念中提出:"道德与法治课程要培养的核心素养,主要包括政治认同、道德修养、法治观念、健全人格、责任意识。政治认同是指具备热爱伟大祖国、中华民族、中华文化、中国共产党、中国特色社会主

---

[1] 中华人民共和国教育部. 义务教育艺术课程标准(2022年版)[S]. 北京:北京师范大学出版社,2022:5-7.
[2] 中华人民共和国教育部. 义务教育语文课程标准(2022年版)[S]. 北京:北京师范大学出版社,2022:4.

义的情感,以及为中华民族伟大复兴而奋斗的志向,能够自觉践行和弘扬社会主义核心价值观。"①

在本课程中,四年级的学生通过了解名家生平事迹,演绎发生在篆刻家身上的故事,感受篆刻名家身上所具有的民族大义,对中华文化的认同和传承。

4. 信息科技

《义务教育信息科技课程标准(2022年版)》在课程理念中指出:"信息科技课程要培养的核心素养,主要包括信息意识、计算思维、数字化学习与创新、信息社会责任。"②数字化学习与创新是指利用在线平台和数字设备获取学习资源,开展合作学习,认识到在线平台对学习的影响。依据学习需要,在教师指导下,有效地管理个人在线学习资源。借助信息科技进行简单的多媒体作品创作、展示、交流,尝试开展数字化创新活动,感受应用信息科技表达观点、创作作品、合作创新、分享传播的优势。

四年级的学生在本课程中,利用数字化学习平台,搜集名家故事,制作名家事迹词条,用课件、视频资源学习展示篆刻家历史事迹。

综合以上四点,本主题学习以艺术(音乐)为主学科,语文、道德与法治、信息科技为辅助学科,设计了"金石言情"的学习。

(二) 主题涉及学科

1. 艺术(音乐):"艺术表现""文化理解"。
2. 语文:"语言运动""审美创造"。
3. 道德与法治:"道德修养"。
4. 信息科技:"信息意识""数字化创新"。

(三) 主题学习活动目标

1. 通过寻访吴昌硕纪念馆,深入了解吴昌硕先生的生平、聆听展品背后的故事、对感兴趣的展品进行信息采集等活动,在品味解读展品的过程中,全面了解吴昌硕的艺术成就,感悟他的创作理念和精神品格。

---

① 中华人民共和国教育部. 义务教育道德与法治课程标准(2022年版)[S]. 北京:北京师范大学出版社,2022:5.
② 中华人民共和国教育部. 义务教育信息科技课程标准(2022年版)[S]. 北京:北京师范大学出版社,2022:4.

2. 研究近现代篆刻名家的学习资料，查找并搜集相关的纸质资源和网络资源，制作近现代篆刻名家百科词条卡，并从中提炼出金石小故事，感受篆刻文化的独特魅力，同时提升获取信息、分析信息、提炼信息的能力。

3. 学习剧本创作的方法，尝试将金石小故事改编成舞台剧剧本，在小组合作交流中，激发想象，进一步挖掘近现代篆刻名家的智慧宝藏，锻炼文字创作能力和数字化创新能力，传承和发扬大师的精神财富。

4. 以小组合作的形式完成金石名家的舞台剧之旅（包括服化道准备、舞台剧彩排、正式汇报演出等），让金石故事以全新的方式呈现在舞台上。在此过程中，深度体验艺术的多元表达形式，加强对金石文化的理解和感悟，同时提高协调沟通能力、语言表达能力和艺术表达能力。

(四) 主题学习活动设计

活动一：寻访吴昌硕纪念馆（跨信息科技）

活动地点：吴昌硕纪念馆。

活动内容：通过系统参观吴昌硕纪念馆，选择最感兴趣的展品，进行信息采集，查找与之相关的背景故事，为后续制作名家百科词条做示范。

活动过程：

(1) 通过有序参观场馆，初步了解各展厅内包含的作品。

(2) 通过自由参观场馆，对感兴趣的展品进行信息的采集，并根据活动单做好记录。

(3) 组内交流自己收集到的作品信息、作品的特色以及作品吸引自己的地方等。

(4) 以小组为单位，聚焦一件展品进行信息梳理和补充，对所选展品进行展示介绍。

活动二：名人轶事讲述（跨语文、道德与法治、信息科技）

活动地点：教室、信息教室、图书馆。

活动内容：通过搜集近现代篆刻名家的作品和经历，制作近现代篆刻名家百科词条卡，并提炼出金石小故事，进行交流分享，为后续创编剧本做准备。

活动过程：

(1) 学生通过阅读近现代篆刻名家学习资料，了解更多的篆刻大师的经历和作品。

(2) 以小组为单位，选取一位感兴趣的名家，通过搜索引擎了解有关名家更多的信息，并将结果记录在活动单上。

(3) 小组讨论，从名家经历或作品故事中提炼出故事大纲，并根据故事大纲完成PPT制作。

(4) 以小组为单位推选出一名演说家，结合本组制作的PPT进行名家故事的汇报。

活动三：舞台剧剧本创编[跨语文、艺术（音乐）、道德与法治]

活动地点：教室。

活动内容：通过阅读脚本材料，分析脚本元素，了解脚本格式和规范，进而进行金石小故事创编，为后续舞台剧表演提供剧本。

活动过程：

(1) 通过阅读课本剧《成长笔记》脚本范例，初步了解故事脚本的格式及内容，并选取片段进行元素分析。

(2) 根据金石小故事确定剧名及大纲，梳理出主要人物角色、人物关系，并对各人物角色进行文本设计。

(3) 根据大纲进行脚本的创编和细化，并对剧本内容、人物、情节进行汇报展示。

活动四：舞台剧表演[跨艺术（音乐）]

活动地点：教室、小剧场。

活动内容：通过对金石名家舞台剧的演绎，体会创意多元的艺术表达形式，提高艺术表达能力。

活动过程：

(1) 通过协商确定角色分工，确定排练场地、时间、道具等细节，并小组合作完成金石名家舞台剧排练。

(2) 通过小组分工合作，完成演出服化道的准备。

(3) 通过抽签方式决定演出顺序，有序进行金石名家舞台剧演绎。

（五）主题学习评价设计

评价量表1：吴昌硕纪念馆展品讲解评价表

分类	评价内容	评价标准 ★★★	评价标准 ★★	评价标准 ★	自评	互评	师评
过程性评价	参观秩序	能有序参观场馆内所有展品，认真查看全部展品名片	能够安静参观场馆内的展品，查看大部分展品名片	能跟随老师参观场馆内的展品，查看部分展品名片	☆☆☆	☆☆☆	☆☆☆
过程性评价	信息采集	能利用网络资源独立、快速且全面地搜集感兴趣的展品的相关资料	能利用网络资源全面搜集感兴趣的展品的相关资料	能在帮助下利用网络资源搜集感兴趣的展品的相关资料	☆☆☆	☆☆☆	☆☆☆
总结性评价	展品讲解	能自主、自信、清楚、全面、流畅地讲解展品	能模仿他人，清楚、全面地讲解展品	能在组员的补充下完成展品讲解	☆☆☆	☆☆☆	☆☆☆

组员姓名：_____ 组长签名：_____ 教师签名：_____

评价量表2：名人轶事讲述评价表

分类	评价内容	评价标准 ★★★	评价标准 ★★	评价标准 ★	自评	互评	师评
过程性评价	资料搜集	能够利用网络资源和图书资源，高效搜集名人轶事	能查阅图书资源，搜集名人轶事	能在他人帮助下，搜集名人轶事	☆☆☆	☆☆☆	☆☆☆
总结性评价	故事汇报	能提炼故事大纲，完整流畅地讲述名人轶事	能提炼故事主要内容，较完整地讲述名人轶事	能大致完成对名人轶事的转述	☆☆☆	☆☆☆	☆☆☆

组员姓名：_____ 组长签名：_____ 教师签名：_____

评价量表 3：舞台剧剧本创编评价表

分类	评价内容	评价标准 ★★★	评价标准 ★★	评价标准 ★	自评	互评	师评
过程性评价	材料阅读	能全面分析脚本元素，自主发现脚本格式	能较全面地分析脚本元素，合作发现脚本格式	能在同伴的提示下全面分析脚本元素，发现脚本格式	☆☆☆	☆☆☆	☆☆☆
总结性评价	剧本创编	能根据故事大纲设计剧本，逻辑清晰，语言生动	能根据故事大纲设计剧本，逻辑较为清晰，内容合理	能根据故事大纲设计剧本，有基本的逻辑，内容基本合理	☆☆☆	☆☆☆	☆☆☆

组员姓名：_____ 组长签名：_____ 教师签名：_____

评价量表 4：舞台剧表演评价表

分类	评价内容	评价标准 ★★★	评价标准 ★★	评价标准 ★	自评	互评	师评
过程性评价	剧本彩排	在彩排中体现出很强的团队合作意识和协商能力	在彩排中体现出较强的团队合作意识和协商能力	在彩排中能配合团队合作，协商	☆☆☆	☆☆☆	☆☆☆
总结性评价	剧本表演	能理解剧本内容，准确把握人物情感，展演生动形象	能理解剧本内容，较为准确地把握人物情感，展演较为形象	能理解剧本内容，基本把握人物情感，展演基本流畅	☆☆☆	☆☆☆	☆☆☆

组员姓名：_____ 组长签名：_____ 教师签名：_____

(六)主题学习活动环境

教室布置：4张桌子合并在一起，以小组为单位摆放。

图书馆布置：每张圆形桌子为一个小组，围坐在圆形桌子周围。提供纸质书籍供学生查阅。

电脑教室：2排呈一字排开。提供搜索引擎等网络资源，供学生获取课程相关信息，并利用电脑设备制作展示课件。

小剧场：提供希沃白板、音响和舞台。

(七)主题作业设计

本课程作业围绕主题学习目标，综合运用艺术、语文、信息科技、道德与法治知识完成跨学科作业——舞台剧剧本创编及表演。

作业名称	舞台剧剧本创编及表演			
作业目标	通过欣赏近现代篆刻名家的篆刻作品，了解他们的生平事迹和作品背后的故事，编演舞台剧，塑造生动的大师形象，感受篆刻名家们的精神，体会篆刻文化的魅力，建立文化自信			
作业类型	综合实践类	作业时长	2周	
完成方式	4人小组合作	小组成员		
所跨学科	艺术(音乐)、语文、信息科技、道德与法治			
作业内容	作业序列	作业形式	对应学科	用时
	作业一： (1)寻访吴昌硕纪念馆，完成展品信息记录单 (2)选择某个展品，梳理和补充信息，完成展品讲解	填表、记录	信息科技	2天
	作业二： (1)搜集、了解近现代篆刻名家经历和作品，制作名家百科词条卡 (2)通过提炼和展示交流名人轶事，进一步感受创作理念和道德情操	汇总、制作、讲述	语文、道德与法治、信息科技	4天

续 表

	作 业 序 列	作业形式	对应学科	用时
作业内容	作业三： (1) 学习剧本创作形式，了解脚本的基本要素和创作方法 (2) 将金石小故事改编成舞台剧剧本，感受不同文艺表现方式展现出的名家风范	创意、制作	语文、艺术(音乐)、道德与法治	4天
	作业四： (1) 小组协商，分工合作完成服化道制作以及舞台剧彩排等准备工作 (2) 小组团队展演情景短剧，塑造生动的人物形象	制作、表演	艺术(音乐)	4天

（八）主题教学结构图

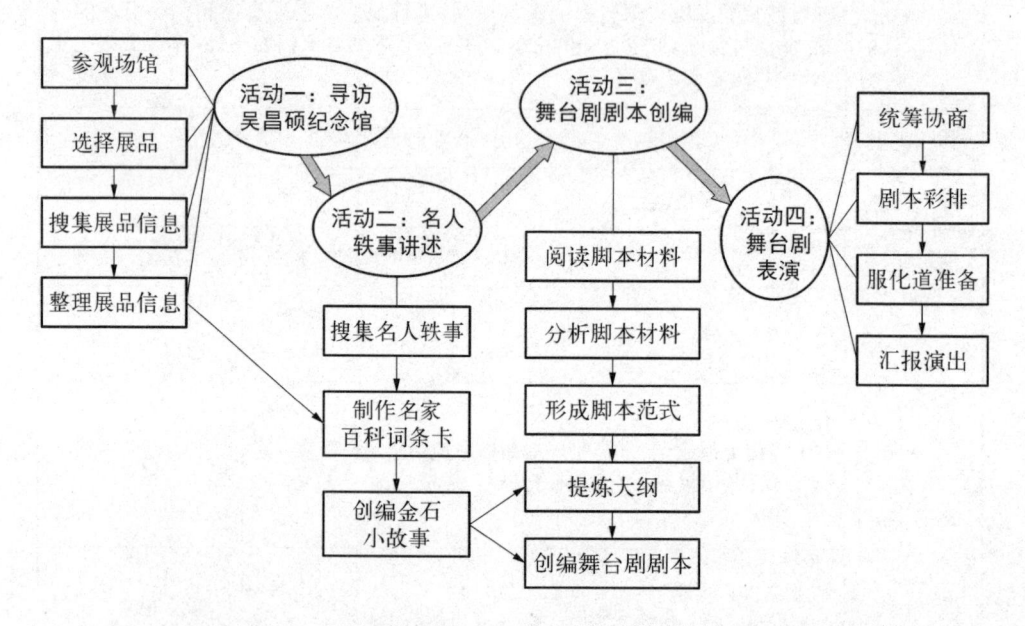

（九）核心单元"名人轶事讲述"设计

1. 教学内容分析

本单元是"金石言情"课程中的第二个单元。本单元学生通过搜集近现代篆刻名家的作品和经历,制作近现代篆刻名家百科词条卡,并提炼出金石小故事,为后续创编剧本做准备。在第一课时"了解名人轶事"中,阅读近现代篆刻名家学习资料,了解更多的篆刻大家的经历和作品。在第二课时"制作篆刻名家百科词条卡"中,聚焦一位篆刻名家,对搜集到的信息进行梳理和概括,形成百科词条卡。在第三课时"提炼金石小故事"中,选择一段名家经历或一个作品故事提炼出故事大纲,并制作展示课件。在第四课时"名人轶事我来讲"中,整理金石小故事文本,并讲述交流金石小故事。

本单元的教学内容立足学生核心素养发展,与语文、道德与法治、信息科技学科相关。本单元的四课时以学习任务为载体,坚持"目标导向"和"创新导向",旨在培养学生的"信息意识""语言运用""审美创造"核心素养,充分发挥语文和道德与法治课程的育人功能,加强学生的文化认同和文化自信。

2. 学情分析

学生通过不同学段相关课程的学习,以及校园金石文化的熏陶,已经接触过不少篆刻作品和名家故事。此外学生已经在三年级的语文课程中学会了阅读智慧故事,结合生活中的问题,描述故事中的道理,具备了提炼故事大纲和转述故事的语言基础和能力。但由于有关"篆刻文化"的特色课程占比较少,学生对于篆刻名家和篆刻作品的了解是比较片面的,对金石文化的了解还不够充分。

3. 学习目标

(1) 搜集、整理近现代优秀篆刻作品资料,了解作品背后的故事,提升信息意识和信息处理能力。

(2) 梳理和概括小组搜集到的信息,制作百科词条卡,提高语言组织能力。

(3) 提炼金石故事大纲,制作展示课件,提升阅读分析能力和数字化创新能力。

(4) 细化金石小故事,形成汇报文本,进行分享和交流,锻炼表达能力。

4. 教学重点、难点

教学重点:制作篆刻名家百科词条卡。

教学难点:提炼金石小故事。

5. 学习评价设计

活动评价记录单：名人轶事讲述

小组：_____ 成员：_____

评价指标	评 价 标 准	评 分
交流表达(3☆)	声音响亮,表达清晰,思路明确(☆☆☆)	
	声音响亮,表达较为清晰,思路较为明确(☆☆)	
	声音低沉,表达含糊,思路不明确(☆)	
故事内容(3☆)	内容全面,主题清晰,能准确表达出故事的情感理念(☆☆☆)	
	内容较全面,主题较清晰,能大致表达出故事的情感理念(☆☆)	
	内容不够清晰全面,不能展示出所表达的金石故事(☆)	
	我得到了_____颗星	
优化建议		

6. 学习活动设计

环节一：了解名人轶事(1学时)

(1) 阅读材料。

师：请同学们阅读近现代篆刻名家学习资料,注意对作品名、作家、背景、内容等关键信息进行重点圈画。

生默读20分钟。

(2) 组内交流。

师：请各小组长组织本组成员就自己感兴趣的名人及作品进行组内交流,分享体会。

生组内有序开展讨论。

(3) 组内推选。

师：请各小组推选一则你觉得最具代表性的名人故事。

生组内商讨推选。

设计意图：通过阅读篆刻名家的故事，学生能够提升自己的信息获取能力，每位组员可选择不同名家故事，在和小组成员交流分享自己对人物的理解与体会的过程中，能进一步感悟篆刻名家的精神品格。

环节二：制作篆刻名家百科词条卡（1学时）

（1）搜集信息。

师：同学们可以小组分工合作，利用图书馆纸质资源和电脑房网络资源，对自己小组选定的名人故事进行进一步丰富和完善。

生各小组分开活动，根据自己的需要决定去图书馆或者电脑房。

（2）填写篆刻名家百科词条卡。

师：请各小组填写以下篆刻名家百科词条卡。

① 篆刻名家的姓名：_____

② 简要介绍他的生平事迹

③ 让你印象最深刻的事件或作品

④ 作品/事件背后的故事补充

生合作完成。

设计意图：在小组合作完成篆刻名家百科词条卡的过程中，学生搜集与之相关的纸质资源和网络资源，信息获取能力得到提升。在对搜集到的图、文、视频等内容进行梳理时，学生的文字分析能力和信息处理能力都能得到不同程度的提升。

环节三：提炼金石小故事（1学时）

（1）提炼故事大纲。

师：请小组成员交流分享对所选人物的理解与体会，集思广益，讨论形成金石小故事的主要内容。

生讨论、记录、整理。

（2）制作展示课件。

师：请根据你们的金石小故事，合作完成一份展示汇报课件。

生在电脑机房合作完成。

设计意图：制作展示课件之前，小组成员必须先经过组内讨论，确定分工，再进行制作,在此过程中可以培养学生的沟通表达以及语言概括能力。另外,制作课件时鼓励学生对PPT进行个性化的设计和图文补充,可以极大地激发学生的数字化创新能力。

环节四:名人轶事我来讲(1学时)

(1) 交流展示。

师:请同学们细化汇报的故事文本,并推举一名代表依次上台进行故事分享。

生各小组协商。

(2) 评价反馈。

师:请各小组结合评价单各评价维度,对各小组(含本组)的汇报情况进行自评和互评,并提出优化建议。

设计意图:在汇报过程中,汇报人有感情地叙述故事情节,而其他同学能够客观地对各小组提出点评和建议,每位学生都不同程度地提高了语言表达能力。

7. 板书设计

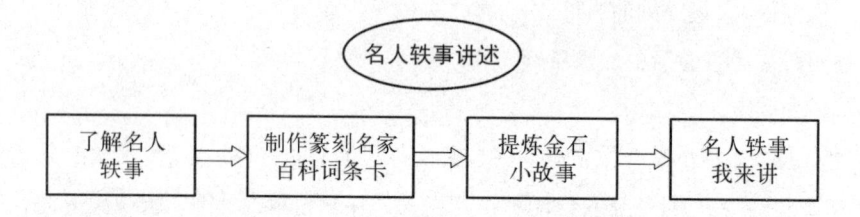

```
                    名人轶事讲述

  了解名人    →   制作篆刻名家   →   提炼金石   →   名人轶事
    轶事          百科词条卡          小故事        我来讲
```

8. 作业设计

(1) 制作篆刻名家百科词条卡。

(2) 讲述名家金石小故事。

9. 教学反思和改进

(1) 创设生活情景,调动学生积极性。

作为传统文化的篆刻文化,学生在日常生活中较少接触。为了更好促进篆刻知识的学习,教师要积极创设相应情境,促使学生将所学知识更好地应用于日常实践中。在本单元教学设计中,学生先寻访吴昌硕纪念馆并以小组合作形式收集资料,对名家吴昌硕有了初步的了解,在参观场馆的过程中,同时感知金石作品的魅力;在此基础上,学生自主阅读文字材料,梳理各个名家的作品和背后的故事,进行组内的分享和交流,对篆刻名家和其精神品格有了进一步的理解,通过在小组汇报时进行丰富和补充,学生对于篆刻文化的理解更加深刻。在真实的情境中应用所学知识,学生在理解掌握知识的同时进行反思内化。这也是对学生多种能力的培养锻炼,自然会进一步激发他们探究金石文化的兴趣和热情。

(2) 重视前后连续,关注学生基础。

学生是不断成长的,从一个发展阶段到另一个发展阶段,前一个发展阶段为后一个阶段打下基础,后一个阶段是前一阶段的发展延续。主体、世界本身以及知识都具有整体性,这决定了我们的教育必须要以整体知识培养整体人。本单元学生的学习体验不是机械式的同一水平的重复,所学知识不是孤立、零散地存在于认知中,而是让学生在一个个连续递进的任务中,不断深入、拓展、提高。将知识与生活相结合,进而使知识变为能力,学生的看法、技能和态度便能逐渐统一起来。

(3) 围绕单元主题,落实学习目标。

在课程开发设计中,要关注纵向组织的连续性、前后衔接的顺序性和内容叠加的整合性。始终围绕主题,落实教学目标,关注学生认知和已有知识水平,从而设计相关学习内容。本单元的教学主题以学生学习基础中较为薄弱和缺失的"篆刻文化"为抓手,学生通过搜集梳理篆刻名家们的故事,体会篆刻文化的魅力,建立文化自信。在此过程中学生经历自主搜集、整理资料,提升了信息检索和处理的能力,提高了语言组织能力,提升了阅读分析能力和数字化创新能力,锻炼了写作表达的能力。与此同时,本单元运用跨学科的学习方式,充分调动了学生的学习积极性,体现了学科之间的知识融合、学习内容的统整。通过本课程的学习,学生对篆刻名家的生平经历、作品背景有了整体全面的认知,理论与实践演绎相结合的学习经历,为后续篆刻的学习创作打下坚实的基础。

(4) 课时螺旋递进,指向育人功能。

本单元的设计采用螺旋递进的方式,让学生通过阅读近现代篆刻名家轶事,对篆刻家们的生平经历和作品有了一定的了解;通过学习聚焦感兴趣的一位篆刻大家,进行梳理和概括,形成百科词条卡;再根据搜集到的信息,提炼金石小故事制作展示课件;最后通过"名人轶事我来讲"环节,讲述交流金石小故事。这样借助于拜访名人纪念馆,知晓金石名家的故事,交流分享,再通过加工演绎,逐步加深学生对金石名家的崇敬之情。从基础到拓展,从"泛读"到"精读",让学生一步步走近金石名家,进而为其精益求精的品格所折服。

(5) 关注核心素养,增强文化自信。

金石文化蕴含丰富的文化内涵和文化底蕴,是屹立在民族艺林中的一朵奇葩,金石文化除了关注学生对篆刻技能的掌握,更应该让学生对篆刻大家的经历和作品进行深入的学习和了解,从基础技能的学习,到对篆刻文化内涵的理解,学生在能力提高的同时也增加了对传统文化的认知。本单元教学在设计时,采用跨学科的教学设计,以艺术学科中的戏剧为载体,兼顾语文、道德与法治、信息科学等学科的核心素养内容,提升学生运用跨学科知识完成相关任务的能力,激发学生从篆刻传统文化中获得精神力量,增强文化自信。

为了让学生能更充分地从篆刻文化中获得情感体验,"金石言情"课程注重整合资源并与综合实践活动相融合,探索新的教学路径,让学生勇于、善于、乐于传承篆刻传统文化。

(撰稿者:上海市嘉定区方泰小学　邹剑美)

第三章

连续性课程：在忠实与创生之间的舞蹈

课程实施的不同取向之间是连续的，课程实施的连续性包含着时间和空间的连续性。从实践上看，课程实施的连续性关注文化引领的聚焦性、学习主题的连续性、内容细化的序列性以及整体要素的融合性。只有将课程内容与实际生活相融合、学习活动与真实情境相融合、学科知识和学科实践相融合，才能整体提升课程实施效果。

课程实施是课程理念落实、目标实现、效果达成的重要保障。我校特色课程"大美金石"的开发与实施是在充分认识学生发展的全面性、连续性和自主性的基础上,以学生的发展需求为出发点制定课程纲要,在课程的实施过程中充分发挥学生的主体地位。我校的特色课程实施是活跃的,彰显了学习方式变革的力量,具有境脉性和连续性。

一、课程实施取向及其连续性

目前,国内学术界把课程实施取向分为三类,分别是忠实取向、互相调试取向和课程创生取向。[1]

持忠实取向的学者认为,课程实施是一个单线活动,教师需要将体现新课程改革的标准和理念直接转化成教学活动。这类取向下的课程实施缺乏灵活性和生成性,使得教师缺乏对课程实施的积极性和创造性,这在一定程度上会使得课程实施的效果减弱,影响课程实施的连续性。

持互相调试取向的学者则认为,不同的教育机构和各类学校所处的地理位置和文化背景各不相同,学生的经验也不相同,所以课程实施的过程也会发生变化。在这种取向下,学校和教师可以根据自身的情况,基于课程标准和理念对课程实施的过程进行一定程度的调整和修正。这类取向下的课程实施保证了教师在教学过程中的重要性以及课程实施的连续性。

课程创生取向则建立在课程实施者的教育观念之上,强调师生共同构建课堂,鼓励批判性对话和学生主体意识的觉醒。这种取向的课程实施注重学生的实践意识和创新意识,但是易使课程实施流于形式,课程实施效果不佳,缺乏整体性思维,在一定程度上也会影响课程实施的连续性。

从课程实施效果来看,互相调试取向下的课程实施在一定程度上保证了课程实施的质量;从课程实施的连续性来看,课程实施需要在忠实和创生这两种价值取向中不断调试,使课程实施在其连续性上得到保障(见图3-1)。

---

[1] 施良方.试论课程的心理学基础[J].高等师范教育研究,1995(2):26-32.

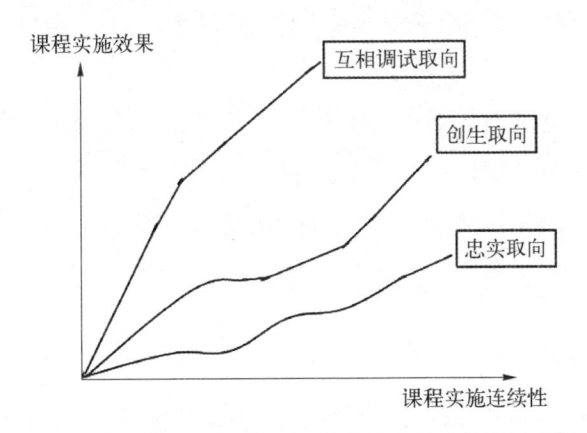

图 3-1　课程实施效果与课程价值取向及连续性关系图

从图中，我们可以看出这三种课程实施取向在不断发展。随着课程价值取向的不断发展，课程实施的连续性增强，课程实施的效果就好；另外，在连续性课程实施的相同条件下，互相调试取向下的课程实施效果更好。

二、课程实施的连续性及其生成

课程实施的不同取向关系着课程的实施效果及课程实施的连续性。从根本上来讲，课程实施的连续性包含着时间和空间上的连续性。例如，学校是否能在课时上保证课程的有效实施；教师和学生能否在安全、固定的场所中有效地实施和学习课程。从深层上来讲，课程实施的效果与文化引领的聚焦性、学习主题的连续性、内容细化的序列性和整体要素融合性有密切关系。我校的"大美金石"课程在课程实施的这四个属性方面有重要发现，值得我们探索。

（一）文化引领的聚焦性

特色课程建设与学校文化有密切关系，课程的构建与实施应聚焦于学校文化。学校文化是特色课程建设和发展的重要支柱，为特色课程建设指明了方向。以文化为导向的学校特色课程建设，才有可能在实践中不断得到发展和完善，更能加深学生对文化的感受，凸显特色课程本身的生命力。学校文化关系着学校的核心竞争力、持续发展力。学校文化具有非凡的影响力，学校文化具有无与伦比的凝聚力，学校文化具有不可替代的执行力。① 通过文化引领来不断提升课程实施的连续性,保证特色课程实施的质量。

课程内容的实施是对传统文化的传承和发展,我校"大美金石"课程聚焦于篆刻文化。篆刻文化是最具中华民族特质的文化符号之一,已成为中华文化的代表性标识,具有丰富的文化内涵和历史价值,同时有着很高的艺术性和实用性。我校特色课程将篆刻元素与实际生活相联系,开展和金石相关的文创设计、制作活动,展现我国传统篆刻文化的独特之美。

(二)学习主题的连续性

学习主题是对课程内容的提炼与概括,具有统整性、综合性和层级性。学习主题就像是灯塔,不同的学习主题对应着不同的学习内容,这一定程度上决定了学习主题必须有其连续性。只有学习主题不断连续,课程内容才能更加系统有效,才会使得教师和学生在知识的海洋上航行时不会迷失方向。

我校作为"上海市'篆刻进校园'试点学校","大美金石"课程的开展与实施已经成为教学常态化的一部分。经过十年的实践和发展,篆刻课程已经成为学校课程体系中的重要组成部分。该特色课程在"金石言史""金石言情""金石言韵""金石言志""金石言器""金石言创"这六大主题的引导下,保证了课程内容的完整性和连续性,提升了课程构建与实施的品质。学生从"学"到"做",从"扎根"到"创生",使得我校的篆刻特色课程不断完善与发展。学生通过篆刻课程的学习,利用篆刻元素进行文创产品的设计与制作,将金石篆刻相关知识和技能应用在实际生活中,让古老的民族文化焕发出新的生命力。

除此之外,学校有专职的篆刻教师、专用篆刻教室、专用篆刻软件及资源丰富的篆刻文化馆"金石苑"、跨学科综合学习空间"金石工坊",进一步保证了学校特色课程实施的连续性。

(三)内容细化的序列性

无论什么样的课程内容,都应该按照学科的逻辑体系和学生的认知发展顺序进行。课程内容只有遵循序列性,学生才能更加系统地掌握学科知识,形成严密的逻辑

---

① 谌清淑.传统文化与学校文化融合发展的实践研究[J].中国教育学刊,2020(S2):7-8,17.

思维以及养成解决问题的能力。学生的身心发展是按一定的规律进行的,从学生的身心发展规律来看,特色课程的内容也应当具有序列性。

我校"大美金石"特色课程的内容就存在着这样的序列性。我校一至五年级开设不同层次的篆刻课程和学习活动,根据课程方案制定不同的学习目标和评价标准,这样可以使低年级的课程学习为高年级的课程学习提供支持和助力,也可以在一定程度上保证课程实施的效果。另外,从身体发展规律来说,小学中低段的孩子骨骼尚未发育成熟,他们不能对篆刻工具(如刻刀)进行熟练且安全的操作;相比之下,中高年段的学生腕骨、掌骨和指骨处在一个更为成熟和灵活的生长阶段,为此本校篆刻课程将实操性比较强的课程内容放在中高年段,这就更好地符合了学生身心发展的规律和特点。

(四) 整体要素的融合性

现代课程体系的价值导向是培养全面发展的人。人的全面发展离不开各课程要素的有机融合。课程是个整体性概念,各课程要素之间并非孤立存在,而是相互影响,相互关联。虽然各学科之间特性不同,但是不同的学科知识之间具有关联性和融合性,因此只有将课程要素有机融合为一个整体,才能提高课程实施的连续性,保证课程实施的效果。那么,如何实现整体要素的融合性?

一是课程内容与实际生活相融合。课程内容与社会生活的联结,体现了课程生活化、社会化的回归。生活经验是课程内容的基础和源泉,正是学生的生活经验对课程内容的不断丰富和补充,特色课程才能有其特色所在。"大美金石"课程在学习篆刻知识的基础上,引导学生利用篆刻元素对身边的物品进行设计与制作,这使得抽象的文字符号还原为真实的生活场景,使内在的文化意义复现为有生命力和创造力的学习活动。

二是学习活动与真实情境相融合。学生只有面对真实的挑战问题,经过合作、交流、调查等方式,经历头脑风暴式的思维迭代,才有可能解决复杂多变的任务和实现知识创生运用,从而获得成功体验。"大美金石"学习活动中,学生以班级为单位开展具有篆刻元素产品的义卖活动。学生是活动的组织者、义卖方案的策划者及产品的解说员和推广者。学生能够在义卖活动中发现真实问题,如:义卖摊位的选择、不同产品的定价、组内人员的分工,学生在问题中不断完善自己的系统化思维,提升自己解决问题的能力，从而促进自身的发展。

三是学科知识和方法相融合。课程实施过程中，教师应引导学生冲破不同学科之间的界限和壁垒，因为知识本身具有客观性和同源性，所以不同的学科知识也有其内在联系。不同的学科知识和方法应互相整合，这可以保证学生高效地学习知识和方法。

三、连续性课程实施策略

课程是师生联合创造、互相调试、共同体验的一种经验，这种经验应当是连续的、生动的、系统的。实施连续性的课程能更好地顺应课程变革的需要，更能实现课程的育人价值。当前我国在课程改革方面注重学生核心素养和关键能力的培养，倡导个性化的知识生成方式，增强课程内容的生活化和综合性，这也为连续性课程的实施提供了更多的可能性和思考。

（一）贴近生活，走进实践

在课程内容中，有一部分内容过于简单，所以我们能较快地达成教学目标，完成教学活动。但这样的教学，学生还是会停留在原有的水平上。学生对课程内容并没有主动去探知，因此他们的能力并没有得到提升。这时，教师要充分利用课程内容，借用连续性的方式让学生进行探索和实践。例如，学生在学习篆刻知识的同时，教师可以进一步引导学生将篆刻元素融入校园文创产品的设计中。校园里司空见惯的书包、雨伞、教室、操场、文化长廊，都可以与篆刻文化相融合。教师要引导学生走出课堂，去研究地面上的各种砖块、场馆中的各类柱子等中包含着的篆刻元素，这样才能真正激发学生的学习兴趣。

（二）任务驱动，境脉学习

学校每年都会举行爱心义卖活动，用于为特殊学生提供帮助。在这一背景下，金石文创课程以"义卖活动"为任务形式，驱动学生在真实的义卖任务中发现真实问题。例如，如何挣到更多钱、如何设计出更具吸引力的文创产品、如何对小组人员进行分工等，这一系列问题驱动着学生思考、合作、交流、反馈，进一步提升学生解决问题的能力。

(三) 问题解决，素养提升

在完成义卖活动的成果展示阶段，教师要引导学生注重反思评价，反思活动中研究步骤的选择，审视活动安排的合理与不足之处，为后续开展活动积累经验，减少不必要的重复性劳动。这一过程可使得学生在解决问题中创生新知识，萌生新问题，为课程实施的过程提供新的生长点。

从根本上来说，课程实施是将课程方案付诸实际的过程，是课程理想实现的过程，是师生共同达成课程目标的过程。从深层上来讲，课程实施的效果与文化引领的聚焦性、学习主题的连续性、内容细化的序列性和整体要素的融合性有着密切关系。互相调试取向下的金石篆刻课程是在传统文化的引领下，师生联合创造、互相调试、共同体验的一种经验性课程。课程实施不再是按部就班的过程，而是一边遵循个体发展规律，一边在连续性主题的引领下，实现学生核心知识的习得、经验的生长和关键技能的迁移，从而促进学生综合素养的全面提升的过程。

（撰稿者：上海市嘉定区方泰小学　孙佳晓）

▎课程智慧 ▎

"金石言韵"课程实施的方法

金石文化博大精深，印章展现出中国篆刻艺术之"韵"。"金石言韵"课程带领学生走进韩天衡美术馆，学生在课程学习中欣赏各类优秀篆刻作品，临摹优秀作品提升篆刻技巧，体会篆刻的美韵。通过学习印屏制作的方法，将本组临摹的作品进行创意展示，最后通过金石之韵展览，提高印章欣赏水平和团队协作能力。

下面对本课程纲要进行介绍。

(一) 课程背景

"金石言韵"课程是"大美金石"课程之一，为限定选修课程。引导学生参观韩天衡美术馆，对篆刻之美产生兴趣，在充分欣赏和感知优秀篆刻作品的基础上，临摹自己喜爱的经典印章作品,并以制作印屏的形式进行展示,体验篆刻之美韵。

一是探寻传统艺术的历史与传承。中国的篆刻艺术之所以丰富多彩、流派纷呈,其中一个重要的因素,就是入印文字的形体美在起作用。由于千百年来的演变和发展,中国文字的书体复杂多变,具有丰富的艺术性。从体式来看,分为正、草、隶、篆;从艺术来看,各种体式又有不同的书写风格。正因为中国文字具有这些特点,才使得篆刻这门以文字书写形式为表现内容的传统艺术,有了取之不尽、用之不竭的源泉。这项活动将充分利用相关文博场馆资源,提高审美素养,拓宽视野。

二是提高审美精神与培养审美情感。遵循"深入浅出、溯流求源"的法则,透过印章的表面,体现出中国艺术家博大精深的审美精神与审美情感,辐射着中国艺术之"韵",提高欣赏能力的知识积累,培养艺术欣赏的兴趣。本课程需要学生了解印章的文字体系演变,通过临摹优秀作品提升篆刻技巧,体会到篆文的韵味,然后尝试将喜爱的印风应用在自己的作品中,创意表现印文内容。活动最终将开设一个作品展,展示同学的篆刻作品。

(二) 课程目标

1. 实地参观韩天衡美术馆,欣赏各类优秀篆刻作品,了解印章创作的过程,产生艺术欣赏的兴趣。

2. 动手临摹优秀作品,进一步提升篆刻技巧,感悟印章之美,体会篆刻的韵味。

3. 学习印屏制作的方法,将本组临摹作品汇总呈现,提升创意呈现篆刻作品的能力。

4. 通过金石之韵展览,展示小组印屏成果,提高团队协作能力,提升印章欣赏水平。

(三) 课程内容

本课程围绕"金石言韵"主题分为四个板块,具体内容如下。

1. 韩天衡美术馆的篆刻作品。韩天衡美术馆藏有 1136 件韩天衡先生捐赠的艺术珍品。藏品中的篆刻作品和印章陈列馆是主要参观对象。包括韩天衡先生自己的篆刻作品和历代印章。

2. 名家的经典印章。历代名家作品,例如,明朝文彭的《琴罢倚松玩鹤》《画隐》,

明朝何震的《云中白鹤》，明朝苏宣的《流风回雪》，明朝归昌世的《负雅志于高云》，清朝林皋的《碧云馆》《杏花春雨江南》，清朝丁敬的《两湖三竺万壑千岩》《上下钓鱼山人》，清朝蒋仁的《真水无香》和清朝黄易的《小松所得金石》。

3. 印屏的作用。印屏是篆刻作品展览的重要形式，因此制作印屏已经成为参展篆刻作品创作的一个不可忽视的环节。一幅制作精美的印屏不仅是对观赏者的尊重和负责，也是篆刻作者创作水平和创作态度的具体体现。

4. "金石之韵"展览。"金石之韵"展览计划在学校的金石走廊布展，展期为一个月。分别展列姓名章、闲文章和肖形图文章。

（四）课程实施

韩天衡美术馆是学校的共建单位，给予学校多方面的专业支持，长期以来与学校共同探索"馆校合作"下篆刻的普及与推广，定期邀请师生前去参观学习，并走进校园给予专业指导，为本课程的实施提供了强有力的支持。

本课程适用年级为四年级，在课程实施过程中，一共需要 16 个课时，我们将通过以下方法引导学生学习。

1. 参观欣赏法。在老师的指引下参观韩天衡美术馆，由场馆讲解员带领学生参观印章陈列馆，学生自主完成参观记录单。邀请美术馆工作人员讲解印章创作的过程（包含篆法、刀法、章法），学生完成讲座记录单。

2. 临摹练习法。学生选定朱、白文印章各一枚进行临摹。学生动手临摹优秀作品，进一步提升篆刻技巧，感悟印章之美，体会篆刻的韵味。

3. 实践活动法。学生通过准备和开展"金石之韵"展览，展示小组印屏成果，提高团队协作能力，提升印章欣赏水平。

（五）课程评价

在主体探究学习过程中，教师也会关注到学生的进步和点滴成长。教师们积极尝试多维度、分享式、展示式等多种评价方式，对学生参与课程的学习态度、合作意识、探究精神与学习能力、收获与反思进行适切的、科学的和全面的评价。

1. 分享式评价。在分享学习内容和学习成果时，教师尝试借助学习任务单的形式进行无痕分享，并组织学生展开交流，同时完成评价单。例如，学生走进韩天衡美术馆，随场馆讲解员参观欣赏印章陈列馆，选择自己感兴趣的一枚印章，完成参观记录单。说说本次金石研学之旅的活动收获——你知道了哪些篆刻知识？学生交流分享自己的收获。

2. 团队式评价。在活动的探究和合作环节，学生在组内会有分析、查找资料、填写、创作等活动，这就需要发挥小组团队共同协作的作用。结合每次分享交流的评价单，评价的重心由鼓励个人分享表达转向团队合作能力提高。例如，组员从自己收集的资料中选定一枚朱文和一枚白文，以小组为单位进行交流展示，选出最受欢迎的作品。

3. 展示式评价。学生在学习的过程中是不断思考、探索、实践的，每一个活动环节都是学习过程的展示。教师要善于发现学生的优势和潜能，给学生创造展现自我的舞台，让学生在活动中获得成功与自信。例如，学生动手临摹优秀作品，进一步提升篆刻技巧，感悟印章之美，体会篆刻的韵味。以小组为单位，每个小组在篆刻长廊布置展位，展示本组作品。统计观众投票结果，评选最佳人气作品。在这个过程中，不仅让学生更加清楚地介绍和展示自己的篆刻作品，也能让学校里其他学生来欣赏。在欣赏和评析中为每位学生提供参与活动的机会和展示的舞台，使活动充满生命力，也让学生有成就感。

学程设计1　亲历韩天衡美术馆

活动目标

1. 实地参观韩天衡美术馆，欣赏各类优秀篆刻作品，了解印章创作的过程，产生艺术欣赏的兴趣。

2. 交流本次金石研学之旅的活动收获，体会篆刻的韵味。

活动过程

（一）走进韩天衡美术馆

1. 学生在教师的带领下走进韩天衡美术馆，随场馆讲解员参观欣赏印章陈列馆。

第三章　连续性课程：在忠实与创生之间的舞蹈

兰言室	关中侯印	大道必简
清·徐三庚	古玺印章	韩天衡

2. 教师在参观过程中提醒学生仔细观察，发现不同形式的印文有什么相同和不同点，并选择自己感兴趣的一枚印章，完成参观记录单。

白文：刻笔画部分，盖出来的笔画部分是白色，故称"白文"，又名"阴文"。

朱文：刻非笔画部分，盖出来的笔画部分是红色，故称"朱文"，又名"阳文"。

参观记录单				
印章内容				
印文形式 （对应框√）	朱文		白文	
印章材质 （对应框√）	金属	石头		其他
印章分类 （对应框√）	官印	私印		其他

99

(二) 聆听讲座

1. 学生聆听韩天衡美术馆篆刻名家讲解印章创作的过程,完成讲座记录单。

讲座记录单	
什么是篆法?	
刀法有哪些?	
章法的艺术规律?	

2. 教师讲解篆法,即合于汉字六书之义的印文篆写必须遵循的法则和构成原理。具体说,治印对篆法的要求有以下五个方面:

(1) 篆法要雅正:"雅"字本义即为正确、规范之意。就是说,印文所用篆字都要规范而合乎六义,决不可杜撰用讹。如印文中某字,在摹印、缪篆中本无,可依据小篆之体、隶书之规(此二种印章文字即在小篆与隶书之间),按六义原理变化用之。

(2) 字体要统一:用摹印、缪篆自不必说。若用小篆、大篆、甲骨文、真楷、隶书等体入印,则必各自为体,决不可互参相杂。

(3) 篆形要一致:篆印文字有方、圆二类,在一印中,文字要方都方,要圆皆圆,不可混用。

(4) 篆写要大方而用笔合乎书法:印文在适于印面的前提下,必须保持各字形体的自然大度之态,篆写还要合于书法的用笔法度。

(5) 增损要合宜:为了使印面文字繁简对比与斜正穿插呼应舒妥,凡遇字形配合不协调者,要予以增损。具体做法是,若某字有多种篆法,则可选用其中篆法适宜之字入印;若其字只有一种篆法,用之又不甚妥,则可依照汉字六义予以增损,或变笔画粗细虚实以及变斜趋正、反垂为缩等手法使它们相宜相合,万不得已则可假借它字为之。

3. 教师讲解刀法。

刀法是篆刻艺术特有的表现手段。元代以前印章多为铸造。即使需假刀刻的玉、牙、骨等印章材料,也因硬度较高,需要借助于琢磨器械。用刀刻制印章,是随着印章与书画艺术结合,艺术印章需要量骤增,并发现软质石料成为印章主要材料后,制印才逐渐形成以刻为主。篆刻刀法也随之成为人们有意识追求的篆刻技法。经过几代篆刻家的探索，被总结为13种刀法（一说为14种）。

正入正刀法：正锋入石，刀干与石面略有角度。

单入正刀法：侧锋入石，一刀只能刻一划。

双入正刀法：侧锋入石，两刀成一划，方向相反。

复刀法：侧锋入石，一刀不能刻成一划时，向同方向再刻一刀。

冲刀法：正锋或侧锋入石，向前推进。

切刀法：侧锋入石，向下压切。稍具前推之势。

涩刀法：侧锋入石，摩擦前进。

迟刀法：侧锋入石，用力重，稍退即进，行动缓慢。

舞刀法：侧锋入石，一左一右，回荡前进。

轻刀法：正锋或侧锋入石，力轻浅刻。

埋刀法：正锋入石，刀锋压低，贴近石面。

平刀法：刀口平贴石面，铲平底地用。

留刀法：存意而不存形，故无刀可言，只用于转折处之虚笔。

以上所述用刀十三法，经解释后，即知实在没有多少玄奥之处，而只是切冲两式刀法的活用，正锋与侧锋的不同而已。

章法是篆刻术语，特点是平正、匀落。

（三）交流分享

学生在教师的组织下，说说本次金石研学之旅的活动收获——你知道了哪些篆刻知识？

（四）记录与评价

学生依据"评价记录单"中各评价维度，对本次活动进行评价。

篆刻作品鉴赏评价单	
活动收获程度	☆☆☆☆☆
我认识篆字	☆☆☆☆☆

续 表

篆刻作品鉴赏评价单	
我知道了印章创作过程	☆☆☆☆☆
我能区分印章的类别	☆☆☆☆☆
我知道篆刻"三法"	☆☆☆☆☆
我想临摹印章作品	☆☆☆☆☆

学程设计2 临摹经典印章

活动目标

1. 动手临摹优秀作品,进一步提升篆刻技巧。

2. 感悟印章之美,体会篆刻的韵味。

活动过程

(一)了解与梳理

1. 学生在教师的组织下,以小组为单位在课前收集印章资料,并在课堂上展示。

2. 学生听教师的分类介绍,学习从多角度进行作品赏析,学生以小组为单位选定一张作品,完成学习单。

作品分类学习单		
		在所属类别下打√
篆刻形式	朱文	
	白文	
形状分类	方形印	
	圆形印	
	其他	

续 表

作品分类学习单			
^	^	^	在所属类别下打√
内容分类		文字印	
^		肖形印	
^		其他	
所属朝代		古代	
^		当代	

3. 教师讲解

(1) 篆刻形式：篆刻表现形式可大致分为朱文和白文。细分之下还有以金文小篆文字入印的，可分为古玺、汉印。风格上可分为细朱文、满白文以及封泥、急就章等形式。其中阳刻的字叫朱文，就是刻的字是凸出的，刻字时把字边上的料挖掉，只留下反写的字，章刻成后，沾了红印泥后，敲出来的字显示"朱文"，就是"红色的文字"的意思。阴刻的字叫白文，就是刻的字是凹进的，刻字时把反写的字挖掉，留下字边上的料，章刻成后，沾了红印泥后，敲出来的字显示"白文"，就是"白色的文字"的意思。

(2) 形状分类：有方形印、圆形印、随形印。

(3) 内容分类：有名章、官印、趣章、收藏印、吉语印、肖形印等。

(4) 所属朝代：有秦印、汉印、宋印（九迭篆官印）等。

(二) 选择与临摹

1. 学生从自己收集的资料中选定一枚朱文和一枚白文，并完成水印上石和临摹。

2. 教师讲解并帮助学生明确临摹的步骤。

(1) 选临汉印的原则是：由易到难，由浅入深，由工到放，由简到繁，由直到曲，由正到变，由朴到巧，由平到奇，循序渐进。具体说来，即由白（文）到朱（文），由铸到凿，由粗到细，由少到多。

(2) 摹印要求摹描印章达到与原印形式相似。用透明拷贝纸蒙在印样上摹写。摹印的要领是细致耐心，尽可能与原印完全一致。

在摹写的过程中应体会章法的行气、布白、揖让、呼应等关系,以及笔法的起止形态,刀法的轻重、疾徐、转折、表现等细微之处,即能反映原印精神之细部。认真领会印样线条的刀法笔意及来龙去脉,遇印中有斑烂处,不要求省时省事,忽略细部,一笔拖过。应用点描,以点成线,则可体现出印中小点斑驳处。通过摹印的训练,对原印要有深一层的理解,因此摹印也是认真读印与理解印的过程。

摹描中还要注意开始下笔不可太重,墨不可太多,过重过多容易失手致使印文着墨太过,白文变细,朱文变粗,有失原样。宁可使墨不足,勿使笔有余,以便修补改正。如果拷贝纸有漏墨等现象,可在印谱与摹写纸之间衬一张不透水的玻璃纸,以保护原印蜕不致沾污。

摹写是摹描的辅助办法,它可以加深、加快对对象的理解,使之熟记于心,尤其是对朱文印,更可多辅以摹写。对白文印摹描有一定基础后,可参以摹写。即用笔先摹写其大概笔画,然后移开原印,对照逐笔修改,加粗加长如原印,以求达到形似为止。摹写可以抓住原印主要精神,细心体会、反复练习并记住一些有规律性的笔法,对以后刀临或创作是大有益处的。

(3) 用毛笔临写印样固然是种方法,但"临刻"主要还是体现在刀上,关键是掌握"临刻"的技巧。临摹的主要对象是汉印,在学习汉印的基础上,选取某一特点加以充实发展,也可别开生面。

(三) 修改与完善

1. 学生对自己的作品进行初步钤印,再根据教师的建议及时调整,完善定稿。

第三章 连续性课程：在忠实与创生之间的舞蹈

2. 教师提示评价标准

1星

（1）临摹一方印，印面文字2至4字。

（2）能初步实践刻印的全过程，不刻错，不反刻。

（3）所刻印章与临本相似，笔画的长短、粗细，文字的大小、比例也基本相似。

2星

（1）临摹一方印，印面文字2至4字。

（2）所刻印章与临本相似，能体现印章的布局、疏密、粗细、长短等技法和笔画的变化。

（3）能初步掌握冲、切刀等基本技法。

3星

（1）临摹秦汉印一方，印面文字2至4字。

（2）能较熟练掌握临刻的全过程。

（3）有较强的模仿能力，效果较好。

（4）所临印章粗细得宜、疏密有致，笔画古朴苍劲、挺拔有力，与临本形神相似。

整改学习单			
作品原图	第一稿	第二稿	第三稿

(四) 展示与评价

教师汇总组员作品,以小组为单位进行交流展示,选出最受欢迎的作品,依据"评价记录单"中各评价维度,对各小组(含本组)展示情况进行评价。

评价指标	评价标准	得分
篆刻技法 (15分)	篆刻技法熟练(10~15分)	
	篆刻技法较熟练(6~9分)	
	篆刻技法不熟练(1~5分)	
临摹韵味 (15分)	临摹印章内容能完全抓住原作的韵味(像)(10~15分)	
	临摹印章内容较能抓住原作的韵味(有点像)(6~9分)	
	临摹印章内容不能抓住原作的韵味(不像)(1~5分)	
合计得分		

学程设计3 欣赏制作印屏

活动目标

1. 学习印屏制作的方法,将本组临摹作品汇总呈现。
2. 提升创意呈现篆刻作品的能力。

活动过程

(一) 学习与了解

1. 学生聆听教师介绍印屏知识,学习欣赏印屏美感

印屏是篆刻作品展览、投稿的最终效果,应考虑到其形式感的塑造,既要使印蜕视觉表现力充分展示出来,但又不喧宾夺主。印屏是篆刻作品展览的重要形式,因此制作印屏已经成为参展篆刻作品创作的一个不可忽视的环节。

教师讲解印屏常用的几种制作形式:

（1）匀称法：匀称法就是将印蜕和款拓得体地布置在一张印屏上。一般大小基本一致的印蜕即可采用此种方法设计，传递给人一种均等、对称的形式美。

（2）错落法：错落法即是将尺寸不一、规格各异的印蜕参错地布置在一张纸上，使得印屏的布局产生虚实轻重变化的效果。

（3）衬景法：衬景法就是在印屏上印有各式图案或在印屏上画上图案（如山水、人物、花鸟等），再将印蜕贴在上面，这样就能更好地衬托出印蜕的形式美。但使用衬景法必须注意：衬景切不能喧宾夺主，颜色不宜太艳或太浓。

（4）签衬法：签衬法就是通过印屏上题签的变化以及题签纸的颜色来衬托印屏，这种签必须使用洒金或彩色宣纸题写。通过对印屏题签的处理来烘托印屏，从而取得更佳的视觉效果。

2. 学生在教师的介绍下认识印屏制作的材料与工具

教师向学生介绍制作印屏所需要的工具、材料有：连史纸、墨、塑料纸、短毛牙刷、拓包、干净的羊毫笔、玻璃、印泥、清水、印床、印规、盛墨的瓷盘、铜版纸等。

（1）连史纸之类细密的竹纸，亦称棉连纸。

（2）墨。墨的选择上，以油烟墨为佳，可用墨汁，墨块若能研磨细致，亦可。墨汁的品牌很多，常见的适宜拓款的墨汁有一得阁"云头艳"、宣和"漆油烟墨"、红星墨液、苍佩室"桐油烟墨汁"等。

（3）塑料纸、拷贝纸、吸水纸。塑料纸与拷贝纸，用于刷字口时隔在连史纸之上，以免损伤连史纸。塑料纸的选择，以垃圾袋、保鲜袋为佳，柔软而略薄的方便袋亦可。而吸水纸的用途，即用于吸收连史纸上多余的水分，其选择则多种多样，以面巾纸之类吸水性强的纸张为佳。

（4）牙刷、棕刷。棕刷是用来刷字口的，当下的棕刷制作大多低劣，若使用，要二次拣选、加工。将所购棕刷拆开，挑选均匀、稍细的棕丝，重新扎紧，再打磨，即可使用。另外牙刷也是不错的选择，将使用过的牙刷剪短，以坚挺有弹性为宜，然后在粗砂纸上打磨，使牙刷丝的尖部变圆，以免伤及塑料纸及石面。

（5）拓包的制作。拓包由面料、内瓤即扎绳合成。面料宜选用细密的绸缎料子，以真丝素丝绸为上，缎子亦可。内瓤为脱脂棉球，有人习惯在棉球中包以其他硬物，视习惯而定。将脱脂棉球团成球状，使球面中着力的部分光滑、无褶皱为好。然后以

107

面料裹住脱脂棉球,面料光滑的一面朝外,用细线或是细皮筋将收口处扎紧,使拓包整体软硬适中。

(6) 其他材料:干净的羊毫笔、玻璃、印泥、清水、印床、印规、盛墨的瓷盘、铜版纸若干。

3. 学生在教师的示范下学习印屏的制作步骤

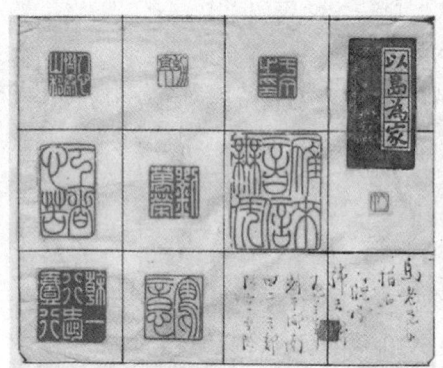

教师讲解并演示印屏制作步骤:

(1) 选印:不宜过多或过少,朱白文印数量也应大致平衡。

(2) 钤印:最好用连史纸,易见刀意。印泥也十分重要,至少要用书画级印泥。

(3) 拓边款:拓款用纸据说以安徽产扎花纸为上品,普通薄熟宣也可。拓完后,在拓片未揭离石面之前,可薄薄涂上一层石蜡,要均匀,既可避免见水跑墨,又可使色泽发亮。

(4) 题签:选纸应与底纸有所区别,如用白宣纸作底纸,签条则可选颜色较淡的色宣或仿古宣,裁纸时注意要边角整齐。字可以自己题,也可请人代题。

(5) 粘贴:先贴签条,再贴印款,首先要确定粘贴的位置,排布务求疏朗大方,最好朱白相间。边款不宜过多,有几枚提神就行。确定方案后逐一粘贴,然后进行装裱,这样一幅印屏就制好了。

(二) 合作与制作

学生以小组为单位,选定印屏的呈现形式,在教师的指导下用临摹刻制的印章制作印屏,尝试在印屏形式上添加小组创意。

(三) 展示与评价

1. 教师讲解印屏的评价标准,帮助学生学会评价作品。

教师帮助学生明确印屏设计的成功与否的评价标准:一看其是否突出了篆刻作品本身;二看其能否在众多印屏中抓人眼球。

2. 学生互相展示并选择自己喜欢的作品。

学程设计4 "金石之韵"展览

活动目标

1. 通过金石之韵展览,展示小组印屏成果。
2. 提高团队协作能力,提升印章欣赏水平。

活动过程

(一) 梳理与分析

1. 学生以小组为单位,组内梳理印章临摹和印屏制作的创作过程,在教师的指导下完成个人印章临摹介绍单。
2. 学生个人完成学习单之后,小组合作完成印屏制作介绍单。

印章临摹介绍单		
		姓名：＿＿＿＿
印蜕图片		
	白文	朱文
印章篆字		
	和福	飞鸿
印稿描摹		
临刻印章		

印屏制作介绍单			
			第（　）小组
			在所属类别下打√
印屏形式		条屏	
		斗方	
		圆形团扇	
		扇形	
印屏内容 （从左到右，自上而下）			
创意装饰			

(二) 合作与展评
1. 学生以小组为单位，在教师的帮助下制定展览活动策划方案。
教师讲解展览活动策划方案包含的内容。

例：展览活动策划方案
一、活动背景与目标
随着校园文化的日益繁荣，为了更好地展现学校师生的风采，提高同学们的审美与创造能力，营造浓厚的艺术氛围，特策划举办此次校园展览活动。目标在于丰富校园生活，提升学生的艺术素养，加强彼此间的交流与合作。
二、活动主题
本次展览以"金石之韵·金石风采"为主题。
三、活动时间与地点
时间：××××年××月××日至××月××日
地点：学校艺术展览厅及校园公共区域
四、展览内容
金石篆刻相关作品。
五、活动筹备
策划小组：成立策划小组，负责活动的整体规划与实施。
宣传推广：设计宣传海报、传单、横幅等，利用校园媒体进行广泛宣传。
活动场地布置：确保展览场地安全、美观，为参观者提供良好的观展环境。
六、活动流程
开幕式：主持人宣布活动开幕，嘉宾致辞，学生代表发言。
作品展示：按照规划区域展示各类艺术作品。
互动环节：设置互动体验区，让参观者亲自动手体验各类艺术创作。
评奖环节：根据评审标准评选出优秀作品，进行颁奖。
闭幕式：主持人宣布活动闭幕。
七、预算与资源需求
宣传费用：用于设计制作宣传海报、传单等。

场地布置费用：用于布置展览场地，购置展架、装饰物等。

活动奖品费用：为优秀作品作者提供奖品或奖金。

其他费用：包括策划人员劳务费、场地租赁费等。

八、安全与风险控制

活动期间要保证场地的安全，防止火灾、盗窃等事故的发生。

在互动环节中，要特别注意学生的安全，防止意外伤害。

对策与措施：制定应急预案，配置灭火器等消防设备，确保安全出口畅通。在互动环节设置安全警示标识，配备专人进行安全管理。

九、效果评估与总结

数据收集：记录活动期间的参观人数、互动次数等数据。

反馈收集：通过问卷调查等方式收集参观者对活动的反馈意见。

效果评估：根据收集的数据和反馈意见对活动效果进行评估。

总结报告：撰写活动总结报告，分析活动成功之处与不足，为今后的活动提供参考。

后续工作：对获奖作品进行展示和宣传，鼓励同学们继续发挥创意，积极参与校园文化活动。

2. 学生以小组为单位，在教师的组织下在篆刻长廊布置展位，展示作品，现场介绍小组作品。

(三) 交流与评价

1. 在学校的支持下开设展览并邀请观众投票参与。

学生在教师的组织下统一投票方式：每组的展位前放置一个"小石头得星板"。在学校的组织安排下以年级为单位依次参观，每个班级选出最喜欢的三个展台，并在三个展台的得星板上贴上"小石头印章"。累计获得最多"小石头印章"的展台成员将获得"金石创意之星"的称号。

2. 学生在教师的组织下依据"评价记录单"中各评价维度，对各小组（含本组）表现情况进行评价，召开本组复盘会。

评价指标	评价标准	得分
展位布置 （10分）	展位布置有条理，展品摆放有特色(6～10分)	
	展位布置没有条理，展品摆放不够有特色(1～5分)	
作品美观 （15分）	作品临摹富有韵味，印屏制作有美感(11～15分)	
	作品临摹不够有韵味，印屏制作不够美观(6～10分)	
学生讲解 （15分）	能详细具体地介绍本组作品(11～15分)	
	能简单地介绍本组作品(6～10分)	
合计得分		

（撰稿者：上海市嘉定区方泰小学　林佳丽）

"金石言韵"跨学科主题设计案例

经过近二十年的实践和发展，"篆刻"作为方泰小学传统特色、艺术教育的重要载体，不断进行课程的优化与迭代。时至今日，"大美金石"课程已经成为了方泰小学的特色课程，"人人会拿篆刻刀，个个金石显创意"成为我校全体师生刻在骨血里的印记。"金石言韵"作为其中的一门课程，所展现出的金石文化更能让人感到中国篆刻艺术的韵味之美。我校学生从一、二年级开始赏识篆字印章，三年级学习篆刻相关技巧，四年级的学生有丰富的想象力和创造力，有一定的动手实践能力、欣赏能力且学习热情高涨，已经能够独立查阅书籍，利用网络搜集信息和资料，并进行初步筛选和整理，却缺乏将想象付诸实践的契机，因此可以通过指导其欣赏印章，让其着手临摹篆字印章，并能够在老师的帮助下添加一些个人风格元素制作印屏，感受篆刻艺术之美。

（一）课标理念与知识背景

1. 艺术（美术）

《义务教育艺术课程标准（2022年版）》指出："艺术课程要培养的核心素养主要包

括审美感知、艺术表现、创意实践、文化理解等。① 其中美术学科课程内容包括'欣赏·评述''造型·表现''设计·应用''综合·探索'4类艺术实践。通过'欣赏·评述',学生学会解读美术作品,理解美术及其发展概况。通过'造型·表现',学生掌握美术知识、技能和思维方式,围绕题材,提炼主题,采用平面、立体或动态等多种表现形式表达思想和情感。通过'设计·应用',学生结合生活和社会情境,运用设计与工艺的知识、技能和思维方式,开展基于问题的学习、基于项目的学习,进行传承和创造。通过'综合·探索',学生将所掌握的美术知识、技能和思维方式,与自然、社会、科技、人文相结合,进行综合探索与学习迁移,提升核心素养。"②

四年级第二学期的学生已经对篆字印章及篆刻相关技巧有了一定程度的了解,同时已经在《生活中的线条》一课中具备了一定欣赏平直和弯曲线条的能力,在《我成长 我快乐》一课中通过设计成长纪念册具备了一定的动手实践能力。

2. 语文

小学阶段的语文课程将"文化自信、审美创造"等作为语文学科的核心素养。其中,"文化自信"主要是让学生认同中华文化,对中华文化的生命力有坚定的信心,从而建立文化自信。"审美创造"主要是让学生通过感受、理解、欣赏、评价语言文字及其作品,获得较为丰富的审美体验,具有初步感受美、发现美和运用语言文字表现美、创造美的能力;涵养高雅情趣,具备健康的审美意识和审美观念。③

四年级第二学期的学生已经在《精卫填海》一课中,感受到精卫持之以恒决不放弃的毅力,感悟到中华文化所传达的精神品质,并将在《这样的想象真有趣》一课中,通过丰富的想象力将自己对童话的创造性理解融入创编之中。

3. 劳动

"劳动能力"是小学阶段劳动学科所强调的核心素养之一。它要求学生具备

---

① 中华人民共和国教育部. 义务教育艺术课程标准(2022年版)[S]. 北京:北京师范大学出版社,2022:5.
② 中华人民共和国教育部. 义务教育艺术课程标准(2022年版)[S]. 北京:北京师范大学出版社,2022:48-49.
③ 中华人民共和国教育部. 义务教育语文课程标准(2022年版)[S]. 北京:北京师范大学出版社,2022:4-5.

基本的劳动知识和技能,能正确使用常用的劳动工具;能在劳动实践中增强体力,提高智力和创造力,具备完成一定劳动所需要的设计能力、操作能力及团队合作能力。①

综合以上三点,本次活动以篆刻印章学习为主学科,艺术(美术)、语文、劳动为辅助学科,设计了"金石言韵——篆刻印章美韵之行"的活动。

(二) 主题涉及学科

1. 艺术(美术):"欣赏、设计、制作"。
2. 语文:"文化自信""审美创造"。
3. 劳动:"劳动能力"。

(三) 主题学习活动目标

1. 通过参观韩天衡美术馆,欣赏和临摹各类优秀篆刻作品。
2. 通过印屏制作方法学习,汇总、制作和呈现临摹作品。
3. 借助金石之韵展览活动,展示小组合作的印屏成果。
4. 通过活动,提升篆刻技巧,提高篆刻印章欣赏水平和团队协作能力。

(四) 主题学习活动设计

活动一:"亲历韩天衡美术馆"[跨艺术(美术)]

活动内容:参观韩天衡美术馆,完成记录单并选择喜欢的作品拍照记录。

具体实践:(1)由场馆讲解员带领学生参观篆刻作品和印章陈列馆,学生自主完成参观记录单。(2)学生选择3—5枚喜欢的篆刻作品拍照记录。(3)邀请美术馆工作人员讲解印章创作的过程(包含篆法、刀法、章法),学生完成讲座记录单。

活动地点:韩天衡美术馆。

课时安排:4学时。

通过实地参观韩天衡美术馆,欣赏各类优秀篆刻作品,了解印章创作的过程,让学生产生艺术欣赏的兴趣。

---

① 中华人民共和国教育部. 义务教育劳动课程标准(2022年版)[S]. 北京:北京师范大学出版社,2022:5.

活动二:"临摹经典印章"[跨艺术(美术)、劳动]

活动内容:小组汇总印章资料,选择印章各一枚进行临摹,并互评。

具体实践:(1)小组成员之间对收集到的资料进行汇总,引导学生从不同方面欣赏印章。(2)学生对自己所选择的朱、白文印章进行临摹,教师巡视指导。(3)全班展示,随机互相点评。

活动地点:篆刻教室。

课时安排:4学时。

通过动手临摹优秀作品,进一步提升学生的篆刻技巧,感受篆刻的韵味。

活动三:"欣赏制作印屏"(跨语文、劳动)

活动内容:学习印屏相关知识,并进行制作。

具体实践:(1)教师带领学生赏析印屏,并讲解印屏制作的相关知识。(2)教师介绍印屏专属材料与相关工具。(3)小组选定印屏的呈现形式,合作制作印屏。(4)引导学生尝试在印屏形式上添加小组创意,随机点评。

活动地点:篆刻教室。

课时安排:4学时。

通过学习印屏制作的方法,能够让学生将本组临摹的作品汇总呈现出来,提升创意呈现篆刻作品的能力。

活动四:"'金石之韵'展览"[跨艺术(美术)、语文]

活动内容:小组梳理创作过程完成学习单,分组展评作品,组织"金石之韵"展览。

具体实践:(1)学生梳理印章临摹和印屏制作的学习过程,并完成学习单。(2)以小组形式进行介绍展示,投票互评。(3)布置完成"金石之韵"展览,对作品进行展出。

活动地点:学校金石走廊。

课时安排:4学时。

通过金石之韵展览活动,学生能够展示小组印屏成果,提高小组协作能力,进而提升印章欣赏水平。

(五) 主题学习评价设计

1. 过程性评价设计

序列	活动名称	活 动 内 容	评 价 指 标	评价主体与等第(ABCD)		
				同伴	家长	教师
1	亲历韩天衡美术馆	参观韩天衡美术馆，完成记录单并选择喜欢的作品拍照记录	(1) 能自主完成参观记录单			
			(2) 能选择3—5枚喜欢的篆刻作品拍照记录			
			(3) 能自主完成讲座记录单			
2	临摹经典印章	小组汇总印章资料，选择印章各一枚进行临摹，并互评	(1) 能对收集资料进行汇总			
			(2) 能对所选择的印章进行完整临摹			
			(3) 能对同伴作品进行准确评价			
3	欣赏制作印屏	学习印屏相关知识，并进行制作	(1) 能合作制作完成所选择的印屏形式			
			(2) 能在印屏形式上添加小组创意			
4	"金石之韵"展览	小组梳理创作过程完成学习单，分组展评作品，组织"金石之韵"展览	(1) 能对印章临摹和印屏制作的学习过程进行梳理总结			
			(2) 能以小组形式进行介绍展示，投票互评			
			(3) 能对展览作品进行布置装饰			

2. 总结性评价设计

板　块	评价要素	评　价　指　标	占　比
分享评价	完成记录	能自主完成记录单和学习单	10%
	有据表达	能对篆刻作品、印章、印屏作品有理有据地表达自己的观点	25%
团队评价	分工明确	小组内的成员清楚自己的职责	10%
	友好互助	小组内的成员能协商互助	10%
展示评价	动手制作	能临摹优秀印章作品，以小组为单位制作印屏	25%
	精美展示	能以小组为单位布置展位，清楚介绍和展示自己的篆刻作品	20%
综合评定			(　)%
三方评语			
同伴评语：	家长评语：		教师评语：

（六）主题学习活动环境

此次活动的学习场所不局限于教室，我们会带学生去篆刻教室，以6人为一小组，每个小组的桌子呈花瓣样排列，让学生围坐，更方便小组合作与探究；还可以寻求学习空间的开放性，同学们会被带到校内金石文化馆——金石苑进行参观，并将自己制作的印屏作品放到金石走廊进行展览；同学们可以充分利用周边资源，带好记录单、学习单等到韩天衡美术馆一边参观一边完成记录单、学习单，充分利用好身边的展馆资源，将馆校共育落到实处。

（七）主题作业设计

本单元作业主要是围绕单元学习目标，通过篆刻学习，运用艺术（美术）、语文、劳动学科知识完成跨学科作业——开办"金石之韵"展览会。

作业目标：通过欣赏、临摹优秀篆刻印章作品，制作印屏，举办"金石之韵"展览，提升篆刻技巧，提高印章欣赏水平和团队协作能力，感悟篆刻之美韵。

作业类型：参观实践类、艺术审美类。

作业时长：10天。

完成方式：6人小组合作。

作业链设计：

作业1

内容：(1)完成参观记录单和讲座记录单。(2)选择3—5枚喜欢的篆刻作品拍照记录。

形式：填表、记录。

用时：2天。

作业2

内容：(1)组员各自收集、整理资料，并交给组长汇总。(2)对选定的朱、白文印章进行临摹。

形式：汇总、操作。

用时：2天。

作业3

内容：(1)说出印屏制作的材料与制作工具。(2)选定印屏的呈现形式，制作印屏。

形式：创意、制作。

用时：3天。

作业4

内容：(1)梳理印章临摹和印章制作的过程，完成学习单。(2)布置、举办"金石之韵"展览。

形式：填表、展览。

用时：3天。

(八)主题教学结构图

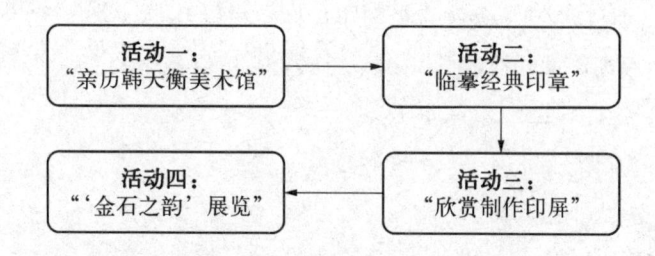

活动一:"亲历韩天衡美术馆" → 活动二:"临摹经典印章" → 活动三:"欣赏制作印屏" → 活动四:"'金石之韵'展览"

(九)核心单元"欣赏制作印屏"设计

1. 教学内容分析

本单元的教学内容是"金石言韵"课程中的第三个板块,也是指向篆刻印章美韵之行的任务驱动型的重要环节。本单元旨在提升学生的篆刻技巧,提高印章欣赏水平和团队协作能力。

2. 学情分析

四年级的学生能够独立查阅书籍,利用网络搜集信息和资料,并进行初步筛选和整理,能够对篆字印章作品表达自己的看法。他们具备一定的动手实践能力,已经在一定程度上对篆字印章有所了解,学过篆刻的相关技巧,掌握基本的篆刻技巧,能够进行简单的篆刻、临摹篆字和印章,并能够在老师的帮助下添加一些个人风格元素。与此同时,四年级的学生更想增加对篆刻印章知识的了解,并能够通过自身的欣赏、设计、制作感受中国篆刻艺术所展现的金石文化的博大精深。

学生发展需求:学生迫切希望能够提升篆刻技艺,提高自身的印章欣赏水平和团队协作能力。

发展路径:了解印屏作用,认识材料与制作工具——选定印屏呈现形式——制作印屏,添加创意——展示与评价

预计困难:(1)学生可能在学习过程中未能掌握如何欣赏印章;(2)学生可能不知如何制作比较精美且完整的印屏;(3)学生在添加小组创意时可能无从下手。

3. 学习目标

(1)认识印屏制作材料和工具,明确印屏作用。

(2)选定印屏呈现形式并进行制作,提升篆刻技巧。

(3) 在印屏上适当增加一些创意,感悟印章之美,体会篆刻的韵味。

4. 学习重点、难点

学习重点:根据选定的印屏呈现形式进行制作。

学习难点:在印屏上适当增加一些创意。

5. 学习评价设计

活动内容	评 价 标 准	评价主体及等第*	
		其他小组	教师
了解印屏作用	能够准确说出印屏制作的材料和工具名称		
选定呈现形式	能选出自己喜欢的印屏呈现形式,并说清理由		
制作印屏 添加创意	能够清晰完整地呈现篆刻印章本身,让自己的设计在众多印屏中脱颖而出		
展示与评价	能根据评价标准评价作品,说清理由		

备注:* 评级等第为 A、B、C、D。

6. 学习活动设计

环节一:了解印屏作用(1 学时)

(1) 欣赏篆刻作品展览视频,感受金石篆刻的美韵。

提出思考性问题:你了解印屏吗？它有什么作用呢？小组讨论交流。

教师小结:篆刻作品一般会采用印屏的形式进行展出,它能够将作品最终完整地呈现在观众面前,在此基础上还可以适当加入一些创意或设计,使其更具有观赏性。

(2) 出示图片,学生猜测印屏制作形式,说清理由(言之有理即可)。

教师总结讲解印屏的制作形式。

教师小结:印屏制作的形式一般有匀称法、错落法、衬景法和签衬法四种。

(3) 观察桌面材料,学生猜测印屏制作所需材料和工具,互动交流。

学生通过视觉、触觉、嗅觉等感官,总结印屏材料和工具特点。

教师小结:印屏制作所需材料和工具主要有:连史纸、墨、塑料纸、短毛牙刷、拓包、干净的羊毫笔、玻璃、印泥、清水、印床、印规、盛墨的瓷盘、铜版纸等。

设计意图：锻炼学生提取视频、图片中的关键信息的能力，锻炼其语言表达的发散性思维，力求在这个过程中不仅能够感受篆刻印章的美韵，而且能够了解中华传统文化中所展现的精美工艺和工匠精神。

环节二：选定印屏呈现形式(1学时)

(1)教师讲解并示范印屏制作步骤，学生归纳步骤关键词，并进行练习。

教师边做边总结：印屏制作步骤一般是选印——钤印——拓边款——题签——粘贴，在这个过程中要注意材料的使用要少而均。

(2)小组讨论选择自己喜欢的印屏呈现形式。

设计意图：锻炼学生提取归纳、人文理解、语言表达和小组合作学习的能力，联动语文、劳动学科。

环节三：制作印屏，添加创意(1学时)

(1)学生根据所选的印屏呈现形式，以小组为单位，将临摹刻制的印章制作印屏。

教师巡视指导。

(2)小组讨论、投票决定：在印屏上适当添加创意，使其更具有观赏性。（言之有理即可）

教师适当指导。

设计意图：锻炼学生的团队合作能力和劳动实践能力，将构思和想象落于纸上，并联动语文、劳动学科，提升学生的审美能力和劳动能力。

环节四：展示与评价(1学时)

(1)提出思考性问题：你觉得怎样的印屏才算是好的作品？学生讨论交流。

出示评价标准：是否突出篆刻作品本身；是否能在众多作品中脱颖而出。

教师讲解。

(2)小组讨论，选出"小小讲解员"。

(3)讲解员对自己小组的印屏作品进行讲解展示。

(4)学生投票选出自己喜欢的印屏作品，说清理由。

(5)对"最受喜爱的印屏作品"进行颁奖，拍照留念。

设计意图：通过评价标准的提取，帮助学生建立认知评价的概念，锻炼学生的提取归纳、小组合作、语言表达能力，培养学生的探究思考和团队协作意识，使学生感受到来自别人的认同和肯定,能够积极主动投入到篆刻印章的学习中。

7. 板书设计

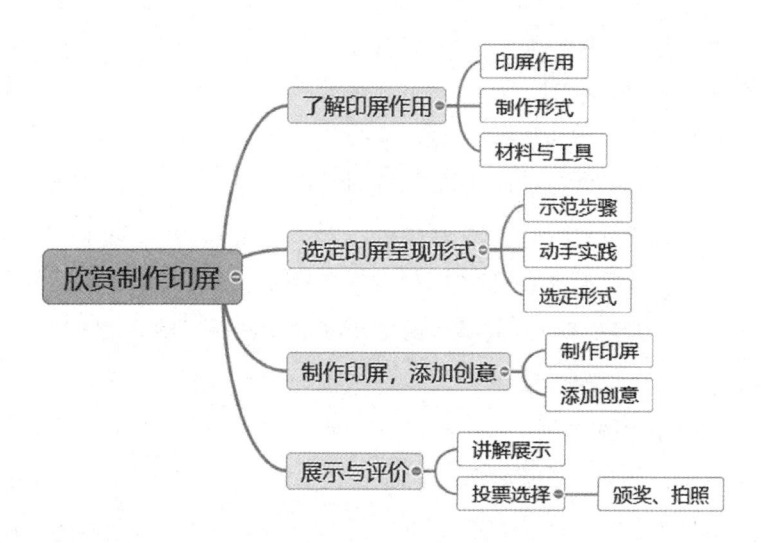

```
欣赏制作印屏
├─ 了解印屏作用
│   ├─ 印屏作用
│   ├─ 制作形式
│   └─ 材料与工具
├─ 选定印屏呈现形式
│   ├─ 示范步骤
│   ├─ 动手实践
│   └─ 选定形式
├─ 制作印屏,添加创意
│   ├─ 制作印屏
│   └─ 添加创意
└─ 展示与评价
    ├─ 讲解展示
    └─ 投票选择 ─ 颁奖、拍照
```

8. 作业设计

(1) 说出印屏制作的材料与制作工具。

(2) 选定印屏的呈现形式,制作印屏。

9. 教学反思和改进

(1) 课程衔接,提升效果。

课程实施的不同取向之间是连续的,课程实施的连续性包含着时间和空间的连续性。本单元活动课程是在"亲历韩天衡美术馆""临摹经典印章"两单元基础上的任务驱动单元,与第四单元"'金石之韵'展览"相衔接,使其成为一个完整的"金石言韵"系列课程。从实践上看,本单元课程的实施将文化引领的聚焦性、学习主题的连续性、内容细化的序列性以及整体要素的融合性四个特点串联起来,使其内容与实际生活相融合、学习活动与真实情境相融合、学科知识和学科实践相融合,进而整体提升课程的实施效果。

(2) 利用资源,助力课程。

本单元的课程是在结合学校特色的"大美金石"课程资源的基础上,充分利用校内外场馆资源,将中国传统的篆刻艺术进行了传承,创新设计了教学内容,使篆刻和印章形式完美结合在一起,并以印屏的形式进行了呈现和展览,提升了学生的篆刻技巧,提高了学生的篆刻学习热情和印章欣赏水平,并让学生感受到了中国篆刻艺术的精湛和匠人们十年如一日的工匠精神。

(3) 团队合作,多元提升。

本单元课程的所有活动在教学过程中,都是以6人小组的形式进行,包括印屏作用、材料及工具的猜测、学习,讨论印屏呈现的形式,制作、添加创意、展示与评价印屏作品等,由小组成员共同参与。学生在认知、了解、参与、实践的过程中,将篆刻相关知识与真实的学习情境相结合,使其实践探索能力、问题分析能力、审美创造能力、思维能力、劳动实践能力等都有了一定程度的提升,并学会了小组成员之间的团结协作,增强了团队、集体之间的凝聚力。

(4) 学科融合,多维发展。

本课程活动以篆刻印章学习为主,但是在其中也串联起艺术(美术)、语文、劳动等学科基础素养:在了解印屏作用的环节,将艺术(美术)学科中的对直线、曲线的审美运用到篆刻印屏的学习中;在选择印屏呈现形式环节,将语文学科中的审美创造素养融入其中,使学生不断提升自我的审美水平和素养能力;在制作印屏、添加创意环节,将劳动学科中所提倡的劳动能力核心素养贯彻到底,使学生在制作过程中,不断增强动手操作能力,提升其劳动素养。

(5) 明确不足,力求奋进。

在本单元活动的教学过程中,由于四年级学生对于印屏制作的细节理解及把握不够深入,再加上制作时间比较紧张,没有充分的时间进行各组之间的交流,因此可以在后续教学中增加一定的课时,给予学生充足的时间。另外教师在问题的引导上,还需要准备得更加充分和多元,在学生已具备的学科知识基础上,给予更加具有针对性的合理指导,才能更好地激发学生对篆刻印章文化的学习兴趣,提升课程教学的效果。

(撰稿者:上海市嘉定区方泰小学　刘冉冉)

第四章

连续性课程：增值赋能的课程追求

课程评价是持续性的意义建构过程，从过程评价到结果评价、从绝对评价到增值评价是一个连续性过程，具有连续性。课程评价的连续性发生在真实情境之中，通过对课程进展过程中的具体情境和特定时空等的预期，促进评价者对课程评价概念的情境性和整合性理解，实现对利益相关者的赋能。

泰勒认为,课程即学校为了达到其教育目的而设计并指导的学生所有的学习。课程编制过程可概括为确定目标、选择学习经验、组织学习经验、评价结果这样四个步骤或阶段。而且,泰勒认为,评价过程实质上是一个确定课程与教学计划实际达到教育目标的程度的过程。[1] 因此,课程评价在课程教学活动中不仅发挥着目标导向的作用,而且也是检测课程质量的重要手段。这既能让教师对学生完成课堂学习任务的情况进行及时的了解和判断,为教师的教和学生的学提供反馈和改进的依据,与此同时又能为课程的设计实施和教学实践提供相应的后续指导。因此对于连续性特色课程而言,它已经从单一的静态课程转变为持续性的动态课程,课程评价也就相应地要求具有连续性。

一、课程评价的连续性的理解

传统的课程评价往往是为了评价而评价,一般存在评价片面化、评价方式机械化、评价内容浅显化的问题,使得众人的关注点集中在课程评价的结果。但雷浩认为,基于核心素养下的课程评价是一个持续的意义建构过程,它发生在真实情境下,通过社会协作、体验以及协商来实现;其目的是通过对课程进展过程中的关键时刻、具体情境、特定地点(学校)等的预期,促进评价者对课程评价概念的情境性和整合性的理解,实现利益相关者之间的协商;评价内容聚焦于课程目标、学习过程以及课程资源等。[2] 因此,合理的连续性课程评价模式要基于课程目标的达成,充分利用校内外各项资源,让各个主体在真实的情境中通过多种活动形式实现其相关性和连续性,从而能够更好地改进课程的设置,为学生创造一个良好的教育环境,进而提升其素养和能力。基于以上对课程评价的连续性认知与理解,我校的"大美金石"课程评价的连续性主要体现在过程评价与结果评价的连续性、绝对评价与增值评价的连续性。(见图4-1)

图4-1中,过程与结果、绝对与增值分别在纵轴和横轴的两端。实现过程评

---

[1] 拉尔夫·泰勒. 课程与教学的基本原理[M]. 施良方,译. 北京:人民教育出版社,1994:85.
[2] 雷浩. 基于核心素养的课程评价:理论基础、内涵与研究方法[J]. 上海师范大学学报(哲学社会科学版),2020,49(5):78-85.

价和结果评价的连续性,可借助于活动形式、文化学习、工具表格等形式,确保课程目标的达成。而实现绝对评价和增值评价的连续性,则可通过创意设计、作品制作和成果展示等形式,提升学生的反思和合作能力,实现增值赋能。

二、课程评价的连续性的应用

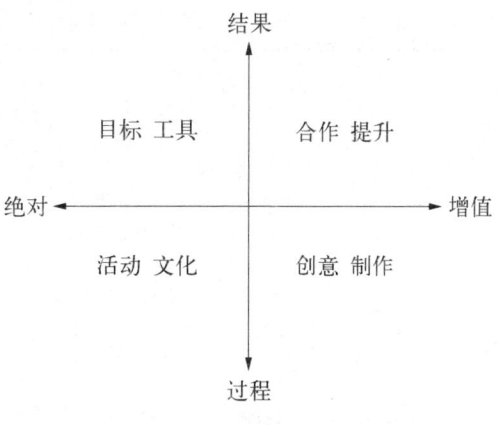

图 4-1 连续性课程评价图

泰勒认为,评价过程是从教育计划的目标着手的。① 因此,基于对课程评价的连续性的认知与理解,我校"大美金石"课程以"培养儿童热爱金石文化,以行动传播金石文化"为课程总目标,其中每门课程均以项目学习方式实施(即"一课程一项目"),从过程评价与结果评价的连续性、绝对评价与增值评价的连续性两方面进行了探索与应用(见表 4-1)。

表 4-1 "大美金石"课程各板块学习内容

板块 课程	知识学习 与实地考察	结构梳理 与要素提炼	创意设计 与作品制作	成果展示 与反思总结
金石言史	走进上海博物馆印章馆	梳理金石发展阶段及典型作品	绘制金石文化发展史小报	金石文化宣讲会
金石言情	寻访吴昌硕纪念馆	讲述金石名家故事	编写篆刻名家舞台剧剧本	篆刻名家舞台剧
金石言韵	亲历韩天衡美术馆	临摹经典印章	设计并刻制印章	印章作品展评会
金石言志	青田研学前准备会	探访青田之旅	设计制作研学地图	研学成果展示会

---
① 拉尔夫·泰勒.课程与教学的基本原理[M].施良方,译.北京:人民教育出版社,1994:89.

续表

课程 \ 板块	知识学习与实地考察	结构梳理与要素提炼	创意设计与作品制作	成果展示与反思总结
金石言器	访学国宝鲁庵印泥制作技艺传习所	学习印泥制作工艺	创意制作彩色印泥	印泥钤印交流会
金石言创	参观故宫博物院线上文创商店	校园文创产品再设计	设计并制作金石文创产品	文创产品义卖会

我校课程通过实地考察等真实的活动形式,借助学习单和评价单等工具,让学生进行金石文化的学习,致力于达成课程总目标,实现过程评价和结果评价的连续性。同时,基于对金石文化的理解,本课程采用个人或小组合作的形式,让学生进行金石文化相关的创意设计与作品制作,并进行成果展示与反思总结,提升自主和合作学习的能力,实现绝对评价与增值评价的连续性。课程评价的连续性不仅能促进教师更好地教、学生更好地学,而且可以为连续性课程的设计、开发和实施提供崭新的蓝本和范例。

(一) 过程评价与结果评价的连续性

由于课程设计与实施是个动态过程,所以,要想不断获取课程实施的反馈信息,及时调控课程的运行机制,使课程设计与课程改革保持最佳状态,就必须重视形成性评价。形成性评价是终结性评价的重要基础,终结性评价是形成性评价的延续。我们在进行课程评价时,要将两者紧密结合起来。① 因此,在连续性课程设计与实施过程中,既要重视对各个主体课程的学习过程进行监督、记录、反馈等适时适宜的评价,也要重视课程目标结果的达成度,将课程的过程评价与结果评价紧密联系起来,使其具有连续性。

我校"大美金石"课程根据"金石言史""金石言情""金石言韵""金石言志""金石言器""金石言创"等六门课程开展项目化学习,将连续性的过程评价与结果评价应用于实际的教学中。

从横向上通过"结构梳理与要素提炼""创意设计与作品制作"及"成果展示与反思总结"三个部分将学生每门课程的学习过程连接起来,关注学生在学习过程中的点滴

---

① 雷晓云.泰勒的课程评价模式述评[J].课程·教材·教法,1989(4):27-30.

进步和变化,及时搜集文字、照片、视频等各类过程性材料,记录学生的参与情况和综合表现,最后通过表演、展示、操作、写作等真实的表现来评价学生的学习情况。从纵向上看,六门课程都设计了相应的项目学习手册,引导学生记录学习过程和相应成果。在手册中,不仅包含项目计划、学习过程资料、个人与小组的作品,而且融入表现性评价,帮助学生反思学习过程,做出自我评估,提升自主学习能力。与此同时,以发放金石印花的形式对学生进行评价。金石印花包括趣、能、创、美等四种印花,分别对应学习兴趣、学习能力、创意表现和品德情操等四个方面。在课程学习中获得一定数量印花的学生获得"金石创客"荣誉称号(见图4-2)。

图4-2 "大美金石"综合课程金石印花

(二) 绝对评价与增值评价的连续性

泰勒的课程评价模式具有一套逻辑严密的评价程序。这一评价模式从确定目标到结果的分析利用,结构紧凑,逻辑严密。预定的目标决定了教育活动的方向,提供了课程评价的标准,通过恰当的评价情境,采用合适的评价工具,便可获取所需的行为变化的证据。① 但课程是促进学生发展的教育性经验系统,目的是通过学生经验的不断增长来实现学生的不断发展。② 因此,在连续性课程设计与实施过程中,既可依据学习单、评价单等评价工具的完成情况,对主体的学习情况进行相应的量化性绝对评价,又要采取观察、体验等方式,对主体素养与能力的提升进行增值性评价,从而更好地实现绝对评价和增值评价连续性的价值。

本校"大美金石"课程下设的六门课程中都强调通过小组合作的形式进行细致的

---

① 雷晓云.泰勒的课程评价模式述评[J].课程·教材·教法,1989(4):27-30.
② 刘志军.发展性课程评价方法的探讨[J].课程·教材·教法,2004(1):15-23.

分工合作。以"寻访吴昌硕纪念馆"课程学习单1为例,借助学习任务单这种量化性表格,使学生在面对不同情境时能够做到小组成员合理分工、有效合作,对课程内容产生兴趣,提升自主合作的能力,开展有效的教学实践活动,在各类展示活动中分享创作成果,提升语言表达能力。(见表4-2)

表4-2 "寻访吴昌硕纪念馆"课程学习单1

学习单1 场馆寻访信息记录

小组:_____ 记录者:_____

作品名称	作品内容	作品特点	作品背后的故事

在此基础上,本课程根据各门课程中核心活动的不同主旨,从评价指标、评价标准和自评、互评、师评三个维度设计了相应的评价表,以此作为评价学生在不同类型活动中的学习表现和学习效果的依据。(见表4-3)

表4-3 "大美金石"课程评价单

评价指标	评价标准	评分 自评	评分 互评	评分 师评
学习单完成度(10分)	学习单完整完成,字迹美观,有独特的思考,照片精美(8~10分)			
	学习单完成大部分,字迹一般,附有照片(4~7分)			
	学习单没有全部完成,字迹潦草,未附照片(1~3分)			

续表

评价指标	评 价 标 准	评　　分		
		自评	互评	师评
成果分享与答疑（10分）	展示内容完整且正确,重点突出,条理清晰,各类资料丰富,能回答同学们的疑问(8～10分)			
	展示成果较多,但未分类,较为杂乱,能较好地回答同学们的疑问(4～7分)			
	展示成果少,过程混乱,不能完整呈现,不能回答同学们的疑问(1～3分)			
合计得分				

本课程评价单的有效利用能够促使学生对既往学习进行主动有效的反思,梳理和分析影响学习成效的相关因素,展现探究精神,激发学生的创新意识与创造能力,使学生在主动地感知、发现、理解、创造的过程中接受创造力的浸润,从而培养学生对历史的尊重、对自然的探索,以及对艺术元素高度敏感等能力,为后续自主学习提供支持,引导他们在将来成为一名拥有辩证唯物主义观以及深厚审美素养的社会公民,真正实现综合课程的增值赋能。

因此,基于"大美金石"课程的创新与特色,我们尝试了改变传统的课程评价模式,从过程评价与结果评价的连续性和绝对评价与增值评价的连续性两方面对课程评价的连续性进行了探索与应用,真正立足于课程教学需求的实际,将课程评价持续、有效地落实到课程的开发与实施中,以期达到激励学生不断完善自我、提升自我的目的。

(撰稿者：上海市嘉定区方泰小学　刘冉冉)

▎课程智慧 ▎

"金石言志"课程评价的艺术

篆刻作为中国古老而独特的艺术形式,以文字为主要载体,以中国传统文化为底蕴,形式感强,文化内涵深刻,具有独特的艺术魅力。篆刻用石极为讲究,印石历史久远,一直是文人心灵和思绪的寓体。本课程作为选修课,将开展研学活动,考察中国篆刻四大名石之青田石的产地浙江青田,欣赏石雕、印文化作品,感受篆刻文化氛围。同时,近距离感知地质的神奇与奥妙,领略石文化的博大精深,亲身体验青田石DIY篆刻,挥洒创意与灵感。

(一)课程背景

"金石言志"课程为"大美金石"课程中的自主选修课程。该课程引导学生走出校园,开展金石研学之旅;走进篆刻材料产地——浙江青田,引导学生参观欣赏青田石及其作品,近距离感知当地地貌地质的神奇,领略石文化氛围。通过一系列研学活动,旨在全方位了解青田,感受地理风貌和风土人情。

在课程设计时,基于学段特点,注重选择有利于学生综合能力提升的研学内容和课程实施策略。此课程为选修课,选课的学生对石文化有极大的兴趣,对各种事情充满好奇,非常愿意进行探究活动。选课学生集中在四年级,他们在一至三年级已系统地学习和积累了篆刻知识,初步掌握篆刻技艺,并已经具备了初步的欣赏能力。并且,四年级学生能够利用网络搜集资料,并进行初步筛选和整理,具有一定的资料收集、归纳和分析能力。

另外,本课程结合青田本地资源实际,整合开发主题研学系列内容。我校课程团队精心设计"相关知识学习""基地研学""体验篆刻活动""制作研学地图""总结反思"等内容,力求以不同形式、不同主题的活动内容,不断丰富学生在整个研学中的活动体验,引导学生在实地欣赏青田原石、石雕和印章作品,亲身体验篆刻过程,近距离观察地质结构,感受青田县的石文化氛围,在实践体验中提升研究学习能力。

(二)课程目标

1. 通过研学前的准备了解主要篆刻名石的名称及产地,形成对主要篆刻名石的初步认知;并着重了解青田石的特性,体会原石的魅力,产生实地探究的兴趣。

2. 开展研学活动,走进青田,实地欣赏青田原石、石雕和印章作品,亲身体验篆刻过程,近距离观察地质结构,感受青田县的石文化氛围,在实践体验中提升研究学习能力。

3. 以学习小组的形式制作研学地图,形成合作意识,提升归纳总结能力。

4. 开展研学成果展示会,回顾并复盘研学过程,汇报研学成果,增强沟通交流能力。

(三) 课程内容

本课程围绕"金石言志"主题分为四个板块,具体内容如下。

1. 青田研学前准备会

在去青田研学之前,老师会引导学生根据学习单对中国的篆刻名石产地、市场价位、颜色和分类进行初步了解。紧接着学生结合学习单,通过查找资料等形成对青田石(故事传说、种类、形状等)的初步印象。

中国的四大名石为:寿山石、青田石、昌化石、巴林石。其中,我们将着重了解青田石。通过查找资料,我们知道在浙江省东南部的瓯江中下游,有座县城叫"青田"。因出产青田印石而著名。青田石质地精纯,色彩丰富,便于雕琢,为历代金石书画家们所青睐。

青田石种类繁多,按石性分为三大类。第一类:质地纯,色彩艳,石体透,照灯有辉,有灵气。第二类:质地温如玉,石体半透明,软硬适中,刀刻尽意,大多生在硬岩中。第三类:质地细致,石体不透明,色润不鲜,照灯无辉,硬质刻不尽意。

青田石刻始于宋代,至今已有 900 多年的历史。宋朝时的青田石,主要用来刻制图章、石碗、笔筒、笔架和香炉等。到了清朝,青田石刻由文玩、实用品发展到雕人物、山水。从浅刻、浮雕、立体图雕到多层镂雕,并充分利用石料上的"巧色",使青田石刻的工艺达到很高的水平。郭沫若有诗赞颂说:"青田有奇石,寿山足比肩,匪独青如玉,五彩竟相宜。"

当对篆刻名石有了初步了解后,老师发放研学手册,指导学生阅读,并对学生进行分组。学生 6 人为一组,其中一名学生担任组长。各小组通过讨论确定小组名称、口号及明确研学活动交流成果的任务。在合作中,学生之间相互协作,也可能会因观点不一产生思维碰撞,这个过程有助于提升学生解决问题的能力,同时对其各方面能力的提高也有很大的促进效果。

2. 探访青田之旅

调研中国石雕城。这是我们到达青田后参观的第一个地方,它不仅是石雕城,也是当地的石材市场。根据小组分工,每个小组带着研学单走在市场当中,去观察商店里的青田石的材质、价格等,并根据经费购买一块最喜爱的原石。

参观青田石雕博物馆。首先是将学生集合在博物馆正门,由解说员简要介绍,唤醒学生的知识储备。解说员相机与学生互动,"你知道有关'青田石'的哪些内容",学生竞相作答,答出青田石的种类、产地、历史缘由等,在解说员的解答中,感受原石的魅力并欣赏青田石的印章作品和石雕作品等。

考察山口千丝岩石文化公园。千丝岩石文化公园位于山口镇的东面,三面环山,入口朝南,山体植被覆盖率达 90% 以上。公园内有中华印园、千丝瀑、罗汉壁、问石岭、天门、碑林、千丝庙宇群等三十几处景观,是我国第一个石文化主题公园。带领学生走进公园,考察当地的地理风貌,实地聆听与感受什么样的地理风貌才能形成特有的青田石。

观赏中国石文化主题公园——印园。"印园"集结了中国历代优秀印石文化大全。在这里,学生可以感受到印章在景观中的装饰文化,另外还可以听到女娲补天遗石的传说,王母洒酒成石的故事,历代名人为石情动的咏叹。这些都更加激发了学生对青田石的兴趣。

走进青田石篆刻体验店。学生在老师的带领下走进篆刻体验店,参观体验店里的各种印章印泥配件,触摸青田原石,感受篆刻的无限魅力。随后根据老师讲解的篆刻知识和技巧进行篆刻,收获属于自己的印章。

梳理与汇总资料。当天研学活动结束后,根据小组分工梳理汇总研学当天各成员收集到的图文资料。

3. 设计制作研学地图

学生根据前一天的研学地点和收集到的图文资料,开始小组合作制作研学地图。教师提醒学生标注好各活动站点的特色和游览注意事项。例如:沿线上应有指示牌、解说牌等科普解说设施,公共厕所、休憩场所等服务设施。小组制作完毕后,开始轮流汇报交流本组成果,教师组织展开评价。

4. 研学成果展示会

教师组织开展研学成果汇报课,汇报的主题是:在研学中印象最深刻的四个"一"(一个景点,一件青田石作品,一个人,一件事),据此制作PPT。汇报结束后,教师可引导学生进行自评与互评,共享经验,引导学生感受获得成果的喜悦和与他人分享的快乐。最后由教师对本次研学活动进行总结评价和反思,评选优秀汇报小组作为"研学之星",并给予奖励;挑选优秀成果作品在学校展示栏进行展览。学习优秀作品有利于学生发散思维,学习经验。同时,教师可收集、整理班级本次研学旅行过程中产生的素材及成果,制作成电子相册,共享给学生,记录本次研学旅行的美好时刻。

(四)课程实施

学校设有跨学科综合学习空间"金石工坊",内有"印石展厅",陈列各类名石百余方,同时有四大名石的介绍版面等视听资源,为学生提供丰富的学习材料。学校与青田石雕文化旅游区管委会建立联系,为本课程的实施提供支持和帮助。

本课程实施对象为四年级。在课程实施过程中,一共需要20个课时,我们将通过以下方法引导学生学习。

1. 搜索式学习

搜索式学习是指在教师的指导下,学生根据学习单的要求有目的地通过网络、书籍等途径查找资料,并按照需要进行归纳和整理。在收集、整理的过程中学习相关知识。例如在研学前的准备中,学生在老师的引导下去了解我们的四大篆刻名石,并根据学习单的要求着重了解青田石,对青田石形成初步印象。搜索式学习能够发挥学生的主动性,提高学生获取知识的速度和广度,提升学生解决问题的能力。

2. 行走式学习

行走式学习不同于常规的课堂学习,它是指学生在教师的指导下走进与知识相关的真实环境,边走边学,观察实地的地质地貌、感受风土人情,在这个过程中掌握知识。行走并不是漫无目的地走马观花,小组根据研学任务单,在行走的过程中寻找答案,让行走的经历成为学习的体验。例如:做好研学准备后,老师带领着学生出发前往青田,通过调研中国石雕城、参观青田石雕博物馆、考察山口千丝岩石文化公园、观赏中国石文化主题公园——印园和走进青田石篆刻体验店等活动感受青田县的石文化氛围,在实践体验中提升研究学习能力。

3. 合作式学习

合作式学习是让学生以团队的形式参与活动。围绕一个任务,小组内进行分工协作,小组成员各司其职,在探究问题时不拘泥形式,比如采用头脑风暴法,以开放的态度鼓励学生独立、任意地发表意见,没有批评或评论,以激发灵感,产生创造性思维。在合作的过程中又增强了学生之间的沟通交往和信息交流,很大程度上提高了探究的有效性。例如学生在以小组为单位制作研学地图时,每位学生根据自己的任务,可以在各活动站点提出自己的建议和想法,由大家商讨,最后落实在研学地图上,形成本组的特色。

(五) 课程评价

在主题探究学习过程中,教师本着公平、自主和鼓励的原则积极尝试积分制、小组式、展示式等多种评价方式,对学生参与课程的学习态度、合作意识、探究精神与学习能力、收获与反思进行适切的、科学的和全面的评价。

1. 积分制评价

在研学活动中,教师引导学生根据研学单展开学习任务,在这个过程中,更多依靠学生自己去发现与感悟。学生在课程初期根据积分表走进青田,在自我学习中为自己获得积分。在研学课程结束后,学生可以从积分表中获得自我满足感,教师也能够从中看出学生的知识掌握情况。比如在研学参观与体验中,通过游览、观察等形式,鼓励探究青田石。

我们设计了如下积分表:

研学参观与体验积分表

姓名		班级	
项　　目		收　获	积分(老师评定)
调研中国石雕城			
参观青田石雕博物馆			
考察山口千丝岩石文化公园			
观赏中国石文化主题公园——印园			
走进青田石篆刻体验店			

2. 小组式评价

在研学参观与体验中,学生会在组内进行分工,查找资料、填写研学单和创作研学地图等活动环节,需要小组成员发挥团队协作精神。那么对团队合作能力进行评价也尤为重要。例如学生在研学参观与体验结束后,则需要结合小组分工的内容进行材料分类、整理,并且要合作完成研学地图的制作。每位组员根据自己的研学单和经验分享交流自己的想法,再由小组代表展示作品,教师和其他学生根据评价单进行投票,共同评选出优秀作品。

3. 展示式评价

展示式评价是结合小组式评价的一种评价方式,即学生在小组合作的基础上结合主题展示团队的学习成果。例如在研学成果交流中,每个小组根据自己的兴趣选择一个"一"来进行展示分享。教师在这个过程中要引导学生相互欣赏和评析,给学生创造展现自我的舞台,让学生在活动中获得成功与自信。

学程设计 1　青田研学前准备会

活动目标

通过了解主要篆刻名石的名称及产地,形成对主要篆刻名石的初步认知,全面了解青田石的特性。

活动过程

(一) 主题聚焦

欣赏与了解

教师通过视频、实物和图片引导学生初步了解主要篆刻名石。学生在老师的讲解下形成对四大篆刻名石的初步印象。

寿山石:福建省福州市北郊 40 公里有一个名叫"寿山"的小山村,寿山石矿脉分布在小村四周的群山溪野间,明朝以后,寿山石开始应用于印章材料。寿山石的特点是,其质洁净如玉,柔而易攻,备受篆刻家们的赏识。寿山石矿床分布于寿山村周围群峦、溪野之间,西自旗山,东至连江县隔界,北起墩洋,南达月洋,约有十几公里方圆。寿山石,有"石帝""石后"之称,彩石具有"细、结、润、腻、温、凝"之六德,其石质、石色、石形、石纹丰富多彩,晶莹滋润,储藏品种丰富,硬度在 2.5～2.7 摩尔之间,是上等雕刻彩石,有"贵石而贱玉"之说。根据史料记载,寿山石雕应始于南北朝时期,距今有 1 500 以上的历史。到了唐朝,中国的佛教在南方盛行,寿山地区寺院林立,出家人广集寿山石,雕琢成礼品,馈赠给游客。由此,寿山石雕开始流向四方,传名于世。

青田石:浙江省东南部的瓯江中下游,有座县城叫"青田",因出产青田印石而著名。青田石质地精纯,色彩丰富,便于雕琢。为历代金石书画家们所青睐。在青田石的众多品类中,灯光冻、封门青等是其中的名贵品种。青田石雕艺术,贵在独特。观之艺,工在精,力在神。镂雕是青田石雕的特色之一,具体可分为:多层次镂雕、立体镂雕、高浮镂雕、深镂雕、透空镂雕、圆镂雕、一线镂雕。其作品多蕴藏深刻的含意,丰富的情感,无穷的趣味。石头都有灵性,人与石能够情意相融,是品石的最佳境界。青田石刻始于宋代,至今已有 900 多年的历史。宋朝时的青田石,主要用来刻制图章、石碗、笔筒、笔架和香炉等。

昌化石:产自浙江省西北部的玉岩山。由于古时的该地区隶属于昌化县,因此得名。昌化石色丽质嫩,适合制印或做成精美的雕琢摆件。昌化石中的部分矿石经过朱砂的渗染,形成了世上罕有的"鸡血石",昌化鸡血石是印石中的珍贵品种,亦是我国最著名的四大系印章石之一。

巴林石:在内蒙古自治区赤峰市以北 200 公里的巴林右旗,有一座名叫"雅马图"的山峰,以出产巴林印石而著称。该山分为东西两峰,东峰高耸,印石的矿脉纵横山腰,产量颇丰。西峰略矮,所产印石质地通灵、色泽瑰丽,巴林石的佳品也多出于此处。关于巴林石的开采,据传清代在旗北沙巴尔台,有个名叫德力格尔的老艺人曾挖掘过巴林石,并将其精心雕制的巴林石碗献给乌尔衮。乌尔衮又将此碗贡奉给康熙帝。自此,历代巴林王公每逢进京,都要携带巴林石雕作为贡礼。巴林石,学名叫叶蜡石。与寿山石、青田石、昌化石并称为"中国四大印石"。巴林石色泽斑斓,纹理奇特,质地温润,钟灵毓秀,堪称精美的石头。巴林石早在一千多年前就已被发现,并作为贡品进奉朝廷,被一代天骄成吉思汗称为"天赐之石"。1973 年我国正式大规模勘探开采巴林石。

(二) 发现探究

完成学习单。

教师出示学习单：学生根据教师下发的学习单，通过网页搜索查找青田石的资料（产地、种类、形状、颜色等）。

学习单1：青田石——我知道

班级：_____ 姓名：_____

(1) 青田石的样子（图片粘贴）。

[图片粘贴框]

(2) 以"我是青田石"为主题，介绍一下自己。（可以从产地、种类、形状、颜色等方面阐述）

_____

_____

_____

_____

(三) 分享交流

1. 根据学习单，交流成果

学生交流学习单：以同桌之间互相交流和指名交流等方式分享"自己对青田石的认识"。

2. 聆听老师讲解，进一步了解青田石的特性

教师根据学生查询所得，相机进行补充和讲解，引导学生进一步了解青田石的特

性，形成全面了解。

（四）评价反思

依据"个人交流评价表"，选出最喜欢的个人。

<table>
<tr><td colspan="8" align="center">个人交流评价表</td></tr>
<tr><td rowspan="2">分类</td><td rowspan="2">评价内容</td><td colspan="3" align="center">评 价 标 准</td><td rowspan="2">自评</td><td rowspan="2">组评</td><td rowspan="2">师评</td></tr>
<tr><td>★★★</td><td>★★</td><td>★</td></tr>
<tr><td rowspan="2">活动情况</td><td>听课态度</td><td>积极发言</td><td>认真听课</td><td>坐姿端正</td><td>☆☆☆</td><td>☆☆☆</td><td>☆☆☆</td></tr>
<tr><td>讨论情况</td><td>主动积极</td><td>参与交流</td><td>认真倾听</td><td>☆☆☆</td><td>☆☆☆</td><td>☆☆☆</td></tr>
<tr><td>活动成果</td><td>成果交流</td><td>能完成学习单，交流主题明确，内容详细</td><td>能在帮助下，根据收集的材料完成交流</td><td>能在老师或同学的帮助下简单阐述</td><td>☆☆☆</td><td>☆☆☆</td><td>☆☆☆</td></tr>
<tr><td colspan="8">组员姓名：_____ 组长签名：_____ 教师签名：_____</td></tr>
</table>

教师在学生评价之前对评价内容及标准进行解释并鼓励学生在相互评价的过程中尽量全面。

（五）任务分工

1. 教师介绍研学活动成果交流任务（研学地图、在研学中印象最深刻的四个"一"）

教师大致介绍整个活动的行程安排与研学任务，并提示学生在研学过程中做好记录。

2. 小组分工及明确职责

学生根据教师的介绍及分工职责表进行商讨并确定分工负责名单。

	职　责　1	学生姓名
组　长	负责整个小组的研学活动，听从老师安排	
组员 1	爱护好摄影设备，记录小组成员的参观过程以及过程中遇到的人、物、事等	

续　表

职　责 1	学生姓名
组员 2	爱护好摄影设备，记录小组成员的参观过程以及过程中遇到的人、物、事等	
组员 3	负责联络本小组与其他小组以及老师	
组员 4	及时记录小组参观过程中产生的疑问，以及对老师问题讨论的结果等	
组员 5	完成学习单的填写	

学程设计 2　探访青田之旅

活动目标

通过研学，走进青田，实地欣赏青田原石、石雕和印章作品，亲身体验篆刻过程，近距离观察地质结构，感受青田县的石文化氛围。

活动过程

(一) 前置学习

1. 简单介绍研学行程安排

根据研学手册安排，将依次到中国石雕城、青田石雕博物馆、山口千丝岩石文化公园、中国石文化主题公园——印园和青田石篆刻体验店进行研学参观和体验，教师先简单介绍这些地方的历史和特色等，引导学生对这些地方有所了解。

2. 强调研学时注意事项

教师将从安全、活动内容和学习要求等方面向大家进行讲解，希望学生在研学过程中一定要在保证安全的情况下有所学。

(二) 主题聚焦

1. 调研中国石雕城

(1) 教师带领学生到达中国石雕城，以小组为单位分发学习单并提醒各小组注意调研事项。

学习单：调研中国石雕城（小组）

班级：_____ 姓名：_____

组员：
选择最喜爱的原石
（粘贴图片）
颜色：_____
刀感：_____
形状：_____
质感：_____
选择它的原因：_____

（2）学生以小组为单位进入中国石雕城，收集最喜爱的青田石材料。在调研的过程中可以观察和体验青田石（形状、颜色、质感、刀感等）。

2. 参观青田石雕博物馆

（1）教师提醒参观博物馆的注意事项及学习单填写要求。

（2）在馆员的带领下观赏青田石、印章作品和石雕作品等。

学习单：青田石雕博物馆（个人）

参 观 记 录 卡
姓名：
第一站：原石展厅（选择最喜爱的原石并说明原因） （图片粘贴）
第二站：印章展厅（选择最喜爱的印章并说明原因） （图片粘贴）
第三站：石雕展厅（选择最喜爱的石雕并说明原因） （图片粘贴）

3. 考察山口千丝岩石文化公园

（1）教师提醒参观山口千丝岩石文化公园的注意事项及学习单填写要求。

（2）在导游的带领下游览山口千丝岩石文化公园，了解并考察当地的地理风貌。

参观前，教师先引导学生对岩石公园有所了解。

石文化公园：公园位于山口镇的东面，三面环山，入口朝南，山体植被覆盖率高。公园内有中华印园、千丝瀑、罗汉壁、问石岭、天门、碑林、千丝庙宇群等三十几处景观，公园将石雕神话传说、历代名人的对石雕的赞咏、中华印石等石文化融入自然山水中。

千丝岩：路边是一块巨大的印纽石章。石章的印纽上雕刻的那位仙女是女娲。传说古代女娲补天前，在丹炉里冶炼了 1 000 块石头，可在补天时只用了 999 块，她随手把一块五彩石扔到这里，于是便形成了青田石。

千丝瀑：水流自上倾注而下，分流成丝。旁边有全国知名书法家沙孟海题书崖刻"千丝岩"三字。

中华印园：以中国印文化为主线，展现其文化的源远流长，博大精深。上可溯及中国考古学家发现较早的"殷商三印"，在这里可以看到当今百花齐放、皇皇大观的印文化。

天门岭：陡峭的石级，直通山顶。峭壁垒石 145 级，有铁索护道。岭上端有只容 1 人通过的石缝，上面有石头盖着，叫"天门"，有直插云霄之意。进入天门，里面是万年藤涧。古藤如虬龙盘姿，形态各异，缠绕丛生的藤龙把整个山涧裹得严严实实，站在洞中看不到天，只闻清丽的山鸟歌唱和咚咚的山泉流淌，似乎进入了另一个清凉的世界。

山口千丝岩石文化公园（个人）

参 观 记 录 卡
姓名：
1. 地质样貌：
2. 地质特点：

4. 观赏中国石文化主题公园——印园

（1）教师提醒学生观赏中国石文化主题公园——印园的注意事项及学习单填写要求。

（2）学生在导游的带领下观赏中国石文化主题公园——印园，感受印章在景观中的装饰文化。

印园是我国唯一的印石文化主题公园，以自然石、图腾柱、石印等形式表现悠久的印石文化。在这里可以真正感受到石文化。

中国石文化主题公园——印园（个人）

参 观 记 录 卡
姓名：
印章在自然景观中有什么作用？（元素、呈现效果）

5. 走进青田石篆刻体验店

（1）学生在指导老师的帮助下设计篆刻原稿。

（2）学生根据篆刻图稿，进行篆刻，完成作品。

（三）发现与汇总

师：同学们，今天我们调研了中国石雕城，看到了原石的魅力；参观了青田石雕博物馆，看到了青田石的历史发展脉络和特色；参观了山口千丝岩石文化公园，考察了青田当地的地质地貌；参观了印园，感受印章在景观中的装饰文化；我们还走进了篆刻体验馆，亲身体验青田石DIY篆刻。今天真是难忘的一天！最后，请组长根据小组分工，整理今天收集到的资料并对相关的内容进行汇总。

学程设计3　设计制作研学地图

活动目标

通过制作研学地图，梳理与青田石相关的系列景点，感受当地的石文化氛围。

活动过程

（一）前置学习

调查青田石

在研学参观和体验中，学生在中国石雕城、青田石雕博物馆对青田石有了深刻的认识，教师引导学生利用网络或书籍查阅相关资料，并结合自己实地参观得来的结果，更进一步认知青田石。

活动记录单：走近青田石

班级：_____ 姓名：_____

资料收集的方式：
选择最喜爱的青田石
（图片粘贴）
颜色：_____ 形状：_____ 质感：_____ 选择它的原因：_____

（二）主题聚焦

教师引导学生说一说，在研学参观与体验中，哪一活动站点最令你印象深刻？学生在交流分享中感受各活动站点的特色。

（三）发现探究

设计并制作研学地图

教师发布任务，以小组为单位，设计并制作一张以青田石为主题的旅游景区研学地图（以青田石雕博物馆、中国石雕城和山口千丝岩石文化公园景区为主要旅游地）。提醒学生根据参观体验和感受标注好各活动站点的特色和游览注意事项。

学生根据小组内收集到的资料和实践体验，开始规划路线、标注注意事项和分享特色等。

一是青田石雕博物馆。它是中国唯一的石雕文化专业博物馆，是6 000年石雕历史的缩影，是青田展示石雕文化的窗口，收藏了历代名家佳作、现有国家级大师代表作以及八大矿区所有雕刻石品种和各种类型印章。是青田石雕的精与神、魂与魄。

二是山口千丝岩石文化公园。它是中国首个石文化主题公园，以自然石、图腾柱、石印等形式表现 300 多年的印石文化,是景区核心的休闲场所。其中,"印园"集结了中国历代优秀印石文化大全。

三是中国石雕城。它是中国规模最大的石雕专业市场,集各类石雕作品之大成,在这里不仅能买到精美的青田石雕作品,还可以买到寿山石、昌化石、巴林石等雕刻作品。是青田石雕走向市场的一个平台。

青田石研学地图设计稿

班级:_____ 姓名:_____

小组成员:
(图片粘贴)
出行的方式:_____ 出行的路线:_____ 花费的时长:_____ 满足的需求:_____

(四)分享与评价

学生研学地图制作完毕后,教师对评价表中的各评价维度进行解释,以便学生组间评价更好展开。学生以小组为单位聚焦制作理念与思路,进行集体汇报。汇报内容则是将自己组设计的研学地图拍照展示,说一说设计意图、设计亮点,最后说一说可以改进的地方。

评价表:"研学地图"分享

评价指标	评价标准	评分
交流表达(30分)	声音响亮,表达清晰,思路明晰(21~30分)	
	声音响亮,表达基本清晰,思路尚可(11~20分)	
	声音低沉,表达含糊,思路不明确(1~10分)	

续表

评价指标	评价标准	评分
资料收集及整理(30分)	资料收集全面,对班学活动站点有深入的了解,地图能准确地展示各活动站点的特色和游览注意事项,并富有创意(21~30分)	
	资料收集多样,对班学活动站点有较为深入的了解,地图能较准确地展示各活动站点的特色和游览注意事项(11~20分)	
	资料收集不全面,对班学活动站点了解不深入,地图不能准确地展示各活动站点的特色和游览注意事项(1~10分)	
合计得分		

教师在学生分享时,做好学生分享信息的记录和整理。另外,在组间评价过程中,教师结合各组案例,帮助学生不断加深对各评价维度的理解。学生在分享和评价中加深对青田石的认识。

学程设计4　研学成果展示会

活动目标

通过开展研学成果展示会,回顾研学过程,汇报研学成果,复盘研学过程,拓宽广泛的视野,提高自身的综合素养。

活动过程

(一) 前置学习

1. 简单介绍开展研学成果展示会的流程

教师先介绍什么是研学成果展示会,让学生有个初步的印象。紧接着发布研学成果交流主题:在研学中印象最深刻的四个"一"(一个景点,一件青田石作品,一个人,一件事),并提示学生可以通过见闻叙述、主题班会、研学访谈、儿童画、手抄报、短视频等多种形式,展现自己研学中的快乐和收获。

2. 组内整合资料

学生根据教师的讲解,小组内根据组内合作整理的资料回顾研学过程,并围绕主题进行讨论。

(二) 发现探究

思考与制作。

小组组员思考在研学中印象最深刻的四个"一"(一个景点,一件青田石作品,一个人,一件事),并确定汇报方式。

交流汇报分工流程图(小组)

班级:_____ 姓名:_____

组员:
选择(一个景点、一件青田石作品、一个人、一件事) (图片粘贴) 组员1:_____ 组员2:_____ 组员3:_____ 组员4:_____ 其他组员:_____ 亮点: 汇报方式:

(三) 分享交流

学生交流汇报成果展示之前,教师对评价表中的各评价维度进行解释,以便学生组间评价更好展开。学生以小组为单位聚焦制作理念与思路,进行集体汇报。每个小组组员以不同的形式汇报。

(四) 评价反思

依据"评价记录单",选出最喜欢的小组。

教师和学生小组根据评价记录单和小组展示的内容进行评分,选出最喜欢的小组。教师在学生分享时,做好学生分享信息的记录和整理。另外,在组间评价过程中,教师结合各组的展示,帮助学生不断加深对各评价维度的理解。

小组根据自己的得分进行反思和成长,以期在下次活动中能够做得更好!

出示"评价记录单":

评价指标	评 价 标 准	评 分
报告呈现(25分)	报告整体美观,主题明确,内容丰富,所分享的内容有研究和思考,见解深刻(17~25分)	
	报告整体美观,主题较为明确,内容丰富,所分享的内容有一定的研究和思考,见解较为深刻(9~16分)	
	能完成报告的分享,简单呈现(1~8分)	
交流表达(15分)	声音响亮,表达清晰,思路明确,观众反应热烈(11~15分)	
	声音响亮,表达较为清晰,思路较为明确,观众反应良好(6~10分)	
	声音低沉,表达含糊,思路不明确(1~5分)	
合计得分		

(撰稿者:上海市嘉定区方泰小学 吕文雅)

"金石言志"跨学科主题设计案例

《金石言志》以感知中国四大名石为指引,以发现青田石的前世今生为线索,创设情境:前置学习,通过查阅资料,整体感知中国四大名石的魅力,分享自己心目中的青田石;走进青田石的产地——浙江青田,开展一系列研学活动,学生们在调研中国石雕城、参观青田石雕博物馆、考察山口千丝岩石文化公园、观赏中国石文化主题公园——印园和体验青田石DIY篆刻等活动后,加深对青田石的认知,近距离感知地质的神奇与奥妙,领略石文化的博大精深,感受篆刻文化氛围。另外,课题融合语文、信息科技、科学和艺术学科的知识,引导学生将研学所知所想与实际生活相联系,发挥创意,制作研学地图和分享研学中的"四个'一'",培养学生跨学科综合素养,提高学生小组合作、分析解决问题及自主探究的能力。

在整个研学活动中,开展上述一系列的探究性学习、社会参与性学习和操作性学习等多种实践性学习活动;通过学生的探究发现、大胆质疑、调查研究、归纳总结、合作交流、社会参与等活动发展学生的核心素养。

(一) 课标理念与知识背景

1. 语文

《义务教育语文课程标准(2022年版)》在"阅读与鉴赏"中指出:"学习浏览,扩大知识面,根据需要搜集信息。"[1]

在"梳理与探究"中指出:"感受不同媒介的表达效果,学习跨媒介阅读与运用,初步运用多种方法整理和呈现信息。初步了解查找资料、运用资料的基本方法。利用图书馆、网络等渠道获取资料,解决与学习和生活相关的问题。对自己身边的、大家共同关注的问题,通过调查访问、讨论演讲等方式,展开专题探究活动,学习辨别是非、善恶、美丑。"[2]

在"表达与交流"中指出:"参与讨论,敢于发表自己的意见,说清自己的观点。听人说话认真、耐心,能抓住要点,并能简要转述。乐于表达,与人交流能尊重和理解对方。注意语言美,抵制不文明的语言。表达有条理,语气、语调适当。能借助不同媒介表达自己的见闻和感受,学习发现美、表现美和创造美,形成健康的审美情趣。"[3]

2. 科学

《义务教育科学课程标准(2022年版)》提出要让学生"树立基本科学态度,具有对

---

[1] 中华人民共和国教育部. 义务教育语文课程标准(2022年版)[S]. 北京:北京师范大学出版社,2022:6.
[2] 中华人民共和国教育部. 义务教育语文课程标准(2022年版)[S]. 北京:北京师范大学出版社,2022:9.
[3] 中华人民共和国教育部. 义务教育语文课程标准(2022年版)[S]. 北京:北京师范大学出版社,2022:11.

自然现象的好奇心和探究热情"。① 在"探究与实践"中指出："能运用感官和选择恰当的工具、仪器，观察并描述对象的外部形态特征及现象，用准确的科学词汇、统计图表等记录和整理信息，并运用分析、比较、推理、概括等方法，分析结果，得出结论。初步具有描述对象外部特征和现象，以及分析处理信息并得出结论的能力。"②

3. 信息科技

《义务教育信息科技课程标准（2022年版）》在"在线学习与生活"中指出："针对生活中的具体需求采用合适方式开展在线搜索，获取有用信息和资源，指导信息的常见来源及存在的重要性。"③

在"在线学习小能手"中指出："运用文字或图片描述问题与任务，在线分派任务、交流观点、写作编辑、发布成果。体验在线进行信息探索、信息整合、信息加工的过程，体验线上线下学习的不同方式，初步总结自己的在线学习经验，并能与同伴分享在线学习体会。"④

4. 艺术

《义务教育艺术课程标准（2022年版）》在"欣赏评述"中指出："学会用感悟、讨论、比较等方法，运用线条、形状、色彩、肌理等造型元素，以及对称、重复、对比、变化等形式原理，欣赏和评述作品。"⑤在"学科融合"中指出："能针对不同问题，用艺术与其他学科相结合的方式提出解决问题的思路和方案，设计与制作不同形式的作品。"⑥

综合以上四点，本主题学习以语文为主学科，科学、信息科技、艺术为辅助学科，设

---

① 中华人民共和国教育部. 义务教育科学课程标准（2022年版）[S]. 北京：北京师范大学出版社，2022：7.
② 中华人民共和国教育部. 义务教育科学课程标准（2022年版）[S]. 北京：北京师范大学出版社，2022：12.
③ 中华人民共和国教育部. 义务教育信息科技课程标准（2022年版）[S]. 北京：北京师范大学出版社，2022：20.
④ 中华人民共和国教育部. 义务教育信息科技课程标准（2022年版）[S]. 北京：北京师范大学出版社，2022：26.
⑤ 中华人民共和国教育部. 义务教育艺术课程标准（2022年版）[S]. 北京：北京师范大学出版社，2022：9.
⑥ 中华人民共和国教育部. 义务教育艺术课程标准（2022年版）[S]. 北京：北京师范大学出版社，2022：2.

计了"金石言志"的学习。

（二）主题涉及学科

1. 语文："阅读与鉴赏""梳理与探究""表达与交流"。

2. 科学："探究与实践"。

3. 信息科技："在线学习与生活""在线学习小能手"。

4. 艺术（美术）："欣赏评述""学科融合"。

（三）主题学习活动目标

1. 通过前置学习了解主要篆刻名石的名称及产地，形成对主要篆刻名石的初步认知；通过查找资料着重了解青田石的特性，体会原石的魅力，产生实地探究的兴趣；确定小组分工与安排，提高全面系统思考问题的能力，提升合作意识。

2. 走进浙江青田，在青田石的原产地开展调研、欣赏和亲身体验篆刻过程等研学活动。寻找青田原石，欣赏石雕和印章作品，近距离观察地质结构，感受青田县的自然与人文的石文化氛围，在实践体验中提高搜集资料、整理资料、处理信息、研究学习和有效表达的能力。

3. 回顾参观与体验，以学习小组的形式制作研学地图，形成合作意识，提高小组合作、设计与制作，以及运用多种方法整理和归纳总结的能力。

4. 回顾并复盘研学过程，通过开展研学成果展示会，汇报小组研学成果，增强沟通交流及有效表达的能力。

（四）主题学习活动设计

活动一：研学前准备（跨信息科技、语文）

具体实践：第一步，引导学生对主要篆刻名石有初步了解（产地、市场价位、颜色、分类等）；第二步，结合学习单，引导学生通过翻阅书籍、上网查找资料等不同渠道形成对青田石（故事传说、种类、形状等）的初步印象；第三步，进行任务布置及分工，明确研学活动交流成果的任务，完成小组分工。

通过研学前准备的前置学习，学生能够对篆刻名石有初步的了解，为后续的研学过程打下坚实的理论基础。

活动二：研学参观与体验（跨科学）

具体实践：第一步，学生分小组调研中国石雕城（石材市场），选定最喜爱的原石，完成学习单;第二步,学生在馆员的带领下参观青田石雕博物馆,观赏青田石、印章作品和石雕作品等,完成个人记录卡;第三步,考察山口千丝岩石文化公园,在结合个人记录卡,考察当地的地理风貌,感知自然环境的作用;第四步,观赏中国石文化主题公园——印园,感受印章在景观中的装饰文化并完成个人记录卡;第五步,学生在老师的带领下走进青田石篆刻体验店,在当地亲身体验用青田石进行篆刻创作的过程;第六步,小组梳理汇总研学当天各成员收集到的图文资料。

通过一系列的研学活动,学生感受到青田县的自然与人文的石文化氛围,在实践体验中提高搜集资料、整理资料、处理信息、研究学习和有效表达的能力。

活动三:研学地图制作(跨语文、艺术)

具体实践:第一步,回顾研学的参观与体验,以小组为单位制作研学地图,根据整理的资料标注好各活动站点的特色和游览注意事项,在这个过程中,也可以发挥自己的创意,重新安排路线等;第二步,以小组为单位,汇报各自的研学地图,老师组织评价。

小组在制作研学地图的过程中,形成合作意识,提高小组合作、设计与制作,以及运用多种方法整理和归纳总结的能力。

活动四:研学成果交流(跨语文、信息科技)

具体实践:第一步,回顾研学过程,复盘研学过程,引导学生思考:在研学中印象最深刻的四个"一"(一个景点,一件青田石作品,一个人,一件事),制作PPT;第二步,小组汇报分享收获,老师组织评价。

学生在研学成果交流中体验在线进行信息探索、信息整合、信息加工的过程,初步总结自己的学习经验,并能与同伴分享在线学习体会,增强沟通交流及有效表达的能力。

(五)主题学习评价设计

基于《义务教育科学课程标准(2022年版)》《义务教育艺术课程标准(2022年版)》《义务教育语文课程标准(2022年版)》《义务教育信息科技课程标准(2022年版)》,结合本课程为选修的特点,围绕"金石言志"这一主题培养学生灵活运用多学科知识解决真实问题,发展核心素养、跨学科素养。

结合校本特色的摘星印花评价,设计跨学科主题"金石言志"单元的表现性评价指标。具体而言,根据学生参加项目活动的表现情况进行过程性摘星印花评价。通过实地调研、参观和体验等活动,探究青田石的前世今生。感受科学、信息科技、语文与日常生活的密切联系,激发学生探究的兴趣,并能在小组活动中建立良好的合作习惯。

在评价学生作品的同时,关注学习的过程。对学生在主题单元学习过程中的参与程度、主动性与创造性、观察与思考的深度和广度等方面作出评价。同时对学生在信息收集、表达与交流、合作与参与、兴趣与信心、自我评价能力等方面的发展状况作出评价(自评、组评和师评相结合),从而促进学生多种智能的协调发展。

评价量表1:选出最喜欢的个人

个人交流评价表

分类	评价内容	评价标准 ★★★	★★	★	自评	组评	师评
活动情况	听课态度	积极发言	认真听课	坐姿端正	☆☆☆	☆☆☆	☆☆☆
	讨论情况	主动积极	参与交流	认真倾听	☆☆☆	☆☆☆	☆☆☆
活动成果	成果交流	能完成学习单,交流主题明确,内容详细	能在帮助下,根据收集的材料完成交流	能在老师或同学的帮助下简单阐述	☆☆☆	☆☆☆	☆☆☆

组员姓名:_____ 组长签字:_____ 教师签字:_____

注:
(1) 根据星星得数,累积5颗星兑换相应的印花。
(2) 教师在学生评价之前对评价内容及标准进行解释,并鼓励学生在相互评价的过程中尽量全面。

评价量表2:"研学地图"分享

评价指标	评价标准	评分
交流表达 (30分)	声音响亮,表达清晰,思路明晰(21~30分)	
	声音响亮,表达基本清晰,思路尚可(11~20分)	
	声音低沉,表达含糊,思路不明确(1~10分)	

续 表

评价指标	评价标准	评分
资料收集及整理（30分）	资料收集全面，对班学活动站点有深入的了解，地图能准确地展示各活动站点的特色和游览注意事项，并富有创意（21~30分）	
	资料收集多样，对班学活动站点有较为深入的了解，地图能较准确地展示各活动站点的特色和游览注意事项（11~20分）	
	资料收集不全面，对班学活动站点了解不深入，地图不能准确地展示各活动站点的特色和游览注意事项（1~10分）	
合计得分		

评价量表3：选出你印象最深刻的小组

评价指标	评价标准	评分
报告呈现（25分）	报告整体美观，主题明确，内容丰富，所分享的内容有研究和思考，见解深刻（17~25分）	
	报告整体美观，主题较为明确，内容丰富，所分享的内容有一定的研究和思考，见解较为深刻（9~16分）	
	能完成报告的分享，简单呈现（1~8分）	
交流表达（15分）	声音响亮，表达清晰，思路明确，观众反应热烈（11~15分）	
	声音响亮，表达较为清晰，思路较为明确，观众反应良好（6~10分）	
	声音低沉，表达含糊，思路不明确（1~5分）	
合计得分		

（六）主题学习活动环境

教室设施：学校设有篆刻专用教室，为学生提供书籍、视频资源等较为丰富的学习材料。

多媒体设备：黑板、希沃白板各一块，篆刻教室网络良好。

资源：学校与青田石雕文化旅游区管委会建立联系，为本课程的实施提供支持和帮助；数字资源为篆刻名石、产地等的图片，百度、知网账号及密码；纸质资源为图书馆相关书册。

(七) 主题作业设计

本单元作业围绕单元学习目标，综合运用语文、科学、信息科技和艺术学科知识完成跨学科作业——制作研学地图。

作业类型：知识类、实践创作类，体现实践性、综合性。

作业链设计：

1. 知道青田石的产地、分类等。

2. 运用信息科技和语文学科知识查找青田石的资料并分享。

3. 根据研学参观体验，综合运用科学、信息科技、艺术学科知识尝试制作研学地图，并标注出各活动站点的特色和注意事项，体现创造性。

4. 运用语文知识，进行研学成果展示与交流。

(八) 主题教学结构图

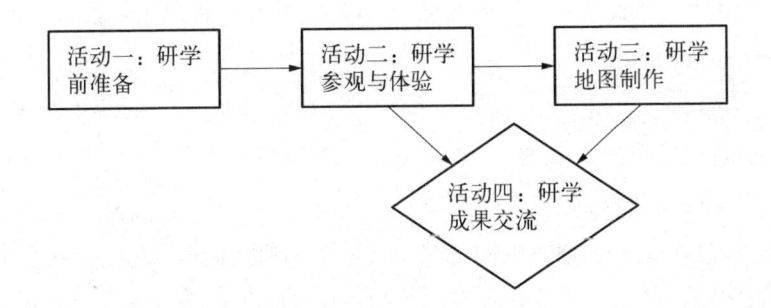

活动一：研学前准备 → 活动二：研学参观与体验 → 活动三：研学地图制作

活动四：研学成果交流

(九) 核心单元"研学参观与体验"设计

1. 教学内容分析

本单元是"金石言志"课程中的第二单元"研学参观与体验"。本单元，学生走出校园，开展金石研学之旅，走进篆刻材料产地——浙江青田，欣赏青田石及其作品，近距离感知当地地貌地质的神奇，领略石文化氛围。在第一、二课时"调研中国石雕城"中，寻找喜欢的青田石原材料并进行细致观察；在第三、四课时"参观青田石雕博物馆"中，观赏青田石、印章作品和石雕作品等；在第五、六课时"考察山口千丝岩石文化公园"中，感知考察当地的地理风貌；在第七、八课时"观赏中国石文化主题公园——印园"中感受印章在景观中的装饰文化；在第九、十课时"走进青田石篆刻体验店"中，学生亲身体验用青田石进行篆刻创作的过程。在第十一、十二课时"梳理与汇总资料"中，小组梳理汇总研学当天各成员收集到的图文资料。

本单元的教学内容和语文、科学、信息科技学科相关。通过本单元的学习能够提升学生的"人文底蕴""审美创造""观察力"，激起学生对自然的热爱与探索，促进综合能力的提升。在调研、欣赏和体验中了解青田石，感受青田的地理环境和人文底蕴，体会中国印石文化的博大精深，在实践体验中提高搜集资料、整理资料、处理信息、研究学习和有效表达的能力。

2. 学情分析

（1）本课程为选修课，选课学生对石文化有极大的兴趣，对各种事情充满好奇，非常愿意进行探究活动。

（2）选课学生集中在四年级，他们在一至三年级已系统地学习和积累了篆刻知识，初步掌握篆刻技艺，并已经具备了初步的欣赏能力。

（3）四年级学生能够利用网络搜集资料，并进行初步筛选和整理，具有一定的资料收集、归纳和分析能力。

3. 学习目标

（1）通过调研中国石雕城，在实践中进一步认识青田石（市场价位、颜色、分类等），感受篆刻原石的魅力。

（2）通过参观青田石雕博物馆，欣赏青田石、印章作品和石雕作品，提高审美创造能力；通过考察山口千丝岩石文化公园，了解当地的地理风貌，激起对自然探索的热情与欲望，激发探索精神；通过观赏中国石文化主题公园——印园，感受印章在景观中的装饰文化；通过亲身体验用青田石篆刻，感受篆刻过程。通过一系列的研学活动，引导学生在游中有学、学中有思、思中有醒的研学旅行中感受祖国山川之美、民族文化之魂。

（3）初步掌握参与社会实践与调查的方法、搜集信息资料的方法，以及分析问题和处理问题的方法。

4. 教学重点、难点

教学重点：在各个游学活动点完成学习任务单，感知青田的地理环境和人文底蕴。

教学难点：初步掌握参与社会实践与调查的方法、搜集信息资料的方法，以及分析问题和处理问题的方法。

5. 学习评价设计

活动评价表					
评价内容	要　　求	自评	互评	师评
观察与记录	能仔细观察并及时记录	☆☆☆	☆☆☆	☆☆☆
纪律与安全	能跟随队伍有秩序地参观，保证自己的安全	☆☆☆	☆☆☆	☆☆☆
交流与探讨	能大胆发表自己的看法	☆☆☆	☆☆☆	☆☆☆
整理与总结	能小组合作一起归纳总结材料	☆☆☆	☆☆☆	☆☆☆

6. 学习活动设计

本单元学习活动共有六个环节，分别是调研中国石雕城、参观青田石雕博物馆、考察山口千丝岩石文化公园、观赏中国石文化主题公园——印园、走进青田石篆刻体验店和梳理与汇总资料。每个环节设计包括教师活动、学生活动、设计意图。

第一环节，调研中国石雕城。老师给各小组下发学习单，各小组进入中国石雕城，去寻找和购买最喜爱的青田原石，在寻找的过程中观察和了解青田石的颜色、分类和市场价位，让学生能够在市场中感受青田石的魅力。

第二环节，参观青田石雕博物馆。老师给学生讲解参观礼仪及下发学习单。学生在馆内讲解员的带领下依次参观石萃厅、石艺一厅、石艺二厅和印章厅。该馆是中国唯一的石雕文化主题博物馆，共有馆藏作品近1 000件，展示了170多种原石与历代艺术家所创作的传世石雕作品。学生们可以在这里深入了解青田石雕的历史、技艺和文化内涵。

第三环节,考察山口千丝岩石文化公园。学生在导游的带领下参观千丝岩石文化公园。在参观中了解它名字的由来;地理位置(东面500米处有封门山,是我国著名雕刻石之一"封门青"的产地);气候环境(青田地区地属亚热带,西接丽水,东临温州,傍山依水,兼具海洋性及山地气候特性)等。

第四环节,观赏中国石文化主题公园——印园。印园以中国印章文化为主要内容,将百余枚历代名印放大后,以本土山涧水冲石或印文化图腾的形式雕刻成品。学生在印园内可以尽览中华历代篆刻中的精粹之作,感受中国博大精深的印石文化。

第五环节,走进青田石篆刻体验店。学生在篆刻体验店选择自己喜欢的石头,拿起篆刻刀,开始篆刻属于自己的印章。在篆刻制作流程中,再次感受青田石文化的魅力,收获一枚由青田石篆刻而成的藏书印章。

第六环节,梳理与汇总资料。在全天的研学过程中,学生个人和小组都积累了不少原始资料。在本环节中,老师将讲解一些整理资料的方法并提供思路,学生以小组为单位分类整理研学活动的收获,增强总结归纳的能力。

7. 作业设计

本活动作业围绕学习目标,综合运用语文、科学、信息科技和艺术学科知识完成跨学科作业——分享你的青田石篆刻藏书印章。

作业类型:知识类、实践创作类,体现实践性、综合性。

作业链设计:

(1) 设计篆刻图样。

(2) 复习篆刻刀用法和技巧。

(3) 和同学分享你的篆刻藏书印章。

8. 教学反思和改进

(1) 基于学科教材体系,构建真实学习场景。

本单元课程以金石言志为主题,以研学活动为主要内容,将书本上的理论知识与生活经验深度融合起来。当前,基于教材文本的学习还是学校教育的主流形态,师生普遍就文本进行思考、探索,发现问题,解决问题。但对于小学生来说,"纸上谈兵"式的学习往往比较抽象,很难产生真正意义上的学习。而这次研学旅行则是将静态的书本知识与动态的真实世界有机连接起来,并且将不同学科的知识(语文、信息科技、科学、艺术)不再局限于个人头脑中,而是置于一种真实的情境中去被学习和运用,由此让学生掌握"真实的、能理解的知识"。学生在青田石的原产地这个真实的场景中学习和理解学科知识,感受石文化氛围。

(2) 促进学思行统一,优化学生认知结构。

青田研学之旅将学生的"学""思""行"结合在一起,就是将实践习得与研学前的理论学习相结合,引导学生综合运用已有经验在实践中解决新问题,优化学生的认知结构。通过调研中国石雕城、参观青田石雕博物馆、考察山口千丝岩石文化公园、观赏中国石文化主题公园——印园和亲身体验篆刻等研学活动,为学生提供了与自然、社会、科学和人类文化等客观事物以及精神层面内容相结合的机会,让学生回归生活世界,在与大自然和社会的亲密接触中获得知识。研学旅行的"研学"即以探索青田石为中心的考察探究,在旅行中激发学生发现问题、分析问题和解决问题的兴趣,提升学生发现问题、分析问题和解决问题的能力,锻炼学生的思维品质。学生在研学过程中,综合运用知识解决问题,在广泛考察中发现问题、深入探究、建构知识,将实践习得纳入已有知识系统,丰富自己的知识体系。在研学旅行中,学生在"知""行"中善于"思",在"思"中促"知""行"。在研学实践中学思行统一,让学生达到了更高层次的认识结构。

(3) 系统整合学科知识,提升学生核心素养。

本次青田研学之旅作为非学科类课程但是却可以调动多个学科知识解决实践中的问题,具有跨学科的知识整合作用。系统性整合是指其不仅蕴含了科学、人文、艺术等各学科领域的内容,而且能够围绕明确主题协调调动各领域知识,以利于学生学习和接受的结构呈现,让综合系统性的知识为育人服务。学生们在整个研学活动中合理运用各学科的知识内容和各种技能手段,综合认识青田石,分析和解决现实问题,最后设计出研学地图和分享心目中的四个"一"。在整个研学过程中,学生可以在夯实文化理论的基础上,在综合实践中自主参与和合作,并且在与广阔的自然、社会、文化资源的接触中推动社会参与,实现科学精神与人文精神的双向平衡,从而契合了学生发展核心素养的三大主题要义,具有了落实学生素质教育、提高学生发展核心素养的全面育人功能。

(4) 实践活动安排紧凑,学生认知发展受限。

本单元课程研发初衷是让学生开展一次在真实情境下的跨学科学习,但在实施过程中，由于各种实际因素，本次活动安排得有些紧凑，课程设计的"游"中"学"和"思"的环节较少，因此，学生在各环节的思考维度没有提升，认知发展受限，以至于在归纳总结材料时略显单薄。当然，这次的经验能够对下次的研学活动有所启示，促进课程设计与实施实现从理念到细节上的全面统一。

（撰稿者：上海市嘉定区方泰小学　吕文雅）

第五章

连续性课程：聚焦儿童发展的资源联动

课程资源按照空间分布可以分为内部资源和外部资源；按照是否能"看得见、摸得着"分为有形资源和无形资源。不同形式的课程资源的界限不是绝对的，而是互相影响、互相作用的，具有连续性。在课程开发过程中，要充分有效利用内部资源，合理开发外部资源，在保证有形资源充分利用的同时，充分发挥无形资源的重要作用。

课程资源对课程建设来说是重要的。吴刚平教授认为,广义的课程资源是指有利于实现各种课程目标的各种因素,狭义的课程资源仅指形成课程资源的直接因素来源。① 其实,课程资源是指形成课程的因素来源与必要而直接的实施条件,不光包含学校书本里面的知识,也包含校内校外的其他资源,不光是有形存在的,也体现在无形的环境中。

课程资源的分类可以从很多维度出发,但是都需要遵从一个出发点,即符合逻辑的同时又要能帮助我们看清问题并且找到解决问题的方法。现根据实际需要将已有学者的观点进行整合,将课程资源按照两个维度来划分:按照空间分布分为内部课程资源和外部课程资源;按照是否能"看得见、摸得着"分为有形课程资源和无形课程资源(见图5-1)。

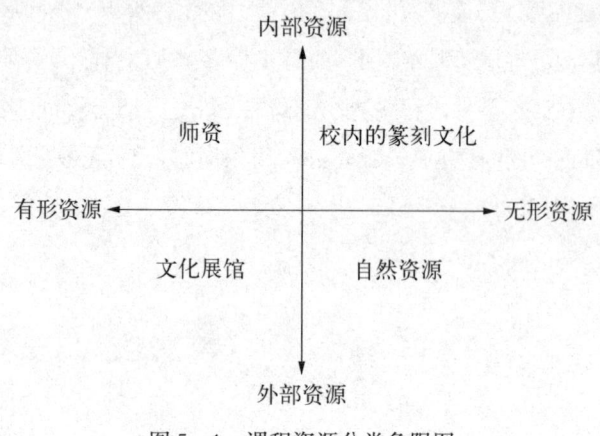

图 5-1 课程资源分类象限图

图5-1中,我们可以按照两个维度将课程资源进行分类,外部资源和内部资源、有形资源和无形资源,它们看似毫不相关,实则关系紧密。

一、内部资源和外部资源的连续性

内部课程资源主要指校内的课程资源,比如书本、校园文化、实践活动课程、篆

---

① 吴刚平.课程资源的理论构想[J].教育研究,2001(9):59-63,71.

刻课程、篆刻教室、校园内的篆刻文化等，虽然已经非常丰富，但还是具有很多的局限性。外部课程资源主要指校外的课程资源，校外课程资源的范围也很广，比如图书馆、博物馆、展览馆、科技馆、青少年活动中心、工厂、农村、部队、政府机关、高校、企事业单位、研究所、自然资源等，它作为内部课程资源的重要补充，也发挥着重要的作用。

内部课程资源与外部课程资源对于课程的实施都有着重要的价值，但是二者还是有区别的。一般来说内部课程资源在课程资源中占主要地位，在教学实践中也习惯性地依赖它，但是外部课程资源常常被人们所忽视，它作为内部课程资源的补充也是很重要的，我们应当予以重视。仅在生活中或是校内是无法感受到篆刻的必要性，也无法深入感受它的历史文化底蕴的。尤其是像我们的篆刻课程，它是一种文化传承，在生活很少能够用到，很多同学可能会因此最终放弃篆刻的学习。深入感受篆刻文化可以更好地让学生认识它，爱上它进而传承它。另外，篆刻是中华优秀传统文化的重要传承形式之一，历史悠久，学生实地感受金石文化的博大精深的同时，可以在实践中提升研究学习的能力。需要注意的是，校外课程资源在使用的时候不能和校内课程资源脱节，课程资源的应用要注重校内外课程资源的连续性，同时也要尊重学生的最近发展区，在学生已有知识经验的基础上不可以有太多的拔高，要在学生能接受的范围之内，校外课程资源和学生的认知水平也要有连续性。本课程为选修课，选课学生对金石文化有极大的兴趣，对各种事情充满好奇，非常愿意进行探究活动。选课学生集中在四年级，他们在一至三年级已系统地学习和积累了篆刻知识，初步掌握篆刻技艺，并已经具备了初步的欣赏能力。课程的设置充分考虑了学生已有的知识经验和学习兴趣，并且在此基础上带学生去实地探讨，是联系理论与实践，是校内课程的延续和深化。

二、有形资源和无形资源的连续性

有形资源指具有一定物理形态，能看得见、摸得着，可以直接运用于综合实践活动的资源，我们又可以称之为素材性课程资源，包括较为抽象但是看得见的知识、经验、技能、活动方式与方法等，也包括比较具体的文字资源、实物资源、活动资源等。

无形资源指附着于一定的物理形体,不能被看见、摸着,却以潜在的方式对综合实践活动施加影响的资源,我们又可以称之为条件性课程资源,它在很大程度上决定着课程实施的范围和水平,它既包括较为抽象的文化氛围、师生关系等,也包括影响课程实施的隐性条件,比如人力、物力、财力、时间、环境等。吴刚平教授说过,一直以来,中小学课程资源的结构比较单一,除了把教材作为唯一的课程资源之外,在课程资源的开发主体、基地、内容、条件等方面也很单一,未能形成有机整体。① 所以开发多方面的资源,联合多方面的力量十分重要,无形的课程资源很重要,但常常被人们所忽视,比如杨四耕教授曾经举例子说,作为教学资源的师生关系,对话与交往是其共同特征,期望、指导、谈心、角色赋予以及激励和制止是其具体建构方式,而交往教学论思想、非指导性教学模式和理解性教学理论则是其成功范例。② 所以很多时候无形的教学资源是很重要的,我们不可以忽视。我们的课程带领学生亲身感受篆刻文化,这种篆刻文化也是一种无形的课程资源,是对有形资源的一种很好的补充,在教育教学活动中,我们经常用的是有形的资源而忽视无形的资源,可是无形的资源也同样重要,虽然看不见、摸不着,但是能够潜移默化,润物细无声地影响着学生。

篆刻作为中国古老而独特的艺术形式,以文字为主要载体,以中国传统文化为底蕴,形式感强,文化内涵深刻,具有独特的艺术魅力。篆刻用石也极为讲究,印石历史久远,一直是文人心灵和思绪的寓体。如果我们的学生仅仅学会了篆刻,而没有感受篆刻的历史文化,是很难真正爱上并且传承这门艺术的。需要注意的是,在课程开发利用的时候也要注意有形资源和无形资源的连续性,这包含了知识内在逻辑之间的连续性,也包含了知识与学生认知水平的连续性。学校可以提供课程实施的时间、地点、学习资源等,但是仅有这些是不够的,带领学生去实地考察,充分采用当地的自然资源、博物馆资源等,是有形资源很好的补充。

课程资源作为课程的重要基础,在课程的开发和应用过程中有很多地方需要注意。首先,用吴刚平教授的话说,就是要充分有效利用内部资源,课程标准和教材是非常重要的内部课程资源,教师对于外部课程资源的开发和利用要建立在课程标准和教

---

① 吴刚平,樊莹. 课程资源建设中的几个认识问题[J]. 教育理论与实践,2001(7):40-42.
② 杨四耕. 师生关系与教学资源[J]. 当代教育论坛,2003(8):37-40.

材的基础之上,让教材和课程标准成为教学素材,而不是束缚。[①] 我们的教学资源应该包括教材和课程标准,但是不局限于此,校外还有很多课程资源同样可以拓展学生的视野,发展学生的智力。其次,在保证有形资源充分利用的同时,充分发挥无形课程资源的重要作用。有形资源和无形资源看似是相互独立的个体,但也是互相影响、互相作用的,无形课程资源虽然常常被人们忽视,但是往往是有形课程资源得以顺利实施和开展的重要条件,有时也是对有形课程资源的拓展和延伸。最后,不管从什么维度来思考这个问题都要考虑的是,课程资源的开发和使用要遵从连续性原则,尊重知识内部的逻辑,尊重学生已有的知识经验水平。

总之,课程资源的分类在于开阔课程资源开发与利用的视野,展现课程资源开发与利用的广阔前景。课程资源的应用应该充分考虑学生的需要,以学生为本,把握认知规律和学情。除此之外还可以发动多方面的力量来支持,比如家长、社区、政府等,保证理论与实践的连续性、校内外课程资源的连续性、有形课程资源与无形课程资源的连续性、不同形式的课程资源的连续性等等,从多个维度开发课程资源,才能帮助学生取得多方面的收获。

（撰稿者：上海市嘉定区方泰小学　张慧）

课程智慧

"金石言器"课程资源的整合

印泥是中国古代书画文化一种特有的产物,南北朝时期就有了印泥的雏形,明清时期鼎盛。随着中华书画文化的发展和传承,印泥成为书画中必不可少的文化代表。鲁庵印泥是中国第二批国家级非物质文化遗产,由篆刻家、收藏家张鲁庵于20世纪30年代创制,经符骥良试验改良配方,形成享誉沪上的鲁庵印泥。其配方特定精良、制作

[①] 吴刚平.中小学课程资源开发和利用的若干问题探讨[J].全球教育展望,2009,38(3): 19-24.

技艺精细,是印泥中的上品,被齐白石、张大千等书画名家定为首选印泥。它"印色鲜艳雅丽,质薄匀净,细腻而粘稠度高,热天不烂,寒天不硬,永不褪色",一直为书画界推崇。本课程带领学生访学国宝鲁庵印泥制作技艺传习所,学生在课程中学习印泥制作技艺,体会印泥的独特。通过印泥钤印交流会的形式,将学生制作的印泥进行展览,提高印泥鉴赏水平和团队合作能力。

我校基于此,设计了以印泥制作为主题的课程。以下为课程纲要的介绍。

(一) 课程背景

经过十余年的实践和发展,篆刻已然成为学校课程体系的重要板块。目前,我校尝试将原有的篆刻特色课程升级迭代为"大美金石"课程,"金石言器"课程即为此系列课程之一。本课程引导学生体验传统印泥制作过程,感受传统印泥制作工艺的奇妙和智慧,形成传承并发扬传统工艺的意识,增强民族自豪感。带领学生访学国宝鲁庵印泥制作技艺传习所,对印泥制作产生兴趣,在充分观摩鲁庵印泥制作的基础上,学习印泥制作技法,并以印泥钤印交流会的形式进行展示,体验印泥之美。

一是探寻鲁庵印泥的历史与传承。学生经历实地访学、观摩印泥制作步骤、欣赏印泥的过程,进一步感受印泥制作所体现出来的工匠精神与创新意识,提高对印泥的欣赏与理解能力,实现传统技艺的继承与发扬。

二是关注创新实践能力的培养。学生经历对鲁庵印泥制作的了解,结合自身的理解,创意制作彩色印泥,体会创新多元的艺术表达形式,切身感受印泥之美,培养团队合作精神,全面提高创新实践能力。

(二) 课程目标

1. 通过实地访学国宝鲁庵印泥制作技艺传习所,了解张鲁庵的生平事迹,知道传统印泥调制的过程与方法,感悟传统印泥的基本特性和独特意义,产生探究兴趣。

2. 学习印泥制作工艺,进一步感受传统印泥制作工艺的奇妙和智慧,初步形成传承并发扬传统工艺的意识,增强动手制作金石印泥的创造性劳动思维。

3. 根据不同颜色的矿物质,创意制作彩色印泥,体验印泥的创意应用,感受印泥的独特性以及创意表达的多元性,提高创新能力与团队合作意识。

4. 以印泥钤印交流会形式,经历印泥设计、制作、展览活动,增强沟通、表达以及团队合作能力。

（三）课程内容

本课程围绕"金石言器"主题分为四个板块，具体内容如下。

1. 访学鲁庵印泥制作技艺传习所

20世纪30年代，正处于海派篆刻艺术的兴盛之际，鲁庵印泥应运而生，由书画篆刻家赵叔孺入室弟子、西泠印社早期社员张鲁庵首创。凭借着精益求精的理念原则和制作工艺，鲁庵印泥在书画篆刻艺坛风靡一时。经过近百年的传承和发展，鲁庵印泥在2008年被中华人民共和国国务院列为"国家级非物质文化遗产"，成为中国文房不可多得的精粹。鲁庵印泥制作技艺传习所目前设有展厅、活动室各一处，展厅悬挂介绍展板7幅，分别介绍了创始人张鲁庵生平、流派传承情况、鲁庵印泥选材标准和制作理念，展品包含了印泥原材料样本、加工工具、印泥半成品、印泥实物、印泥钤样、文字资料。

组织学生前往鲁庵印泥制作技艺传习所，聆听鲁庵印泥的传承人讲座，近距离了解鲁庵印泥。通过本次访学，初步了解创始人张鲁庵的生平事迹以及印泥的制作工艺，产生动手制作印泥的兴趣。

2. 学习印泥制作工艺

教师组织学生参观鲁庵印泥制作技艺传习所，观摩印泥制作过程与方法，完成学习单，记录印泥制作的步骤。鲁庵印泥的制作要经历手工操作和自然氧化两个过程，整个制作过程包括研朱、搓艾、制油三道工序。篆刻大家陈巨来曾评价说："用此印泥，即便连钤细元朱文印十方，印文不走样，这在别的印泥是做不到的。"

3. 创意制作彩色印泥

在前续课程的基础上，我们知晓印泥的颜色以红色为主，这与中国古代文化有着密不可分的关系。在中国古代，红色被视为一种祥瑞、吉祥和喜庆的颜色。朱砂的红色代表着权力和尊贵，因此在印章上使用红色印泥，不仅仅是一种文化传承，更是一种象征。

此外，还有各种特殊颜色的印泥，如绿色、黑色、褐色、蓝色、白色、金色等。白色、金色印泥用于红色纸上钤印。本课引导尝试创意制作多色印泥，根据矿物的不同，调配色浆、加绒揉团，全班一起合作，制作出多彩的印泥，应用在我们的学习和生活中。

4. 印泥钤印交流会

钤印，是中国古代官方文件或书画、书籍上面的印章符号。其意义在于表明所属者对加盖印章之物的拥有权、使用权或认可。通俗意即"盖印章"，是书画等作品在即将完成时的最后一个关键步骤，这是中国独有的特色艺术。钤印始于北宋苏东坡，迄今已有一千年的历史。印泥钤印交流会，即是用不同印泥制作印屏进行展示交流。每个小组需要组内交流讨论，明确印屏形式，选定不同颜色的印泥，在连史纸、书签、扇面上钤印，制作独特的印屏作品，能够创意展示印泥。

(四) 课程实施

学校建设了金石工坊，工坊内金石印泥板块有鲁庵印泥的介绍以及具体制作步骤，还有实物，可供学生参观与动手实践学习。此外，学校还与鲁庵印泥的传承人有着密切的交流与合作，可以给师生提供接触和了解鲁庵印泥的机会，使学生近距离地感受到鲁庵印泥有着深厚的文化底蕴和独特的魅力。本课程适用年级为四年级，一共需要18个课时，我们将通过以下方法引导学生学习。

具体实施方法：

1. 实地寻访法。教师组织学生先访学国宝鲁庵印泥制作技艺传习所，有了初步的认识体验后，引导学生结合学习单做好文本信息采集与记录。在参观完传习所之后，组织学生统一集中并对采集到的信息进行归纳和梳理。

2. 实践操作法。以小组为单位进行印泥制作，经历印泥制作的矿物质研磨、色浆调配、加绒揉团，学习印泥制作的传统工艺，传承非遗。

(五) 课程评价

在动手实践学习过程中，教师要关注学生的进步和成长。教师们积极尝试多维度、分享式、展示式等多种评价方式，对学生参与课程的学习态度、合作意识、探究精神与学习能力、收获与反思进行适切的、科学的、全面的评价。

1. 分享式评价

在分享学习内容和学习成果时，教师尝试借助学习任务单的形式进行分享，并组织学生展开交流，同时完成评价单。例如，学生走进鲁庵印泥制作技艺传习所，随讲解员参观欣赏，选择自己感兴趣的一盒印泥，完成参观记录单。说说本次研学之旅有什么收获——你知道了哪些印泥知识？并与其他学生交流分享。

2. 展示式评价

不论是对鲁庵印泥的汇报讲述,还是动手实践制作印泥,都是为学生提供展示自己的舞台,让学生在活动中获得成功的体验。以小组为单位,每个小组在钤印会上布置展位,展示本组印泥,评选最优印泥作品。在这个过程中,不仅让学生更加清楚地介绍和展示小组印泥作品,也能让学校里其他学生来欣赏。在欣赏和评析中为每位学生提供参与活动的机会和展示的舞台,让学生有成就感。

3. 团队式评价

在活动的探究和合作环节,学生在组内会有分析、填写、制作等活动,这就需要发挥小组团队共同协作的作用。结合每次分享交流的评价单,评价的重心由鼓励个人分享表达转向团队合作能力提高。

学程设计1　访学国宝鲁庵印泥制作技艺传习所

活动目标

通过访学鲁庵印泥制作技艺传习所,初步了解创始人张鲁庵的生平事迹以及印泥的制作工艺,产生动手制作印泥的兴趣;学习印泥制作的基本步骤与具体手法,分组尝试制作印泥,感受中国印泥文化的独特魅力,培养实践操作能力和团队合作能力。

活动过程

(一) 前置学习

介绍中国的印泥文化。

笔墨纸砚,被并称为文房四宝,除此之外,还有一样不可或缺的文房之宝,那就是印泥。"一两黄金一两泥",印泥是我国的文房瑰宝,是中华文化的标志性符号,更是享誉世界的非物质文化遗产。它是书画家创作中的必不可少之物,是印章艺术表现的媒介。学做印泥不仅可以让我们体验到劳动的艰辛和收获的快乐,还可以在实践中知晓任何一项非遗都蕴含了一代代匠人的精神与技艺传承,而传承并发扬这些传统工艺正是我们这一代人的使命。

印泥素有"文房第五宝"之称,无论是文件签署,还是历史文物,抑或是金石书画之钤记,都需使用印泥。始创于清康熙二十一年的常州"龙泉印泥"与杭州西泠印社"潜泉印泥"、漳州丽华斋"八宝印泥"鼎足而立,并称为中国印泥三大瑰宝,享誉书画界。

漳州丽华斋"八宝印泥"以珍珠、玛瑙、金箔等多种珍贵材料为原料,以特殊加工方法精制而成,具有"色泽鲜和、气味芬芳、浸水不化、火烧留痕、燥天不干、雨天不霉、夏不渗油、冬不凝冻"等八大优点。

杭州西泠印社"潜泉印泥"的特点是:钤出的印蜕会有一层微凸的立体感,色泽沉着,历久不变;钤出的印文匀净而遮盖力强;印泥夏不渗油、冬不凝固,通常连钤几十方印,印文字口依旧清晰。印泥的黏稠度高,一团印泥很难用印筋拉开。

常州"龙泉印泥"的品质特点是:细腻厚重、沉着显明,遇冬不凝固、逢夏不渗油,芳香四溢、久不褪色,用龙泉印泥盖在宣纸上的印章,将印章雕刻的线条反映得条缕清晰,绝对不可能出现蹩脚印泥"盖糊了"的现象。

出示学习单:学生根据教师下发的学习单,查找相关文献资料,记录印泥的相关知识,对印泥进行初步了解。

印泥初识学习单(个人)

班级:_____ 姓名:_____ 学号:_____

印泥:印泥素有"文房第五宝"之称,无论是文件签署,还是历史文物,抑或是金石书画之钤记,都需使用印泥。它是书画家创作活动中不可或缺的作品,是表现印章艺术的媒介之物。

中国三大印泥分别是_____、_____、_____。

(1) 选择一种你了解的印泥进行介绍:

名 称	类型(打√)	简 介	特 点
(图片)	A. 常州"龙泉印泥"( ) B. 杭州西泠印社"潜泉印泥"( ) C. 漳州丽华斋"八宝印泥"( ) D. 鲁庵印泥( ) E. 七彩印泥( )		

(2) 学生之间相互交流、分享"你了解的印泥"。

第五章　连续性课程：聚焦儿童发展的资源联动

(二) 主题聚焦

走近鲁庵印泥制作技艺传习所。

在老师的带领下前往鲁庵印泥制作技艺传习所，聆听鲁庵印泥的传承人讲座，近距离了解鲁庵印泥。各小组进行参观学习，记录并完成学习单。

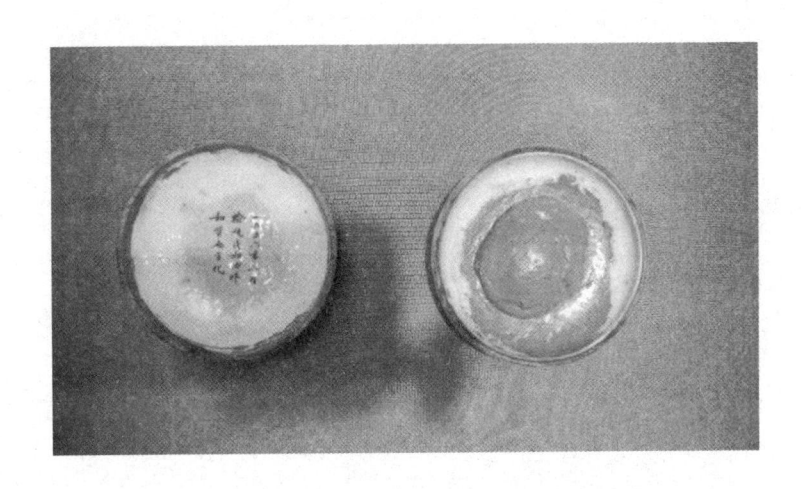

（张鲁庵制作的印泥，瓷缸盖内侧写有"一九五六年二月检视后加油拌合质无变化"）

（蓖麻子、蓖麻油）　　（朱砂）　　　　　　（艾绒）

通过这部分的学习，学生对鲁庵印泥有了一定的认知。

出示学习单：教师引导学生（小组）记录张鲁庵生平事迹、印泥所需材料、印泥制作过程等方面，并组内讨论发现鲁庵印泥的特点。

发现与了解学习单(小组)	
班级：	姓名：
1. 简要介绍张鲁庵生平事迹： 2. 制作印泥的材料有哪些？ 3. 说一说鲁庵印泥的特点(形状、钤印效果等)： 	

（三）发现探究

组内交流整合资料。

学生在教师的带队下进入鲁庵印泥制作技艺传习所，记录印泥制作所需材料和制作过程。

出示学习单：

讨论与思考学习单(小组)	
班级：	姓名：
1. 查找资料了解鲁庵印泥(材料、颜色、特点等)。 	

续　表

讨论与思考学习单(小组)
2. 鲁庵印泥与其他三大印泥的相似处有哪些？ 相似处：

(四) 分享交流

教师在汇报前明确汇报讲解要求(含张鲁庵生平事迹、鲁庵印泥制作过程等)。小组代表以 PPT 形式进行汇报。

(五) 评价反思

教师出示"评价记录单"，对评价内容及标准进行解释，而后学生开展自评和小组评价。

<table>
<tr><td colspan="7" align="center">小组交流评价表</td></tr>
<tr><td rowspan="2">分类</td><td rowspan="2">评价内容</td><td colspan="3" align="center">评　价　标　准</td><td rowspan="2">自评</td><td rowspan="2">组评</td><td rowspan="2">师评</td></tr>
<tr><td>★★★</td><td>★★</td><td>★</td></tr>
<tr><td>活动情况</td><td>学习态度</td><td>积极发言</td><td>认真听课</td><td>坐姿端正</td><td>☆☆☆</td><td>☆☆☆</td><td>☆☆☆</td></tr>
<tr><td>分享交流</td><td>访学收获</td><td>知晓鲁庵印泥，完成访学任务记录单</td><td>较为清晰地知晓鲁庵印泥，能够完成访学任务记录</td><td>基本认识鲁庵印泥，访学任务记录不够完整</td><td>☆☆☆</td><td>☆☆☆</td><td>☆☆☆</td></tr>
<tr><td colspan="7">组员姓名：　　　　组长签名：　　　　教师签名：</td></tr>
</table>

学程设计2　学习印泥制作工艺

活动目标

学习印泥制作的基本步骤与具体手法，分组尝试制作印泥，感受中国印泥文化的独特魅力，提高实践操作能力和团队合作能力。

活动过程

（一）前置学习

1. 课前学习——了解金石印泥

布置课前学习任务，请学生利用书籍、网络资源，课前搜集资料，完成学习单。

班级：	姓名：

1. 传统印泥制作中需要用到哪些工具和原料呢？你能说出这些工具的用途和原料的作用吗？请你利用书籍、网络信息等资源试着查一查，并记录下来。
   _____
   _____
   _____

2. 一团合格的印泥应该具备哪些特征呢？
   _____
   _____
   _____

3. 你还想了解哪些关于印泥的知识呢？
   _____
   _____
   _____

2. 前期准备

（1）明确印泥制作的具体任务：一是调配色浆，二是加绒揉团。

（2）展示介绍印泥制作所需工具和材料：矿物颜料朱砂、蓖麻油、艾绒、调试碗、搅拌杵、牛骨印筋、小勺子、精密电子秤等。

(3) 印泥制作相应物品准备：学习任务单、印章、印缸、钤印垫板、钤印连史纸、餐巾纸、湿巾纸、围裙套袖、垃圾桶等。

(4) 分组分工：根据任务划分为4人一大组，共同完成色浆调配；再将大组分为2小组，完成加绒揉团。

3. 了解印泥制作的基本步骤

教师出示非遗匠人制作印泥的视频，展示印泥制作的基本过程。

通过观看视频，了解印泥制作基本过程、印泥原料之间的调配顺序、原料的基本配比，系统地知晓印泥制作要经历和完成的具体任务。

(二) 主题聚焦

1. 学习印泥制作工艺

(1) 完成印泥制作工具材料的布置与检查。

在金石工坊印泥制作区域，各小组根据要求，检查所需工具，并按照顺序摆放整齐。在检查布置的过程中，组员相互交流工具的特点和使用方法，并认真聆听老师的讲解。

(2) 学习印泥制作的第一步：调配色浆。

教师展示讲解制作印泥的工具材料、原料剂量，讲解调配步骤和要求。

步骤：先将20 g朱砂加入调试碗中，再用小勺子和精密电子秤进行称量后少量多次加入3年以上的蓖麻油，之后用搅拌杵和牛骨印筋进行充分研磨和搅拌，直至油砂充分融合呈黏腻拉丝状。

要求：正确使用工具，合理调配原料，保持桌面有序。

明确组内任务，组织学生完成组内分工，组织学生完成"色浆调试单"。

★ 小组分工——调配色浆（每组4人）：

小组分工	主要工作内容（可协调）	负责人（姓名）
组长（1人）	统筹规划，整合信息，交流发言	
记录员（1人）	记录原料添加次数、剂量	
颜料添加（1人）	负责矿物质颜料的添加剂量	
油料添加（1人）	负责蓖麻油的添加剂量	

色浆调试单

小组名称		
添　加	朱砂（g）	蓖麻油（ml）
第一次	20 g	
第（　）次		
第（　）次		
……		
总量		

2. 学习印泥制作的第二步：加绒揉团

教师示范印泥制作的基本步骤，学生仔细观察教师示范印泥制作时的具体手法，在尝试制作时，小组成员间相互探讨印泥的制作手法"压、带、盘、提"的动作要领，由最先掌握的组员先尝试，其他成员依次尝试。

加绒揉团的步骤和方法：

（1）分绒备用：将艾绒拉开成条状备用。

（2）加绒揉团：加入艾绒同向轻柔揉搅，并运用压、带、盘、提的具体手法揉制印团,直至印泥能够成团而富有弹性。

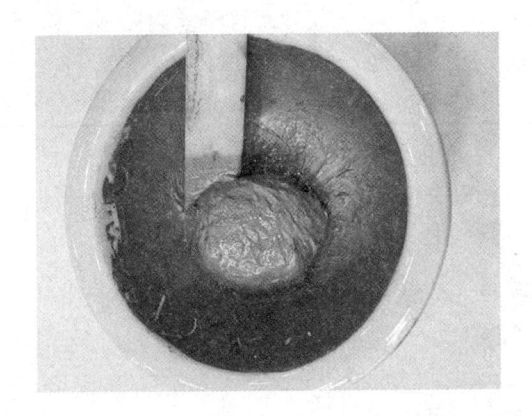

要求:正确使用工具,合理调配原料,保持桌面有序。

明确组内任务,组织学生完成组内分工,组织学生完成"艾绒加试单"。

★ 小组分工——加绒揉团(每组2人):

小组分工	主要工作内容(可协调)	负责人(姓名)
组员1	负责分绒、加绒、填写学习单	
组员2	负责搅拌、揉团、钤印	

艾绒加试单

小组名称		
添 加	艾绒(g)	鉴定印泥
第一次		
第二次		
第三次		
……		
总量		

钤印鉴定印泥成果。

教师示范用制作好的印泥钤盖印章,并向同学们展示一团合格的印泥的基本特点:艾绒不打结,印团富有弹性、色泽光洁,钤盖还原。

评价内容	参考效果	评价标准	自评
印团效果		能成团,表面光滑 ★★★	
		能成团,表面有少量绒结 ★★	
		基本成团,露绒有结 ★	

评价内容	参考效果	评价标准	自评
钤印效果		印痕清晰,且颜色均匀 ★★★	
		印痕清晰 ★★	
		印痕较清晰 ★	

(三) 讨论反思

小组分享交流印泥制作的收获与不足。

经历印泥制作的过程后,请各小组交流制作过程中遇到的问题,以及解决的方法,分析本小组制作成果的优缺点,并完成学习单。

班级:	姓名:

1. 本节课我们分组尝试了印泥的制作,相信你一定学到了很多知识,请你用简单的语言记录一下自己的收获和感受,并分享给自己的家人和朋友吧。
   _____
   _____
   _____
   _____

2. 请搜集各小组制作的印泥,用自己篆刻的作品钤印在下方,进行观察比较。

3. 今天每个小组都制作完成了一盒印泥,那制作好的印泥要如何保存呢?有哪些特殊的要求呢?请你利用书籍、网络信息等资源试着查一查,并记录下来。
   _____
   _____
   _____
   _____

(四) 交流评价

依据"评价记录单",交流小组的活动情况和活动成果。

出示"评价记录单"：

<table>
<tr><td colspan="9" align="center">小组交流评价表</td></tr>
<tr><td rowspan="2">分类</td><td rowspan="2">评价内容</td><td colspan="3" align="center">评 价 标 准</td><td rowspan="2">自评</td><td rowspan="2">组评</td><td rowspan="2">师评</td></tr>
<tr><td align="center">★★★</td><td align="center">★★</td><td align="center">★</td></tr>
<tr><td rowspan="2">活动情况</td><td>听课态度</td><td>积极发言</td><td>认真听课</td><td>坐姿端正</td><td>☆☆☆</td><td>☆☆☆</td><td>☆☆☆</td></tr>
<tr><td>操作情况</td><td>主动参与</td><td>不断尝试</td><td>愿意动手</td><td>☆☆☆</td><td>☆☆☆</td><td>☆☆☆</td></tr>
<tr><td>活动成果</td><td>成果交流</td><td>能够制作出光滑成团、钤印清晰又均匀的印泥</td><td>能够制作出成团有少量绒结、钤印清晰的印泥</td><td>能够制作出基本成团露绒有结、钤印较清晰的印泥</td><td>☆☆☆</td><td>☆☆☆</td><td>☆☆☆</td></tr>
<tr><td colspan="9">组员姓名：_____　组长签字：_____　教师签字：_____</td></tr>
</table>

教师在学生评价之前对评价内容及标准进行解释并鼓励学生在相互评价的过程中尽量全面。

学程设计3　创意制作彩色印泥

活动目标

运用不同颜色的矿物质，尝试制作彩色印泥，体验印泥的创意应用，感受中国印泥的独特性以及创意表达的多元性，提高创新能力。

活动过程

（一）前置学习

1. 课前学习——印泥的颜色

教师布置课前学习任务，请学生利用书籍、网络资源，搜集资料，完成学习单。

班级：	姓名：

1. 印泥的颜色主要以朱红色为主，此外还有一些特殊的颜色，如下图中所呈现的"七彩印泥"，请你利用书籍、网络等资源查一查，在传统印泥文化中不同印泥颜色所代表的含义，并记录下来。

2. 如果可以创意制作彩色印泥，你最想制作什么颜色的？你准备用在哪里？请说出你的理由。

_____

_____

_____

2. 前期准备

（1）研磨矿物质颜料。

教师指导学生研磨矿物质颜料，研磨成细粉末，越细越好，以便更好地与印油混合。

工具：研磨碗、研磨杵、水。

材料：块状矿物质颜料——孔雀石、赤铁矿、雌黄、绿松石、青金石等。

（2）根据每位同学想要制作的印泥颜色进行自由分组，4人一组。

(二) 主题聚焦

1. 制作准备

（1）展示介绍印泥制作所需工具和材料：矿物颜料、蓖麻油、艾绒、调试碗、搅拌杵、牛骨印筋、小勺子、精密电子秤等。

（2）印泥制作相应物品准备：印章、印缸、钤印垫板、钤印连史纸、餐巾纸、湿巾纸、

183

围裙套袖、垃圾桶等。

(3) 分组分工：根据任务划分为4人一大组，共同完成色浆调配；再将大组分为2小组，完成加绒揉团。

2. 尝试制作彩色印泥第一步——调配色浆

步骤：先将矿物质颜料加入调试碗中，再用小勺子和精密电子秤进行称量后少量多次加入3年以上的蓖麻油，之后用搅拌杵和牛骨印筋进行充分研磨和搅拌，直至油砂充分融合呈黏腻拉丝状。

要求：正确使用工具，合理调配原料，保持桌面有序。

明确组内任务，组织学生完成组内分工，组织学生完成"色浆调试单"。

★ 小组分工——调配色浆（每组4人）：

小组分工	主要工作内容（可协调）	负责人（姓名）
组长(1人)	统筹规划，整合信息，交流发言	
记录员(1人)	记录原料添加次数、剂量	
颜料添加(1人)	负责矿物质颜料的添加剂量	
油料添加(1人)	负责蓖麻油的添加剂量	

色浆调试单

小组名称			
添　加	矿物质颜料(g)		蓖麻油(ml)
第一次	20 g		
第(　)次			
第(　)次			
……			
总量			

3. 尝试制作彩色印泥第二步：加绒揉团

教师示范印泥制作的基本步骤，学生仔细观察教师示范印泥制作时的具体手法，明确组内任务，组织学生完成组内分工，组织学生完成"艾绒加试单"。

★ 小组分工——加绒揉团（每组 2 人）：

小组分工	主要工作内容（可协调）	负责人（姓名）
组员 1	负责分绒、加绒、填写学习单	
组员 2	负责搅拌、揉团、钤印	

艾绒加试单

小组名称		
添　加	艾绒(g)	鉴定印泥
第一次		
第二次		
第三次		
……		
总量		

（三）讨论反思

小组分享交流印泥制作的收获与不足。

经历彩色印泥制作的过程后，各小组交流制作过程中遇到的问题，以及解决的方法，分析本小组制作成果的优缺点。

（四）交流评价

依据"评价记录单"，交流小组的活动情况和活动成果。

出示"评价记录单"：

小组交流评价表

分类	评价内容	评价标准 ★★★	评价标准 ★★	评价标准 ★	自评	组评	师评
活动情况	听课态度	积极发言	认真听课	坐姿端正	☆☆☆	☆☆☆	☆☆☆
活动情况	操作情况	主动参与	不断尝试	愿意动手	☆☆☆	☆☆☆	☆☆☆
活动成果	成果交流	能够制作出光滑成团、钤印清晰又均匀的印泥	能够制作出成团有少量绒结、钤印清晰的印泥	能够制作出基本成团露绒有结、钤印较清晰的印泥	☆☆☆	☆☆☆	☆☆☆

组员姓名：_____ 组长签字：_____ 教师签字：_____

教师在学生评价之前对评价内容及标准进行解释并鼓励学生在相互评价的过程中尽量全面。

学程设计4　印泥钤印交流会

活动目标

1. 通过印泥钤印交流会，展示印泥制作成果。
2. 通过不同颜色印泥的丰富组合，培养学生的创新意识和动手实践能力。

活动过程

(一) 展示印泥作品

学生以小组为单位展示不同颜色的印泥作品，每个小组的学生自主选择自己喜欢的印泥在连史纸、书签、扇面或明信片上试盖，感受印泥之美。

制作印屏。

每个小组需要完成一幅印屏作品。组内交流讨论，明确印屏形式，选定不同颜色印泥，制作独特的印屏作品，能够创意展示印泥。

印屏制作介绍 第（　）小组		
印屏形式 （所属类别旁打√）	书签	
	扇面	
	团扇	
	条屏	
印泥颜色		
创意装饰		

（二）印泥钤印展览

学生在金石工坊布置展位，展示钤印作品，现场介绍小组作品，展览活动方案如下：

1. 活动主题：金石言器·印泥展览。

2. 展览内容：不同颜色印泥的创意展示。

3. 活动流程：体验不同颜色的印泥钤印效果；创作印屏；展览；分享与交流。

4. 反思。

（三）评价

教师引导学生根据评价标准进行评价。

评价内容	评价标准
印屏形式	印屏形式是否有美感☆☆☆
钤印效果	钤印效果是否清晰☆☆☆
印泥颜色	印泥颜色是否有创意☆☆☆

（撰稿者：上海市嘉定区方泰小学　蒋姗姗）

"金石言器"跨学科主题设计案例

在"特色立校，内涵发展"的办学目标指引下，发展传统特色项目"篆刻"，"金石言器"课程就是"大美金石"系列课程之一。学生通过体验传统印泥制作过程，突出思想方法和探究方式学习，《义务教育课程方案（2022年版）》指出，在一定审美能力和动手能力基础上加强知行合一、学思结合，倡导"做中学""用中学""创中学"[1]，感受工艺智慧时形成对工匠精神的理解和民族文化的弘扬，增强民族自豪感，促进学生树立正确的价值观和世界观。

（一）课标理念与知识背景

1. 艺术

《义务教育艺术课程标准（2022年版）》指出：课程育人价值主要体现在，"学生通过学习逐步形成适应个人终身发展和社会发展需要的正确价值观、必备品格和关键能力，包括审美感知、艺术表现、创意实践、文化理解等"。[2] 能够对艺术活动与作品的艺术语言、艺术形象等进行充分理解，对艺术所表达出的文化进行理解。综合运用多种学科知识，紧密联系生活实际进行艺术创新，促进实际应用能力的提升。

四年级学生已经能够发现、感知和欣赏美，能够通过不同工具和材料按照自己的想法表达所见所闻所想，已经知晓中国传统工艺是中华民族文化艺术的瑰宝，对学习后续内容具有一定基础。

2. 劳动

小学阶段的劳动课程将"劳动观念、劳动能力、劳动习惯和品质、劳动精神"作为劳动的核心素养。其中，"劳动观念"指导着劳动习惯；"劳动能力"主要表现在能正确使用劳动工具，在劳动中增强体力、智力和创造力；"劳动习惯和品质"是在实践中

---

[1] 中华人民共和国教育部. 义务教育课程方案（2022年版）[S]. 北京：北京师范大学出版社，2022：5.
[2] 中华人民共和国教育部. 义务教育艺术课程标准（2022年版）[S]. 北京：北京师范大学出版社，2022：5.

形成的稳定特征;"劳动精神"则是继承中华优秀传统文化,弘扬精益求精的工匠精神。①

四年级学生初步形成关爱生命、热爱自然的意识,能参与简单的劳动实践,能较好感知劳动快乐,在"金石言器"课程中,学生通过动手实践,为印泥制作和创作打下较好基础。

3. 科学

科学课程的核心素养包括"科学观念、科学思维、探究实践、态度责任"等方面,其中,对人与自然关系的认识,对科学、技术、社会之间关系的认识有利于促进人与自然和谐相处,利用工具和材料进行加工制作,对材料进行创新是指导动手实践的基础②,树立基本的科学态度帮助探究自然并加以创新。

四年级学生能理解颜色不同及传统朱砂红的寓意,知道天然材料和人造材料的区别,从而能更好地理解印泥能保持长久的原因,通过不同形式印泥颜色和造型创新,促进对器物更好的理解。

综合以上三点,本主题学习以艺术为主学科,劳动、科学为辅助学科,设计了"金石言器"的学习。

(二) 主题涉及学科

1. 艺术:"美术作品""审美感知"。
2. 劳动:"劳动能力""工匠精神"。
3. 科学:"探究实践""自然科学"。

(三) 主题学习活动目标

1. 通过实地访学国宝鲁庵印泥制作技艺传习所,了解传统印泥调制过程,产生探究兴趣。
2. 学习印泥制作工艺,传承并弘扬工匠精神,增强动手实践能力。
3. 创意制作彩色印泥,感受印泥创意表达的多元性。

---

① 中华人民共和国教育部. 义务教育劳动课程标准(2022年版)[S]. 北京:北京师范大学出版社,2022:4-5.
② 中华人民共和国教育部. 义务教育科学课程标准(2022年版)[S]. 北京:北京师范大学出版社,2022:4-8.

4. 通过印泥设计、创新制作、展览等活动,增强学生沟通交流能力,体会传统工艺的美妙。

(四) 主题学习活动设计

活动一:了解鲁庵印泥相关知识

具体实践:第一步,了解中国印泥类别,完成学习单;第二步,学生通过访学鲁庵印泥制作技艺传习所,初步了解创始人张鲁庵的生平事迹以及印泥的制作工艺及过程;第三步,通过聆听讲座,完成学习单并分组讨论交流。

通过对鲁庵印泥的了解,让学生体会印泥制作的工匠精神,为后续印泥制作实践打好基础。

活动二:动手学习印泥制作的基本步骤与具体手法(跨劳动、科学)

具体实践:第一步,通过课前学习金石印泥的工作用途和原料作用,做好知识积累,让学生探究合格印泥的特征,为后期印泥制作制定标准;第二步,前期准备好印泥制作所需的工具和材料及相应物品,分组分工,4人一组调配色浆,2人一组加绒揉团;第三步,观看非遗匠人制作印泥视频,了解印泥制作的基本过程;第四步,按要求制作印泥并完成记录单;第五步,钤印检查印泥制作成果并完成评价表;第六步,对印泥制作是否合格讨论交流反思。

通过观看印泥制作视频,通过动手实践制作印泥,让学生体会传统工艺,弘扬工匠精神,继承传统文化,增强民族自豪感。

活动三:创意制作彩色印泥(跨科学)

具体实践:第一步,课前学习印泥颜色并完成记录单;第二步,准备研磨不同颜色的材料和工具;第三步,分组分工,4人一组调配色浆,2人一组加绒揉团并完成记录表;第四步,讨论交流制作过程完成评价记录单。

通过制作彩色印泥,培养学生的创造力和动手能力,深化学生对印泥制作的理解,做中学,创中学,提高学生审美感知能力,实现艺术和劳动核心素养。

活动四:印泥钤印交流会

具体实践:第一步,以小组为单位展示不同颜色印泥作品,在不同地方盖印;第二步,展示印屏作品并完成印屏制作介绍表;第三步,通过金石工坊展位,展示分享交流制作好的不同色彩的印泥作品;第四步,反思评价印屏作品。

通过动手制作和劳动创意相结合,展示了学生的审美感知能力,以及对印泥蕴含的文化的理解能力和探索实践能力;对艾绒这种天然材料的特性理解,增强了学生对金石印泥的理解,弘扬工匠精神;将美术与自然和劳动相结合,探究印泥制作,能够提高综合探究和学习迁移能力;"实用与美观相结合",让学生体会设计能美化生活①,欣赏具有中国特色的朱砂红,增强民族自信心。

(五)主题学习评价设计

基于《义务教育艺术课程标准(2022年版)》《义务教育劳动课程标准(2022年版)》和《义务教育科学课程标准(2022年版)》,结合方泰小学"特色立校,内涵发展"的办学目标,围绕"金石言器"主题活动,开展一系列课程,培养学生灵活运用多种学科知识解决问题,发展核心素养,促进跨学科知识学习和综合素质的提高。

结合校内特色的评价体系,设计跨学科主题"金石言器"课程的过程性评价指标。通过学生参观和实践操作等活动,探究制作金石印泥,让学生感受艺术、劳动、科学与日常生活相联系,体会蕴含在器物中的传统工艺与文化,激发学生探究兴趣和创新意识,并通过分组实践活动建立良好的合作关系和提升团队协作能力。

基于四年级学生心理发展规律和学习特点制定合理的学习目标,在评价学生作品这种总结性评价的同时,对学习目标的达成度,对学习的主动性与创造性,学习过程的参与度,制作印泥的创新与动手能力,以及与他人沟通协作能力进行过程性评价也尤为重要。主要运用自评、组评和师评相结合的方式进行,促进学生全方面发展。

评价量表1:访学鲁庵印泥制作技艺传习所评价表

分类	评价内容	评价标准 ★★★	评价标准 ★★	评价标准 ★	自评	组评	师评
活动情况	听讲座态度	积极发言	认真听课	坐姿端正	☆☆☆	☆☆☆	☆☆☆

---

① 中华人民共和国教育部. 义务教育艺术课程标准(2022年版)[S]. 北京:北京师范大学出版社,2022:9.

续　表

分类	评价内容	评价标准 ★★★	评价标准 ★★	评价标准 ★	自评	组评	师评
分享交流	访学收获	知晓鲁庵印泥，完成访学任务记录单	较为清晰地知晓鲁庵印泥，能够完成访学任务记录	基本认识鲁庵印泥，访学任务记录不够完整	☆☆☆	☆☆☆	☆☆☆

组员姓名：_____　组长签名：_____　教师签名：_____

评价量表2：印泥制作过程评价表

分类	评价内容	评价标准 ★★★	评价标准 ★★	评价标准 ★	自评	组评	师评
活动情况	听课态度	积极发言	认真听课	坐姿端正	☆☆☆	☆☆☆	☆☆☆
活动情况	操作情况	主动参与	不断尝试	愿意动手	☆☆☆	☆☆☆	☆☆☆
活动成果	成果交流	能够制作出光滑成团、钤印清晰又均匀的印泥	能够制作出成团有少量绒结、钤印清晰的印泥	能够制作出基本成团露绒有结、钤印较清晰的印泥	☆☆☆	☆☆☆	☆☆☆

组员姓名：_____　组长签名：_____　教师签名：_____

评价量表3：创意制作彩色印泥评价表

分类	评价内容	评价标准 ★★★	评价标准 ★★	评价标准 ★	自评	组评	师评
活动情况	听课态度	积极发言	认真听课	坐姿端正	☆☆☆	☆☆☆	☆☆☆
活动情况	操作情况	主动参与	不断尝试	愿意动手	☆☆☆	☆☆☆	☆☆☆

续　表

分类	评价内容	评价标准 ★★★	评价标准 ★★	评价标准 ★	自评	组评	师评
活动成果	成果交流	能够制作出光滑成团、钤印清晰又均匀的印泥	能够制作出成团有少量绒结、钤印清晰的印泥	能够制作出基本成团露绒有结、钤印较清晰的印泥	☆☆☆	☆☆☆	☆☆☆

组员姓名：_____　组长签名：_____　教师签名：_____

评价量表4：印泥钤印交流会评价表

评价内容	评价标准
印屏形式	印屏形式是否有美感☆☆☆
钤印效果	钤印效果是否清晰☆☆☆
印泥颜色	印泥颜色是否有创意☆☆☆

(六) 主题学习活动环境

教室设施：金石工坊，以4人为一小组，每2小组的桌子呈半弧形排列。

多媒体设备：黑板、希沃白板各一块，工坊内网络良好。

资源：数字资源为非遗匠人印泥制作视频、印泥、艾绒等图片，百度、知网账号及密码；纸质资源为图书馆相关书册。

(七) 主题作业设计

本单元作业围绕单元学习目标，综合运用艺术、劳动、科学学科知识完成跨学科作业——彩色印泥制作。

作业类型：探索实践类、艺术审美类，体现实践性、综合性。

作业难度：难易居中。

作业时长：3周。

作业链设计：

（1）知道张鲁庵生平事迹及中国印泥种类。

（2）知晓印泥制作材料和所需工具。

（3）知道印泥制作基本步骤与具体做法。

（4）能够创意制作彩色印泥。

（5）能够利用彩色印泥创造独特印屏并交流展示。

（八）主题教学结构图

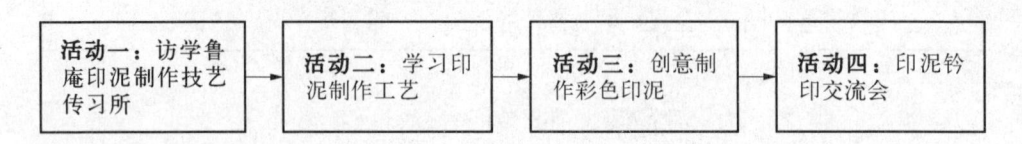

活动一：访学鲁庵印泥制作技艺传习所 → 活动二：学习印泥制作工艺 → 活动三：创意制作彩色印泥 → 活动四：印泥钤印交流会

（九）核心单元"学习印泥制作工艺"设计

1. 教学内容分析

本单元是"金石言器"课程中的第二单元"学习印泥制作工艺"。本单元内容学生需了解印泥制作的基本工序，具备印泥制作中一部分原料的制作技能。在第一课时"调配色浆"中，学习将矿物颜料和蓖麻油调成色浆；在第二课时"加绒揉团"中，学习在色浆中加入艾绒，初步调和成印团；在第三课时"调整印泥"中，在初步调成印团的基础上进一步完善，完成印泥制作。

本单元的教学内容与艺术、劳动和科学学科相关。通过学习本单元能提高学生的"审美感知""艺术表现""创意实践能力"，促进"劳动能力"的提升，了解中国印泥文化的博大精深，知道印泥原料的独特珍贵和制作工艺的复杂精细，提高对传统技艺的认识，培养有耐心地劳动的"劳动精神"，感受传统印泥制作工艺的奇妙和智慧，感受非物质文化遗产的魅力，在实践尝试中提升动手操作能力，体会精益求精、追求卓越的工匠精神，增强"文化理解"，使学生提升劳动素养和综合能力，增强民族自豪感。

2. 学情分析

本课教学对象是我校四年级学生，根据学校实际情况和学生发展需求，选择具有特色的活动——学习印泥制作工艺。本校学生对金石印泥制作的传统工艺已有基本的认识,了解了印泥制作所需的材料和工具,并尝试了色浆与艾绒调和的过程,大部分学生对印泥制作中矿物质颜料的提取、蓖麻油的晒制、艾绒的揉制以及色浆的调和都有着强烈的好奇心,因此,在本项目中,学生经历了矿物质颜料的研磨、艾绒的揉制、蓖麻油的提炼,最后将三种材料融合制作金石印泥,在动手劳动中体验传统印泥制作中精益求精的精神,培养学生耐心、细心的劳动品质。

学习困难:学生难以准确地掌握印泥制作中三种原料的比例,在揉团时不能均匀地搅拌,可能会造成艾绒打结。课堂上会重点教学搅拌方法。

学生发展需求:学生喜欢按照自己的意愿制作不同颜色印泥并钤印在不同作品上,喜欢选择感兴趣的半成品进行设计。

3. 学习目标

(1)通过"学习印泥制作工艺"单元学习,体会印泥制作技艺的独特魅力,感受传统技艺的不易,收获劳动成果带来的快乐,初步形成尊重劳动、热爱劳动的观念。

(2)通过使用牛骨印筋调配色浆、加绒揉团,知道印泥制作中各个环节的制作步骤和要点,能根据印泥情况进行调整完善,初步形成一定的筹划思维。

(3)小组合作完成色浆调配、加绒揉团和印泥调整,初步学会与他人合作劳动,初步养成有耐心地劳动的习惯。

(4)经历印泥制作过程,初步养成有始有终、专心致志的劳动习惯和品质。在劳动过程中不断追求印泥品质,持之以恒地反复尝试调整,感受传统印泥制作工艺的奇妙和智慧,初步形成传承并发扬传统工艺的意识,增强民族自豪感。

4. 教学重点、难点

教学重点:初步学会印泥制作的方法。

教学难点:印泥制作中艾绒与色浆的充分调和。

5. 学习评价设计

评价示例:

印泥制作——加绒揉团评价示例:

评价表(第_____小组)

根据评价标准进行自评,用"√"表示。

评价内容	参考效果	评价标准	自 评
印团效果		能成团,表面光滑 ★★★	
		能成团,表面有少量露绒 ★★	
		基本成团,露绒有结 ★	
钤印效果		印痕清晰,且颜色均匀 ★★★	
		印痕清晰 ★★	
		印痕较清晰 ★	

"加绒揉团"劳动素养评价单(课后评价)

根据评价标准进行自评,用"√"表示。

班级:		小组成员:	
评价内容	评 价 标 准		自 评
劳动观念	体会到加绒揉团的不易,但值得,期待能够制作出成团且钤盖清晰的印泥★★★		
	体会到加绒揉团的不易,但能坚持,以后会继续这种劳动★★		
	体会到加绒揉团的不易★		
劳动能力	能在规定时间内完成加绒揉团,能成团,印痕清晰且颜色均匀★★★		
	能在规定时间内完成加绒揉团,能成团,印痕清晰★★		
	能在规定时间内完成加绒揉团,基本能成团,印痕较清晰★		
劳动习惯和品质	自觉做到工具归位,并能提醒同伴★★★		
	自觉做到工具归位★★		
	经老师提醒后,把工具归位★		
我共获得了_____颗★			

自制金石印泥评价单

组名:_____ 组员:_____

评价内容	评 价 标 准	自评	互评	师评
劳动能力	三种原料调和充分	☆☆☆☆	☆☆☆☆	☆☆☆☆
	通过揉搓形成印团	☆☆☆☆	☆☆☆☆	☆☆☆☆
	钤盖印章清晰均匀	☆☆☆☆	☆☆☆☆	☆☆☆☆

续 表

评价内容	评价标准	自评	互评	师评
劳动习惯	规范使用各类工具和原料	☆☆☆	☆☆☆	☆☆☆
	制作前后场地整洁,物品有序	☆☆☆	☆☆☆	☆☆☆
	组内分工合理,责任明确	☆☆☆	☆☆☆	☆☆☆
劳动精神	能够体会一份耕耘一份收获	☆☆☆	☆☆☆	☆☆☆
	能够专心认真,有始有终	☆☆☆	☆☆☆	☆☆☆
	能够体会精益求精的工匠精神	☆☆☆	☆☆☆	☆☆☆

6. 学习活动设计

本单元学习活动共有六个环节,分别是课前学习、观看非遗匠人印泥制作视频、调配色浆、加绒揉团、铃印比对、交流评价。每个环节设计包括教师活动、学生活动、设计意图和时间。

环节一:课前学习。教师布置课前学习任务,请学生利用书籍、网络资源,课前搜集资料,完成学习单;学生搜集资料完成中国印泥种类学习单;设计意图是让学生感受中国印泥文化的独特魅力,用时3分钟。

环节二:观看非遗匠人印泥制作视频。教师组织学生观看非遗匠人印泥制作视频,并做好记录;学生通过观看视频,了解印泥制作基本过程、印泥原料之间的调配顺序、原料的基本配比;设计意图在于让学生系统地知晓印泥制作要经历的过程和完成的具体任务,用时2分钟。

环节三:调配色浆。教师组织学生分组实践调配色浆并记录学习单,同时教师给予指导;学生通过尝试色浆调配的基本方法,完成印泥制作的第一步——调配色浆;设计意图在于让学生初步感受印泥制作步骤和手法的重要性,培养学生树立认真严谨的劳动观念,用时10分钟。

环节四:加绒揉团。教师组织学生分组实践加绒揉团并记录学习单,同时教师给予指导;学生通过尝试逐次加绒铃印,观察对比,完成印泥制作的第二步——加绒揉团;设计意图在于让学生根据印泥的传统制作步骤和要点,进行加绒揉团,逐步培养其有耐心地劳动的习惯,感受传统印泥制作工艺的奇妙和智慧,初步形成传承并发扬传统工艺的意识,增强民族自豪感,用时15分钟。

环节五:钤印比对。教师组织学生对制作好的印泥钤印进行对比,同时进行小组交流;学生通过钤盖比对,尝试调整揉制使印泥达到最优化;设计意图在于让学生通过不断修改印泥绒浆比例体验劳动的艰辛与快乐,初步养成有始有终的劳动习惯和品质,用时3分钟。

环节六:交流评价。教师组织学生对制作印泥过程的感受进行交流,在教师给予评价标准的基础上,引导学生对其他组的印泥作品进行评价;学生通过交流评价体会印泥制作工匠精神,找出优劣之分;设计意图在于让学生在小组中相互学习,体会劳动品质,增强对传统文化的理解,了解优劣作品对比,提高学生对印泥的审美感知能力和对艺术作品的表达能力,增强对自然事物多样化的认知,增强民族自豪感;用时2分钟。

7. 板书设计

自制金石印泥

印泥制作的原料:矿物质颜料、蓖麻油、艾绒

制作要求:(1) 调和充分

(2) 揉搓成团

(3) 钤盖清晰

8. 作业设计

制作不同颜色的创意印泥钤印在印屏上。

9. 教学反思和改进

(1) 加强课程综合,注重课程关联。

为贯彻党和国家的教育政策要求,基于《义务教育艺术课程标准(2022年版)》《义务教育劳动课程标准(2022年版)》和《义务教育科学课程标准(2022年版)》,结合方泰小学"特色立校,内涵发展"的办学目标,方泰小学深入学习贯彻习近平总书记关于教育的重要论述,坚持立德树人,积极探索具有学校特色、符合学生身心发展规律的劳动教育模式,意在培养引导学生从现实生活的真实需求、真实问题出发,在劳动学习实践

过程中,亲历情境、亲手操作、亲身体验,激发参与劳动的主动性、积极性和创造性,实现劳动素养的提升。"金石言器"主题活动共分为"访学鲁庵印泥制作技艺传习所""学习印泥制作工艺""创意制作彩色印泥""印泥钤印交流会"四个活动。其中"学习印泥制作工艺"单元包括六个环节,即"课前学习""观看非遗匠人印泥制作视频""调配色浆""加绒揉团""钤印比对""交流评价"。这一单元以丰富多样的体验形式引导学生通过设计、制作、试验、淬炼、探究等方式,经历完整、系统的劳动学习实践过程,从而学习劳动知识,掌握劳动技能,感悟和体认劳动价值,培育劳动精神。同时能够提高学生审美感知能力和文化理解程度,"加强课程内容与学生经验、社会生活的联系,强化学科内知识整合,统筹设计综合课程和跨学科主题学习。跨学科主题单元设计,注重培养学生在真实情境中综合运用知识解决问题的能力。开展跨学科主题教学,强化课程协同育人功能"[1]。

(2) 学思结合,重视实践。

《义务教育课程方案(2022年版)》指出,利用科学的方法,劳动的思想观念,加强知行合一、学思结合,倡导"做中学""用中学""创中学",通过艺术审美、劳动实践、科学创新的方式能够制作不同创意印泥,能提高学生综合素养,能促进学生综合解决问题能力。将独特的想法转化为艺术成果,有助于形成创新意识,提高艺术实践能力,增强团队精神。[2]

(3) 有形课程资源与无形课程资源的适应性。

在本课程中开展研学活动,需要注意的是在课程开发利用的时候也要注意有形资源和无形资源的连续性,这包含了知识内在逻辑之间的连续性,也包含了知识与学生认知水平的连续性。学校可以提供课程实施的时间、地点、学习资源等,但是仅仅这些是不够的,钤印用的石头是很有讲究的,带领学生去实地考察,充分采用当地的自然资源、博物馆资源等,是对有形资源的很好的补充。课程资源的应用应该充分考虑学生的需要,以学生为本,把握认知规律和学情。除此之外还可以发动多方面的力量来支持,比如家长、社区、政府等,保证理论与实践的连续性、校内外课程资源的连续性、有

---

[1] 中华人民共和国教育部. 义务教育课程方案(2022年版)[S]. 北京:北京师范大学出版社,2022:5.
[2] 中华人民共和国教育部. 义务教育课程方案(2022年版)[S]. 北京:北京师范大学出版社,2022:5.

形课程资源和无形课程资源的连续性、不同形式的课程资源的连续性等,从多个维度开发课程资源,才能帮助学生取得多方面的收获。单元学习中对矿物质的研磨及艾绒的提取无法让学生近距离感触,印泥钤印对比只能看到四年级学生的水平,如果能通过多种无形资源让孩子们感受到钤印经久不褪色的样子,则更能激发学生的学习兴趣和实践的积极性。

(撰稿者:上海市嘉定区方泰小学 赵 薇)

第六章

连续性课程：纵横交错的主体牵引

　　课程发展是多元主体参与的过程，是多元主体对话的交互作用过程。毋庸置疑，课程发展离不开人。教学主体与学习主体之间、内部主体与外部主体之间相互作用，达成信任合作的环境才能实现课程治理效益的最大化，推动课程高质量发展。因此，课程治理要立足学生发展，注重完善多主体协商共治，尊重不同课程利益相关者的诉求，共同促进课程发展。

众所周知，对课程变革没有清晰的自我认知，没有推动课程变革的意识和能力，是不可能真正推动学校课程变革的，幻想通过浅尝辄止的改革提高教育质量也是不可能的。因此，让一个团队或一所学校认识到变革，并具有推进变革的能力，是学校课程变革取得成功的必备条件。只有当人们基于对课程的理性认识，为课程品质的提升而有清晰的目标意识和科学的路径观念，自觉参与课程变革实践的理性之思与理性之行，课程变革才可能取得成功。① 特色课程建设需要人们对课程的理性认识，需要清晰的目标意识和科学路径，由此看来，人在特色课程发展中居于主导地位。

因此，课程发展离不开人。课程发展主要包括教师与学生、内部管理人员和外部社会人员的参与，是多元主体参与的过程。其中教师与学生处于主要地位，课程实施与发展本质上呈现为在师生对话与互动中真实地发生交互作用，一起参与课程情境的创设。在课程教学中教师是教育的引导者，学生是学习的主体，教师应对学生选择课程提供专业性的指导。除校内参与的两大主体——教师与学生，学校外部的家长、专家学者、社区组织、社会性组织等多元主体对连续性课程发展也具有一定影响。教学主体与学习主体之间、内部主体与外部主体之间的相互作用有力地推动着课程的连续性发展与实施。只有信任合作的环境才能让课程在和谐的环境中发展。

根据课程主体之间的关系，建立了课程主体交互作用象限图，如图6-1所示。

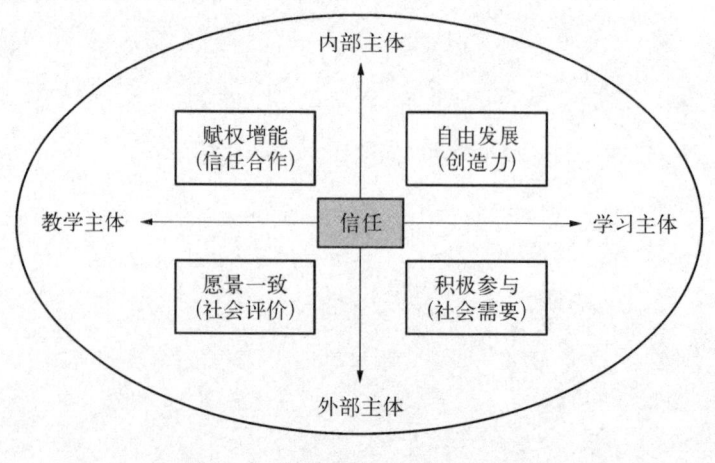

图6-1 课程主体交互作用象限图

---

① 杨四耕.自主性变革：走向课程自觉的美好境界[J].中国教育学刊，2020(5)：66-70.

象限图围绕课程四大主体即教学主体与学习主体、内部主体与外部主体的交互作用而建成。学校内部主体与教学主体是信任合作的关系,内部主体往往会给予教学主体权力,增加教学主体的能力,从而促进内部主体之间的信任感;内部主体会营造氛围,目的就是促进学生的自由发展,这也是教育的目的:培养德、智、体、美、劳全面发展的社会主义事业的建设者和接班人。内部主体只有以此为教育目的才能提高学习主体的创造力,实现学习主体的最大发展。课程主要是教与学的关系,教学主体虽然有一定的权力,但其最终发展是受外部主体监督的,若外部主体与教学主体的教育目标、教育愿景一致,教学主体就能更好地发挥能力。教学主体发展如何也受限于社会评价,越高的教师职业地位越有助于教学能力的提高,因此社会评价对教师至关重要。外部主体是社会的代表,可以提出教学目标,学习主体参与得越多,越有助于培养社会需要的人,学习主体积极参与也能促进教学主体的发展,学生对课程的评价有利于教师改进教学方式和教学手段,实现教学相长,促进课程更完善地发展。四大主体相辅相成共同发展,教与学、内部与外部主体之间的交互关系都是在信任合作的基础上才得以实现的。

一、教学主体与学习主体的交互作用

教学主体与学习主体是课程发展最重要的两大主体,二者在连续性课程发展中具有交互作用。教学主体的课程能力对学习主体的自由发展有重要影响,教师发展的限度决定和制约了儿童发展的可能;学生的课程参与反映出学力的显著提高,又敦促教师不断学习、反思和改进,促进教师专业发展。二者在信任的基础上交互影响,推动课程的连续性发展。

(一) 教学主体的课程能力

教师是课程发展的主体。岳刚德博士在《我国基础教育课程发展问题研究》中提出:"从书面的课程到学生习得的课程之间教师能否建立有效的课程连接,教师的专业资质和专业道德能力起到十分关键的作用。"[1]教师在平衡书面课程与课程标准要求方面需要较高的专业资质,在拟定课程学习计划指南及制定有效的教学设计方面都需

---

[1] 岳刚德. 我国基础教育课程发展问题研究[D]. 华东师范大学,2006:33.

要具备较强的专业能力,从而更符合儿童心理发展规律,提高学习效率。"课程能力是教师参与和完成课程活动所具备的心理特性和主观条件。作为新时代教师不可或缺的能力,课程能力是影响和制约课程改革成效与进程的重要因素。教师课程能力的发展需要教师在掌握相应的课程知识与课程技能的基础上生成课程意识,转变课程观念,然后主动介入课程场域,开展课程活动,同时自觉反思,开展实践研究,这样才能形成良性循环。"①李瑞、周海银教授指出,"课程能力是教师所特有的职业能力,需要在具体的课程实践活动情境中发生发展,并不断赋予其新的时代内涵。"同时,提出教师需要具备课程认知能力、课程资源整合能力、课程设计能力、课程实施能力、课程评价能力和课程研究能力这六种能力。② 作为学校教师,要正视自身的地位与要求,转变课程观念,提升课程能力,主动参与课程编制与改革,建构新思想,开展课程活动才能适应时代需要,并对课程活动与研究进行反思,推动连续性课程发展。

(二) 学习主体的课程参与

学生参与课程领导是指学生自愿、主动参与课程设计、课程开发、课程决策、课程评价等一系列创新性的课程工作,并同其他课程利益相关者就课程事务进行对话、合作、意见交流和权责分享的过程和行为。学生参与课程领导不仅仅是课程领导理念的内在诉求和发展趋势,还是学生课程主体地位的具体体现以及课程改革实践的必然选择,对学生的自主发展和民主启蒙有重要作用。促进学生参与课程领导,应该提高学生课程意识与课程能力,保障其课程权利,激活学生参与课程领导的能动性;创设民主的课程领导文化,构建课程领导共同体,激发学生在群体互动中参与课程领导的创造性。③ 所以,在课程改革中要注重培养学生的主体意识,培养学生的思维与参与能力,学生只有积极参与课程设计、开发、决策和评价过程,与课程利益相关者交流想法与建议,才能更好地促进课程发展,同时进一步促进其自主发展。学生的课程参与对课程发展方向有重要影响,民主的课程建设对学生、对课程都具有促进作用,促进实现培养社会需要的人才与学生需要的课程的有效磨合。

---

① 刘雪可,蔡其全,孟璨. 论教师课程能力的意蕴、问题及发展策略[J]. 教师教育论坛,2022,35(4):26-29.
② 李瑞,周海银. 教师课程能力结构模型的建构研究[J]. 教师教育研究,2021,33(4):51-59.
③ 段陈影. 学生参与课程领导:核心要义、依据及优化策略[J]. 课程教学研究,2023(4):29-35.

综上所述,教师的课程能力与学生的课程参与在课程发展中居于指导地位,教师专业发展和学生学力发展是课程发展的基础,同时也是课程发展的终极目的,并决定和影响了课程质量的发展。一方面,由于教师课程能力保证了课程的适切性和实效性,从而促进了学生学力的发展,另一方面,由于学生学力的显著提高,又对教师的教学课程能力提出新的挑战和要求,敦促教师不断学习反思和改进,促进了教师专业发展。学生的课程参与充分发挥了学生的主体地位,促进自主发展,对课程发展方向具有指导作用。教师专业发展和学生学力发展及课程参与彼此相互促进相互影响和相互砥砺,凸显了真正意义上的"教学相长"。[①] 连续性课程的开展具有非常大的弹性,教师需要具有极高的专业素养。在实际教学中,一部分教学内容较为简单,所以有时我们能较快地达成教学目标,完成教学。[②] 教师在研究课程及备课过程中要高于学生学力发展水平,面对学生的不同层次学习能够提出针对性指导,在学生参与课程表达意见时能进行与课程发展相符合的有效引导,推动连续性课程朝着课程目标方向发展。

教师与学生这两大课程主体在课程发展中相互交织,师生之间彼此关心,相互包容,形成一种和谐、安宁、平静的学习氛围,体现了教师与学生共同促进了课程的连续性发展。在教师与学生关系方面,教师充分尊重儿童的自然天性,包容儿童的过错,引导儿童认识自我,把握自我与世界的关系,实现全面发展,儿童则遵奉教师权威,在遇到问题时与教师相互探讨,教学相长在这一过程中得以实现,连续性课程在教师与学生的交互中不断发展与创新,从而实现与时俱进的发展性课程。

二、内部主体与外部主体的协同作用

课程发展的主体离不开人,处理好内部主体与外部主体的协同作用实际就是厘清学校课程建设主体权责关系,构建多主体平等参与的课程治理体系,深化教育领域综合改革,实现学校课程治理现代化。学校课程治理现代化是指多元治理主体平等协商

[①] 岳刚德.我国基础教育课程发展问题研究[D].华东师范大学,2006:183.
[②] 吴旭勇.在幼儿园中开展连续性课程的实践探索[J].辽宁教育,2019(4):79-80.

共同推进课程不断优化的过程。实现学校课程治理现代化,应深化立足学生发展的课程治理目标,聚焦学校课程高质量发展的课程治理内容,完善多主体协商共治的课程治理过程,规范基于审议的课程治理工具,以此实现学校课程共建、共治、共享与高质量发展。① 治理实际上是学校改革新理念,探索发展新路径,课程治理要立足学生发展的目标,就"培养什么人、怎样培养人、为谁培养人"这一根本问题推进学校课程改革,注重完善多主体协商共治,尊重不同课程利益相关者的利益者诉求,共同促进课程发展,从而使得课程在社会中达成共识。

来自校内外的课程利益主体有着多元化的教育目标、多样化的教育主张和个性化的利益诉求。如果不能很好地协调、整合这些不同利益主体的多样化诉求,那么就容易导致价值观和利益上的冲突、行动上的不一致,导致课程实施低效、课程改革失败。② 学生的全面发展是新课标的教育目标,应重视学生在教育教学过程中的主体地位。因此,课程实施需要学生的积极参与,需要内部主体为学生创造自由发展的环境、外部主体赋予学生参与课程发展的过程,促进连续性课程培养社会所需要的人。

学校课程改革的深化应着眼于课程治理变革,这是落实学生发展核心素养培养目标治理变革的要求。课程改革的深化亟待从学校内部的整体系统变革走向学校、家庭和社会协同推进的治理变革。有效的课程治理变革需要建立具有包容性、连贯性和明确性的学生发展核心素养课程标准,构建多层次的课程协商治理机制和改善课程治理方式,把课程治理变革贯穿于核心素养的落实、实施和评价的全过程,为核心素养的落实提供参与机制、能力和评价保障。核心素养是在真实情境中解决问题的能力,是学生必须具备的融合各方目标、反映不同群体共同利益的素养,学生的核心素养不能仅仅考虑学校内部领导和教师的作用,要体现各利益相关者群体的参与,使核心素养的实施目标真正建立在利益相关者共识的基础上。③ 善治能够实现公共利益最大化,但是不够包容和差异化,要体现多方共同利益需要有更多的包容性和差异性,求同存异才能实现各方利益最大化,不能一刀切,否则就会存在平等条件下的不平等。在课程治理时要考虑国家、社会、地区及学校多方诉求,在广泛参与的基础上推动课程动态

---

① 杜文彬.学校课程治理现代化:内涵、逻辑与实现路径[J].江苏教育,2023(19):25-28.
② 蒲蕊.义务教育新课标视域下的学校课程领导策略[J].中小学管理,2022(10):55-58.
③ 胡定荣.论学校课程治理变革的意义、性质与任务[J].教育学报,2019,15(2):33-40.

发展。

（一）教师与校内外主体的协作

教学不是在真空状态下产生的，教师课程能力的发展依赖社会关系，与校内外主体相互影响。只有通过与校内外主体协作才能促进教师课程能力提升，教师与校内外主体协作体现在赋权增能、愿景共识和职业地位三个方面。

1. 赋权增能。教师是学校课程开发、设计、实施和评价的关键主体。让教师成为课程决策的主体，赋予教师一定的权力而不是作为他人决策的被动执行者，增强教师的自我效能感，能够提升教师在课程实施中的使命感和责任感，提高教师的专业能力和对课程实施的投入水平。

2. 愿景共识。要重视集体意义建构的作用。集体意义建构是指群体逐渐对周边环境形成共同理解的过程，这里要特别重视各种非正式沟通的作用，如专业学习共同体和专业对话。要有共同的社会愿景，从而在教育活动中达成一致的教育期望。但在真实的学校教育教学实践过程中，不仅存在着国家课程标准的权威性，同样存在着教师个体、教师群体、学校管理者的不同专业主张，以及不同的教育理解、教育期待和利益诉求，对待教育一样需要个性化相结合的教育方式，切忌一刀切教学模式。

3. 职业地位。外部教育制度的缺陷打击教师教育积极性，例如，教师专业道德的危机及教师合法权益保障制度的缺席。在当下体制化的学校单位中，教师被逐渐演化出不同的级别和称谓，在教师队伍中开始出现严重分化。

斯腾豪斯认为："教师是课程发展的主体，教师不是课程方案和政策的被动执行者，而是主动的实践者和反思者，没有教师作为学校和教师实践研究者的专业发展就没有课程的发展。"所以要注重教师自我发展和对教师的职业评价。

（二）学生与校内外主体的协作：赋权参与

重视学生的参与作用，仅将其定位在间接的、被动的影响和作用是不够的，将学生作为教师、学校和研究者了解如何开展课程实施，以及判断课程实施进展和成效的对象对连续性教育的开展具有重要参考价值，如在学习"金石言韵"系列课程中，教育目标定位在学生学会临摹篆刻，但最后随着学生兴趣增大，又拓展课程进行印屏制作，这就是在学生参与教学实施时促进了课程的连续性。

学校是学生学习发生的地方，学校和教师是因为学生而存在的。作为学习共同体，学校为学生的学习创造条件，提供丰富的学习机会；作为学生学习的支持者和促进者，教师通过创设丰富的课程情境，使高效而富有意义的学习成为可能。故而，在学校教育中，学生学习质量的高低直接与学校可以提供的学习资源和教师的专业水准相关。

（三）内外部多元主体协作

外部主体提供了许多资源和支持，内外部的相互合作能够促进机制创新、信任合作及资源共享。机制创新不仅能够开发并整合所需资源，让学校课程实施所需的资源更为丰富、更具针对性，而且也是一种使不同资源提供主体达成共识、统一行动的过程，即在教师与管理者之间、教师与同事之间、教师与学生之间、教师与家长之间、学校与家庭及社区之间，建立一种相互信任、彼此支持的关系。信息技术的广泛运用与发展，不仅有利于社会组织和公民个人有效地参与学校课程决策，提供来源多样化的课程实施所需资源，而且也能更有效地监督这些资源的配置和使用。

有学者认为，自主性变革是基于文化自觉的课程变革，其特点是清晰的课程自知、透彻的课程自在、积极的课程自为、深刻的课程自省以及持守的课程自立的统一。[①]洛夫乔伊认为："连续性原则通常是基于一种明显的或不明显的信念之上的，这种信念是：在宇宙的构造中没有任意的、偶然的和意外的东西，宇宙是一个理性的秩序，自然界中没有突然的'飞跃'，万物是无限多样性的，它们形成一个极其顺畅的连续序列。"[②]这也就说明了任何事物的存在都是排列好的，没有突发的、意外的东西，特殊课程也是在办学目标下形成的校本课程，也是连续性课程中的教育过程。例如：在我校"大美金石"特色课程发展实践中，金石文化就是与学校课程不密切联系的课程设置，根据"特色立校，内涵发展"的办学目标，"大美金石"课程贯彻落实这一目标，构建课程体系，打造校本特色课程，培养学生用"言行之美"塑造健全人格，鼓励学生做"金石少年"。

（撰稿者：上海市嘉定区方泰小学　赵　薇）

---

① 杨四耕.自主性变革：走向课程自觉的美好境界[J].中国教育学刊，2020(5)：66-70.
② 李其龙.博尔诺夫的教育人类学思想述评[J].华东师范大学学报(教育科学版)，1996(2)：30-39.

课程智慧

"金石言创"课程主体间的联系

金石篆刻是最具中华民族特质的文化符号之一,已成为代表中华文化的标识,具有丰富的文化内涵和历史价值,同时有着很高的艺术性和一定的实用性。本课程尝试将篆刻元素应用在实际生活中,开展和金石相关的文创设计、制作活动,展现金石文化丰富、独特之美,通过文创活动探索金石之趣、发现生活之美。

(一)课程背景

"金石言创"课程是学校"大美金石"课程的重要板块。本课程建立在之前四个课程模块(篆刻历史、篆刻文化、篆刻名人和篆刻材料)学习的基础上,引导学生利用篆刻元素进行文创产品的设计与制作,将金石篆刻应用到实际生活中,让古老的民族艺术焕发新的生命力。

"金石",乃金和美石之属,一般是指在金铜玉石等材料上雕刻的文字、图像,也是篆刻的总称。本课程尝试将篆刻元素应用到实际生活中,将传统文化与生活实际相结合,拉近学生与篆刻之间的距离,开展和金石相关的文创设计、制作活动,展现金石文化丰富、独特之美。学生在实践中让篆刻这一古老的民族艺术焕发出新的生命力。另外在本课程的学习中,以体验、探究学习为主,引导学生分析现有校园文创产品,在体验如何将篆刻元素融入文创产品的实践活动中,与同学交流合作、积极探究,尝试进行再设计,形成创新能力与创作意识,增强动手实践能力及合作意识。

(二)课程目标

1. 线上参观故宫博物院文创商店,初步认识文创产品,产生探究兴趣。
2. 梳理文创产品中的文化元素和创意方式,体会文化创意表达的魅力。
3. 根据组内创作的印章内容,设计制作具有篆刻元素的文创产品,熟悉文创流程,体验篆刻艺术的现代应用,感受篆刻艺术的独特性以及创意表达的多元性,提升创新意识与能力。

4. 分析现有校园文创产品，尝试进行再设计。以学习小组的形式经历文创作品设计、制作、义卖活动，体验如何将篆刻元素融入文创产品，形成创新能力与创作意识，增强动手实践能力及合作意识。

（三）课程内容

本课程围绕"金石言创"主题分为四个板块，具体内容如下。

1. 参观故宫博物院线上文创商店

文创产品是指依靠创意人的智慧、技能和天赋，借助于现代科技手段对文化资源、文化用品进行创造与提升，通过知识产权的开发和运用，而生产出的高附加值产品。故宫文创产品，结合故宫文化元素的创意巧思，提炼故宫文化精髓，具有实用性、创新性、特色化、便携性等特点，让古老而肃穆的历史遗存焕发出鲜活的生命力。

故宫文创深度挖掘丰富的明清皇家文化元素，将五千年历史的故宫建筑、文物和背后故事与现代人喜欢的时尚理念融合在一起，起到了宣传历史文化的作用。故宫文创也成为故宫对外进行文化传播的载体，扩大了故宫的影响。

故宫文创的设计，在保留传统的基础上又加上了现代文化，不仅仅是简单地复制藏品，而是研究人们生活需求，同时挖掘出藏品的内涵，用文化来影响人们的生活。基本文创分类有：故宫彩妆、故宫首饰、故宫文具、故宫茶具、故宫生日礼、故宫猫系列、故宫包/袋、故宫丝巾、故宫挂饰、故宫装饰画、故宫手绳、故宫家居、故宫新品。

2. 校园文创产品再设计

校园文创产品在设计之时，应当充分挖掘校园文化资源，以展示校本文化的底蕴和特色为目标，坚定秉承学校的办学理念，凸显校本文化，打造能够发挥积极情感导向、适合本校师生的产品。

校内现有文创用品有：环保袋、雨衣、印章人偶、餐垫，由前一届的学生根据校园实际生活需求而设计制作，并已经在校园生活中投入使用，具有一定的校本特色。通过之前的学习，学生对文创产品所包含的文化内涵和意义有了更新、更深的了解，因此，本课的宗旨是对校园中现有的文创产品进行改进设计，通过三个问题："这件文创作品包含了哪些校园文化元素？""这样设计有什么优点？""你还能怎么设计？"引导学生从原文创的名称、材质和底色、正面图案、正面图案大小、正面图案颜色、正面IP金石元素、反面图案、反面图案大小、反面图案颜色、反面IP金石元素、特殊设计、修改理由等方面进行改进设计。

3. 设计并制作金石文创产品

进行校园文创产品的设计和创造应当充分动员学生参与，掌握学生的校园文化知识背景，了解学生的需求，知晓当下学生的喜好，才能制造出既与学生要求更贴合，又有教育意义的产品。在前序课程的基础上，结合实际校园生活，开发新的校园文创种类，丰富校园文化。将"文化主题"印章作品融入文创，打造具有"金石特色"的校园文创。我校作为拥有丰富金石文化资源的场域，应当发挥好自身的金石文化资源优势，充分挖掘本校文化资源，并将金石文化符号的形式有效转化为校园文创产品，运用校园文创产品向学生和家长传达办学理念、学校历史、学校精神。

4. 文创产品义卖会

义卖的意义和目的在于通过筹集资金和资源来支持慈善事业，帮助需要帮助的人。义卖活动可以通过出售物品、举办募捐活动或参与义工工作等方式实现，它不仅可以提供直接的经济援助，还能唤起社会的关注和参与，促进社会团结，增强人们的社会责任感和同理心，以及推动公益意识的传播。

通过认识文创、改进文创、设计文创，最后制作出文创产品，以班级为单位成立义卖筹备组，在校园中开展"金石文创"义卖活动，通过文创作品在校园中传播金石文化，为来校参观的客人们展示金石文创的独特魅力。

(四) 课程实施

学校有专职的篆刻教师，能够保证课程的正常开展。学校建有篆刻文化馆"金石苑"、跨学科综合学习空间"金石工坊"，学习材料丰富。嘉定乃至整个上海地区拥有丰富的篆刻文化资源，相关的文博场馆为本课程的实施提供了强有力的支持。课程实施一共需要20个课时，我们将通过影视欣赏法、知识点拨法和实践教学法等方法引导学生学习，具体如下。

1. 影视欣赏法

在老师的指引下观看相关纪录片及线上参观故宫博物院文创商店，初步认识文创产品；梳理文创产品中的文化元素和创意方式，体会文化创意表达的魅力，产生探究兴趣。

2. 知识点拨法

教师结合教学内容制定学习任务单。在教师的讲解下，学生带着任务去思考与合作，分析文创产品的学校文化元素，目标指向明确，有助于达成课程目标，提升学生素养。

3. 实践教学法

通过开展金石文创义卖会实践活动，将学生置于真实情境，为学生发现问题并进行自主合作探究的学习提供了条件，有助于增强其沟通、表达以及协作能力。

（五）课程评价

在主题探究学习过程中，教师要关注到学生的进步和点滴成长。教师们积极尝试多维式、分享式、展示式等多种评价方式，对学生参与课程的学习态度、合作意识、探究精神与学习能力、收获与反思进行适切的、科学的、全面的评价。

1. 分享式评价

在分享学习内容和学习成果时，教师尝试借助学习任务单的形式进行分享，并组织学生展开交流，同时完成评价单。例如，在活动一中，学生通过课前预习单了解现实生活中的文创产品，并交流自己还对哪些文创产品感兴趣。学生在交流分享中感受到文创产品的创意和新意，然后由老师和学生投票共同评选出"金牌演说家"。

2. 团队式评价

在活动的探究和合作环节，学生在组内有分析、查找资料、填写、创作等活动，这就需要发挥小组团队共同协作的作用。结合每次分享交流的评价单，评价的重心由鼓励个人分享表达转向团队合作能力提高。例如，在活动一中，学生参观完故宫博物院线上文创商店后，小组合作探究了解文物原型和文创产品的联系与区别，并以PPT形式来汇报成果，然后由老师和其他学生根据评价单进行投票共同评选出最佳小组。在活动三中，学生结合生活实际，创作主题性印章作品，然后组内先分享交流，再由小组代表展示作品，教师和其他学生根据评价单进行投票评选。

3. 展示式评价

学生在学习的过程中是不断思考、探索、实践的，每一个活动环节都是学习过程的展示。教师要善于发现学生的优势和潜能，给学生创造展现自我的舞台，让学生在活动中获得成功与自信。比如，通过举办文创产品义卖会，让学生了解义卖会的形式和流程，并完成义卖解说稿。这个过程不仅让学生更加清楚地介绍和展示自己设计的文创产品,也能让校内其他学生来欣赏。在欣赏和评析中为每位学生提供参与活动的机会和展示的舞台,使活动充满生命力,也让学生有成就感。

学程设计 1　参观故宫博物院线上文创商店

活动目标

线上参观故宫博物院文创商店,初步认识文创产品;梳理文创产品中的文化元素和创意方式,体会文化创意表达的魅力,产生探究兴趣。

活动过程

(一) 前置学习

1. 简单介绍文创产品的含义

文创产品是指依靠创意人的智慧、技能和天赋,借助高科技对文化资源进行创造与提升,通过对知识产权的开发和运用,而生产出的高附加值产品。

2. 了解文创产品的类型和特点

教师出示生活中常见的文创产品图片或者实物,引导学生领略文创产品的魅力并了解文创产品的大致类型。

| 文具类 |  日用品类 |  饰品类 | 服饰类 |

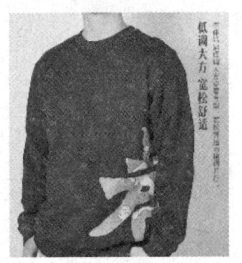

通过这部分的学习,学生在理论上对文创产品有了一定的认知。

3. 完成学习单并交流

出示学习单:学生根据教师下发的学习单,通过生活经验或网络查找喜爱的文创产品,并说明理由。

文创作品初识学习单(个人)

班级：_____ 姓名：_____ 学号：_____

文创产品：依靠创意人的智慧、技能和天赋，借助高科技对文化资源进行创造与提升，通过对知识产权的开发和运用，而生产出的高附加值产品。

例子："朕知道了"胶带。

(1) 选择一种你喜欢的文创产品进行介绍

名　　称	类型(打√)	介　绍	推　荐　理　由
（图片）	A. 文具类（　） B. 日用品类（　） C. 饰品类（　） D. 服饰类（　） E. 其他：_____（　）		

交流学习单：同桌之间以互相交流和指名交流等方式分享"你喜欢的文创产品"。

(二) 主题聚焦

参观故宫博物院线上文创商店

以小组为单位，通过教师分享的方式（微信小程序、淘宝故宫文创旗舰店等）进入故宫博物院线上文创商店，各小组进行参观游览，并选择最喜爱的文创产品。

出示学习单：教师引导学生（小组）从色彩、形状、用处、纹路和趣味性等方面挑选最喜欢的文创产品并组内讨论这件文创产品的特点。

发现与了解学习单（小组）	
班级：	姓名：
1. 小组最喜爱的文创产品（可手绘或图片粘贴）： 2. 说一说这件文创产品的特点（形状、用途、趣味性等）：	

（三）发现探究

组内交流整合资料

学生在教师的指导下进入线上故宫博物院，寻找文物原型。另外，教师举例说明如何寻找文创产品与原型之间巧妙的联系（提示小组从品类的选择、图案的样式、有趣性等方面思考）。

举例说明：教师以"故宫猫金豆儿"文创为例，从审美、功能、内涵等方面阐述与原型文物"唐·四季平安铃"的联系，帮助学生打开思路，完成学习单。

故宫猫金豆儿　　　　　　　　唐·四季平安铃

故宫猫金豆儿与唐·四季平安铃之间的联系：唐宋时期人们爱猫，称之为狸猫。明宫特设"猫儿房"饲养御猫，清宫专有《猫册》记载 24 只猫的名号，"金豆儿"便为其一。这款玻璃杯仿小猫造型，透亮可发，局部金色点缀，更显贵气。故宫猫"金豆儿"胖子佩上四季平安铃，似有清脆铃音，护你一年安康。

出示学习单：

讨论与思考学习单（小组）	
班级：	姓名：
1. 结合下图文创产品的原型，查找资料了解文物原型（材料、颜色、作用等）。 　　　　文创产品　　　　　　　　　文物原型 _____ _____	
2. 文创产品与文物原型的相似处有哪些（品类的选择、图案的样式、趣味性等）？ 　相似处：_____ _____ _____	

（四）分享交流

小组汇报文创产品与文物原型的关系。

教师在汇报前明确汇报讲解要求（含成员分工、文物原型的名称等），小组代表以 PPT 形式进行汇报。

（五）评价反思

依据"小组交流评价表"，选出最佳小组。

出示"小组交流评价表"：

小组交流评价表

分类	评价内容	评价标准 ★★★	评价标准 ★★	评价标准 ★	自评	组评	师评
活动情况	听课态度	积极发言	认真听课	坐姿端正	☆☆☆	☆☆☆	☆☆☆
活动情况	讨论情况	主动积极	参与交流	认真倾听	☆☆☆	☆☆☆	☆☆☆
活动成果	成果交流	小组合作完成PPT，交流主题明确，内容详细	能在帮助下，根据收集的材料完成交流	能在老师或同学的帮助下简单阐述文创产品与文物的联系和区别	☆☆☆	☆☆☆	☆☆☆

组员姓名：_____ 组长签名：_____ 教师签名：_____

教师在学生评价之前对评价内容及标准进行解释，并鼓励学生在相互评价的过程中尽量全面。

学程设计2　校园文创产品再设计

活动目标

1. 通过对现有校园文创产品的分析，了解文创产品的基本要素。

2. 通过对现有校园文创产品再设计的活动，体验如何将篆刻元素融入文创产品，培养创新能力与创作意识。

活动过程

（一）梳理与分析

1. 分析文创元素

以小组为单位分发资料袋（内含雨衣、印章人偶、环保袋、笔记本等）。

教师对展示的校园文创产品进行简单介绍，学生初步了解文创产品所包含的文创元素，如笔记本封面的校训印章、内页的校门图案等。

2. 完成活动单

（1）分发活动单。

教师对活动单上的"校园文化元素"进行说明与解释，引导学生关注文创产品上的校园文化元素，学生独立填写活动单。

活动单 1：校园文创产品分析（个人）

班级：_____ 姓名：_____ 学号：_____

校园文创作品	这件文创作品包含了哪些校园文化元素？	这样设计有什么优点？	你还能怎么设计？
雨衣			

续　表

校园文创作品	这件文创作品包含了哪些校园文化元素？	这样设计有什么优点？	你还能怎么设计？
印章人偶			
环保袋			
笔记本			
……			

(2) 组内交流汇总。

小组内选出一名记录员，根据组员的交流进行汇总记录。

教师巡视并指导各小组有序开展合作学习，引导学生用概括性语言表达观点。

记录员在记录时注意书写端正，语言精炼，内容完整。

活动单 2：校园文创产品分析（小组汇总）

班级：_____　姓名：_____　学号：_____

校园文创作品	这件文创作品包含了哪些校园文化元素？	这样设计有什么优点？	你还能怎么设计？
雨衣			
印章人偶			
环保袋			
笔记本			
……			

(二) 优化与设计

1. 选择一件文创产品进行交流

学生以小组为单位选择最感兴趣的一件文创产品，根据本组活动单上所填写的

"你还能怎么设计?"进行讨论,提出自己的设计想法。

2. 合作完成设计图稿并加以批注说明

教师分发活动单后说明要求,设计图需要美观简洁,标注清晰。

活动单 3:校园文创产品再设计

班级:_____ 小组:_____ 成员:_____

(1) 请选择一件文创产品进行再设计。

(2) 用铅笔进行批注说明。

```
┌─────────────────────────────────────┐
│                                     │
│                                     │
│                                     │
│             (图片粘贴)              │
│                                     │
│                                     │
│                                     │
└─────────────────────────────────────┘
```

(三)交流与评价

1. 交流汇报

学生以小组为单位聚焦设计理念与思路,进行集体汇报,结合本组的设计图进行说明介绍。

教师明确汇报讲解要求(含成员分工、作品名称、设计理念等)。

各组汇报完毕后由其他小组派一位代表进行评价,指出优点并提出建议。

2. 评价反馈

自评互评:依据"评价记录单"中各评价维度,对各小组(含本组)汇报情况进行评价,选出最受欢迎的设计。

评价记录单：校园文创作品设计

班级：_____ 小组：_____ 成员：_____

请从以下几个角度进行评星（满星 5★）

	作品名称	讲解是否到位	设计稿是否美观	设计是否新颖	汇总
（　）小组					
（　）小组					
（　）小组					
（　）小组					
（　）小组					

复盘会：汇总其他小组的建议。

重点对讲解是否到位、设计稿是否美观、设计是否新颖进行反思。

根据其他组给出的建议，思考我们组的设计稿还能怎样优化。

在这次的设计和汇报过程中，我担任了怎样的角色？我的收获有哪些？

学程设计3　设计并制作金石文创产品

活动目标

尝试将篆刻元素融入新的文创产品，体验篆刻之美、创作之趣。

活动过程

（一）了解与运用

篆刻艺术是中国传统视觉文化的瑰宝之一，是记录中华民族生生不息发展前行的历史印记。印章艺术在从实用走向审美的过程中，也记录了中国古代文明从政治、经济到文化审美的点滴信息。二十四节气是古代智慧的一种重要体现，它不仅是指导农耕生产的时间体系，更是包含了丰富民俗事象的民俗系统。二十四节气蕴含着悠久的文化内涵和历史积淀，是中华民族悠久历史文化的重要组成部分；在篆刻艺术作品中，有不少体现二十四节气相关的作品，是对中国传统文化的传承和弘扬。

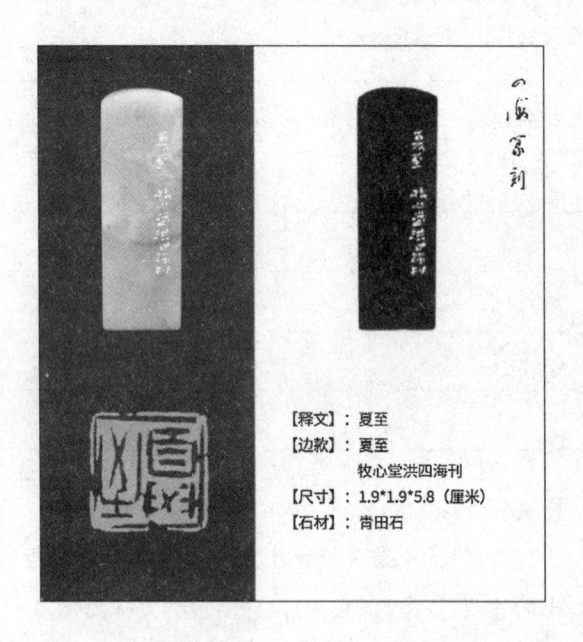

[释文]：夏至
[边款]：夏至
牧心堂洪四海刊
[尺寸]：1.9*1.9*5.8（厘米）
[石材]：青田石

1. 学习节气

教师首先介绍二十四节气的由来和历史意义，以及其包含的中华传统文化元素，以中国古人的智慧为桥梁，建立起二十四节气和篆刻的联系。以二十四节气中的夏至为例，通过图片和视频向学生讲解夏至的含义，学生自由发言说说自己所了解的夏至，包括与夏至有关的事物，如植物、动物和天气等，以及自己对夏至的感受，并完成学习单。

夏至的含义：夏至，是二十四节气中的第十个节气，时间在公历6月21日左右。夏至这天，太阳直射地面的位置到达一年的最北端，几乎直射北回归线，此时，北半球各地的白昼时间达到全年最长。对于北回归线及其以北的地区来说，夏至也是一年中正午太阳高度最高的一天。

与夏至有关的事物有很多，以下简单介绍。

植物：

荷花：荷花是夏季盛开花卉的代表，喜光、耐阴性差，夏季阳光充足，正满足了荷花盛开的要求。荷花是水生植物,生长在平静的浅水、池塘、湖沼等地,象征纯洁和潜心修行。荷花生长在浅水中,花朵娇艳美丽,叶片宽大,具有清凉的感觉。夏至时节,荷花开始盛开,成为人们欣赏和描绘的对象。

栀子花:栀子花是夏季常见的花卉,花色纯白,花香浓郁,能够净化空气。栀子花的花期从7月持续到9月,象征着一年守候的寓意。栀子花的芳香味道也可以净化空气,放置在室内可以保持空气清新。

夏至草:夏至草是一种常见的药草,夏至前后地上部分会完全枯萎,所以得名夏至草。夏至草的茎为四棱形,花色鲜艳,花朵开放在夏至前后,给人们带来美丽和愉悦。夏至草作为中药也有一定的应用价值,例如可以治疗感冒、咳嗽等症状。总的来说,夏至草是一种兼具美观和药用价值的植物。

石榴花：石榴花在夏至节气盛开，其花色鲜艳，象征着日子红红火火。石榴花的花瓣有五到七枚，除了我们常见的红石榴花，还有白石榴花。石榴花既可以用于观赏，又有收敛、止泻等药用价值。

动物：

蝉：蝉又称为知了，是典型的夏季出现的动物，6月末羽化为成虫，寿命大概为60至70天。蝉是一种在夏至时分生长、发育、活动的昆虫，听见蝉鸣便知道夏至将至。

天气：夏至，又称夏节、夏至节，是二十四节气中的第十个节气。从名字上看，夏至的到来代表了炎热的夏天。夏至是一年中太阳最偏北的一天，也是北半球日照时间最长的一天。然而，夏至之后，阳光直射点逐渐从北回归线向南移动，北半球的白昼开始逐渐变短。夏季的特点是大雨、梅雨、高温和潮湿。也就是说，夏至后地面受热强烈,容易形成对流天气,比如容易出现降雨范围比较小的雷暴。夏至期间,我国江淮地区将出现"梅雨"天气。这个时候空气非常潮湿,冷暖气团在这里交汇形成低压槽,会导致持续的阴雨天气。此时,随着空气中水分的增加,会变得更加潮湿。这个时候要注意防潮,高温潮湿的环境容易滋生细菌。除此之外,夏至到来,最明显的天气变化就是气温会持续上升一段时间。对于夏至,民间有一种说法是"不过夏至不热"。

课前预习单——我所了解的夏至

夏至的含义:	与夏至有关的事物: (植物、动物、天气等)	我对夏至的感受:

教师鼓励学生用多种形式介绍提前收集的节气知识。小组通过交流讨论,在教师的指导下探究所观察节气的特点,为设计创作印章提供思路。

2. 设计印稿

教师指导学生每个人设计两到三枚印稿(与节气相关的图形、文字等),选择自己最喜欢的一枚完成印稿设计说明。

班级:_____ 姓名:_____
印稿设计:
定义:

续 表

荷花是夏至的代表物,荷花出淤泥而不染,濯清涟而不妖。
刻章:

教师帮助学生完成印稿设计并定稿。

(二) 设计与交流

1. 样稿设计

小组交流选定最好的一枚印章(集体投票),完成样稿设计学习单。

样稿设计学习单

班级:_____ 姓名:_____ 学号:_____

( )组 文创作品设计	
设计人员:	
设计方向(品类)	文具类(尺、笔记本、书签、橡皮等)
设计思路 创意理念	根据二十四节气创作一件具有文化内涵的文创作品。将篆刻和节气进行自然的融合。比如:夏至朱文印章,我们想到夏至有荷花,就将朱文印和荷花进行融合
功能介绍	具有一定的实用性
材料	塑料、木头、金属
文化创意元素	荷花

续　表

其他	
设计图（可附页）	

2. 点评与修改

以小组为单位，聚焦设计理念与思路，进行集体汇报。各小组互相点评并提出修改建议。

3. 评价与交流

依据"活动评价表"中各评价维度，对各小组（含本组）汇报情况进行评价，选出最受欢迎的设计。

活动评价表

班级：_____　姓名：_____　学号：_____

分类	评价内容	评　价　标　准			自我评价	同伴评价	教师评价
		★★★	★★	★			
活动情况	课前资料收集	收集全面	整理完整	基本完成	☆☆☆	☆☆☆	☆☆☆
	课上分享交流	积极主动	参与交流	认真倾听	☆☆☆	☆☆☆	☆☆☆

229

续 表

分类	评价内容	评价标准 ★★★	评价标准 ★★	评价标准 ★	自我评价	同伴评价	教师评价
活动情况	课中参与态度	积极发言	认真听课	坐姿端正	☆☆☆	☆☆☆	☆☆☆
活动情况	作品乐于分享	积极主动	参与分享	认真倾听	☆☆☆	☆☆☆	☆☆☆
活动成果	熟练掌握技法，能独立创作作品	能够自主设计印稿，并运用熟练的技法刻制作品	能在老师的指导下尝试写印稿，印稿布局合理，刀法运用有待提高	能在老师和同学的帮助下尝试写印稿，不能独立刻印，运刀方面有一定的困难	☆☆☆	☆☆☆	☆☆☆
综合评定	资料收集小达人	能够收集到丰富的相关素材			☆☆☆	☆☆☆	☆☆☆
综合评定	印稿设计创意家	能够设计出形式多样的印稿草图			☆☆☆	☆☆☆	☆☆☆
综合评定	刻制印章小能手	印章刻制形式多样，材料丰富			☆☆☆	☆☆☆	☆☆☆

印章设计解说

班级：_____ 姓名：_____ 学号：_____

（　　）组　文创作品设计	
设计人员：	
设计方向（品类）	文具类（尺子、笔记本、书签、橡皮等）
作品名称	
设计思路创意理念	

续　表

我最喜欢的小组设计是：_____
（原因是：）_____
_____
_____
_____

我们小组的设计还需要改进的地方有：_____
_____
_____
_____
_____

4. 反思与复盘

汇总其他小组意见，召开本组复盘会。

学程设计 4　文创产品义卖会

活动目标

1. 以学习小组的形式经历文创作品设计、制作、义卖活动。
2. 提高团队协作能力，增强沟通、表达以及协作能力。

活动过程

（一）准备与优化

学生在课前了解义卖的基本形式和流程，在教师的组织下讨论。

讨论结束后，学生以小组为单位，根据自己小组的内容进行讨论交流，制定义卖会组织方案，明确各分工的职责。（小学文创产品义卖会学生组织方案）

例：

策划与组织组：负责活动的整体策划、流程安排和现场组织。包括活动流程的设计、活动区域的划分、活动规则的制定等。组员主要由"金石言创"课程的教师以及学生组成。

宣传与设计组：负责活动的宣传和视觉设计。包括海报设计、宣传视频制作、活动现场的装饰等。组员主要由"金石言创"课程教师和有相关技能的学生组成。

商品筹备组：负责文创产品的筹备。包括文创产品的设计、制作、筛选、定价和整理等。组员主要由"金石言创"课程的教师以及学生组成，也可以邀请家长志愿者共同参与。

销售与收款组：负责当天的文创产品销售和收款工作。要求具备良好的沟通能力和服务态度。这组主要由"金石言创"课程的学生担任，教师和家长志愿者进行监督和协助。

物流与后勤组：负责活动现场的物流和后勤保障，确保活动顺利进行。包括文创产品的搬运、现场设施的搭建和维护等。组员由体育教师和家长志愿者组成。

财务与审计组：负责活动的财务管理，包括筹款总额的统计、各项费用的支出和善款的保管等。组员由学校的财务人员和数学教师组成。

公关与邀请组：负责邀请嘉宾、联系媒体以及与外部机构的沟通合作。组员由语文教师和"金石言创"课程的教师以及学生组成。

学生在教师的帮助下成立义卖筹备组，根据义卖流程安排分工，确定每位组员的工作内容，合作填写学习单（义卖活动分工表）。

义卖活动分工表

班级：_____ 姓名：_____ 学号：_____

义卖会安排	职责（前期）	职责（现场）

续 表

义卖会安排	职责（前期）	职责（现场）

备注：职责内容可以包括前期的宣传海报制作、资料稿件收集以及义卖现场的场控、作品讲解等方面，各小组可根据本组情况进行分工安排。

教师出示范例：

小学文创产品义卖会学生组织方案

一、活动目的
培养学生的团队协作和组织能力。
提高学生的公益意识和慈善精神。
通过实践，增强学生的社会责任感。
二、活动时间
××××年××月××日
三、活动地点
学校 A 楼及周边区域
四、参与人员
全体师生、家长志愿者
五、活动分工
分工职责

（二）设计与彩排

1. 学生整合各自作品的设计说明，结合教师的指导意见，形成一篇小组义卖解说稿，完成学习单（作品设计解说）。

义卖解说稿学习单

班级：_____ 姓名：_____ 学号：_____

（　　）组　文创作品设计

设计人员：

作品名称	

续　表

设计方向（品类）	
设计思路 创意元素	
用途	

2. 学生以小组为单位，在教师的帮助下完善解说稿，整理解说稿的文字版。（小学文创产品义卖解说稿）

小学文创产品义卖解说稿

亲爱的教师、家长和同学们：

大家好！今天，我们在这里举办小学文创产品义卖会，旨在通过创意和金石元素，为需要帮助的人士筹集善款。

这些文创产品是我们学生精心设计和制作的，它们融合了传统文化元素和现代审美观念，每一件都充满了我们的创意和心血。

本次义卖的文创产品种类繁多，包括手绘明信片、手工艺品、自制DIY产品等。这些产品不仅具有很高的观赏价值，更承载了学生们对公益事业的一份爱心。

手绘明信片融入二十四节气元素，每一张都充满了温暖和祝福。手工艺品则是学生发挥想象力的成果，它们精致独特，富有创意。自制DIY产品则将传统与时尚相结合，展现出学生的审美和匠心。

……

这些文创产品不仅仅是一种装饰或收藏品，更是一份传递爱心的礼物。我们希望通过这次义卖会，能够唤起大家对公益事业的关注和支持，让更多需要帮助的人得到援助。

在此，我们诚挚地邀请每一位在场的师生、家长，以及社会爱心人士，为这些文创产品驻足观赏、慷慨解囊。您的支持和参与，将为公益事业注入一股强大的力量。

让我们共同携手，为美好的未来贡献一份力量！谢谢大家！

3. 学生彩排义卖过程，在教师的指导下，对于解说稿中比较模糊的地方做更精细化的修改。

（三）活动与评价

学生以班级为单位依次向参会观众进行作品解说；年级内开展义卖活动；公示爱心义卖金额。认真参与义卖活动，依据"评价记录单"中各评价维度，完成"自评"，再邀请其他组员和参观人员完成"他评"，最后请教师完成"师评"（活动评价表）。

活动评价表

评价指标	评价标准				自评	他评	师评
	A	B	C	D			
展示美观	作品展示美观,能突出主题						
学生讲解	能详细具体地介绍小组作品						
义卖效果	作品义卖效果良好,很受欢迎						
总评							

(四) 复盘与反思

教师汇总各个活动的过程性资料和学习成果,开展对"金石言创"整个课程的复盘与反思。

(撰稿者:上海市嘉定区方泰小学　张健伟)

"金石言创"跨学科主题设计案例

《义务教育艺术课程标准(2022年版)》课程理念中指出:要引导学生感受美、欣赏美、表现美、创造美,丰富审美体验,学习和领会中华民族艺术精髓,增强中华民族自信心与自豪感;重视学生在学习过程中的艺术感知及情感体验,使学生在欣赏、表现、创造、联系/融合的过程中,形成丰富、健康的审美情趣;强调艺术课程的实践导向,使学生在以艺术体验为核心的多样化实践中,提高艺术素养和创造能力;以各艺术学科为主体,加强与其他艺术的融合,重视艺术与其他学科的联系,注重艺术与自然、生活、社会、科技的关联,传递人与自然和谐共生理念,促进学生身心健康全面发展。[1]

"金石言创"主题的设计依据课标理念,重视艺术体验,注重对学生审美能力、创造

---

[1] 中华人民共和国教育部. 义务教育艺术课程标准(2022年版)[S]. 北京:北京师范大学出版社,2022:2.

能力的培养,并突出课程的综合性,加强学科之间的联系,走出校门与社会文化资源相结合。另外,本校学生从一、二年级开始赏识篆字、印章,三、四年级着手临摹篆字和印章,五年级的学生已经具备一定的篆刻知识基础,想象力、创造力和动手实践能力也较强,并具备较强的合作意识与合作能力,能够创作印章和查阅书籍,利用网络搜集信息和资料,并进行初步筛选和整理。本课程旨在激发学生的主观能动性,提升学生实践能力与创新能力,推动传统篆刻文化的传承与创新。文化艺术是在传承中发展的,通过对新材质、新形式的把握和创造,学生可以大胆表现美,享受创造带来的美感。

(一)课标理念与知识背景

1. 艺术(美术)

《义务教育艺术课程标准(2022年版)》课程理念中指出:通过"设计·应用",学生结合生活和社会情境,运用设计与工艺的知识、技能和思维方式,开展基于问题的学习、基于项目的学习,进行传承和创造。在3—5学习阶段中的学习任务3:装点我们的生活板块,要求引导学生了解"实用与美观相结合"的设计原则,为班级、学校的活动设计物品,体会设计能改善和美化我们的生活。观察学习与生活用品,了解"实用与美观相结合"的设计原则,从舒适、美观和便利的角度,发现其不足之处,用手绘草图等形式呈现自己的改进想法。[1]

本课程所涉及的美术学科素养是培养学生的创意实践能力,通过让学生自主设计文创,从而激发他们的创造力和学习的积极性,综合探索与学习迁移,提升核心素养。

2. 语文

《义务教育语文课程标准(2022年版)》课程理念中指出:"利用图书馆、网络等渠道获取资料;对所策划的主题进行讨论和分析,学写活动计划和活动总结。通过调查访问、讨论演讲等方式,开展专题探究活动,了解中华优秀传统文化的源远流长、丰富多彩,提升自身中华优秀传统文化修养。"[2]

---

[1] 中华人民共和国教育部. 义务教育艺术课程标准(2022年版)[S]. 北京:北京师范大学出版社,2022:55-56.
[2] 中华人民共和国教育部. 义务教育语文课程标准(2022年版)[S]. 北京:北京师范大学出版社,2022:13.

本课程关注语文学科素养中的思维方式,结合语文素养中的文化传承以及审美情趣的培养,锻炼学生的信息整合与写作表达能力。

3. 劳动

《义务教育劳动课程标准(2022年版)》课程理念中指出:"劳动能力主要表现为:学生具备基本的劳动知识和技能,能正确使用常用的劳动工具;能在劳动实践中增强体力,提高智力和创造力,具备完成一定劳动任务所需要的设计能力、操作能力及团队合作能力。"①

本课程聚焦劳动学科中学生的劳动能力,学生能正确使用各类工具,在学习中提高智力和创造力,进而培养学生精益求精、追求卓越的精神。

4. 数学

《义务教育数学课程标准(2022年版)》课程理念中指出:"会用数学的思维去思考和表达现实世界,通过数学的语言,可以简约、精确地描述自然现象、科学情境和日常生活中的数量关系与空间形式;能够在现实生活与其他学科中构建普适的数学模型,表达和解决问题。"②

本课程在数学学科体现了学生通过对数感、量感的掌握,在真实情境下能够选择合适的度量工具来测量,继而设计文创尺寸。

5. 信息科技

《义务教育信息科技课程标准(2022年版)》课程理念中指出:"信息科技课程要培养的核心素养,主要包括信息意识、计算思维、数字化学习与创新、信息社会责任。数字化学习与创新是指个体在日常学习和生活中通过选用合适的数字设备、平台和资源,有效地管理学习过程与学习资源,开展探究性学习,创造性地解决问题,能积极主动运用信息科技高效地解决问题。"③

本课程体现了信息技术核心素养的数字化学习与创新,学生合理选择相应的数字

---

① 中华人民共和国教育部. 义务教育劳动课程标准(2022年版)[S]. 北京:北京师范大学出版社,2022:5.
② 中华人民共和国教育部. 义务教育数学课程标准(2022年版)[S]. 北京:北京师范大学出版社,2022:6.
③ 中华人民共和国教育部. 义务教育信息科技课程标准(2022年版)[S]. 北京:北京师范大学出版社,2022:5.

平台和信息设备,进行文创作品的电脑绘图、信息搜集、资料整合等文创相关内容。

综合以上五点,本主题以艺术(美术)为主学科,语文、劳动、数学、信息科技为辅助学科,设计了"金石言创"的学习。

(二) 主题涉及学科

1. 艺术(美术):"创意实践""审美感知"。

2. 语文:"思维方式""文化传承""审美情趣"。

3. 劳动:"劳动能力""精益求精"。

4. 数学:"数感""量感"。

5. 信息科技:"数字化学习与创新"。

(三) 主题学习活动目标

1. 通过线上参观故宫博物院文创商店、梳理文创产品中的艺术元素和表达方式、制作文创作品分析小报等活动,了解文创产品的设计方向,形成对文创产品的较为系统的认知,体会艺术融入生活的魅力。

2. 分析现有校园文创产品,尝试进行再设计,体验如何将篆刻元素融入文创产品,形成创新能力与创作意识,增强动手实践能力及合作意识。

3. 将所创作的校园文化主题系列印章元素应用到金石文创产品中,在此过程中体验篆刻艺术的现代应用,感受篆刻艺术的独特性、创意表达的多元性。在创新过程中不断研磨与提升,让金石文化走进校园和家庭生活。

4. 以学习小组的形式合作完成一系列学习活动(含小组创作活动、集体策划组织"文创产品义卖会"等),在此过程中提升分工合作、沟通交流、语言表达、评价鉴赏、组织协调、实践创新等社会综合能力。

(四) 主题学习活动设计

本课程的核心驱动性问题是:篆刻艺术已经经历千年的演变,为何还能够长盛不衰呢? 我们学习篆刻除了可以用作书画盖印、印章展示外,还有什么用途? 作为篆刻特色校,我们在传承篆刻文化的同时应该如何实现创新呢?

解决设计的统领性任务是:经历文创作品的设计与制作过程,深度体验金石文化及其在日常生活中的应用。

任务链是:

活动一：参观故宫博物院线上文创商店

欣赏展示文创产品，了解文创产品的概念，从而产生探究和设计文创产品的兴趣，并通过分组分工环节，让学生知晓小组任务和个人职责，同时针对接下来的活动进行相应物品的准备。在活动中，鼓励学生相互深入交流，并根据组员性格特点以及兴趣特长，进行组员之间相互调整和调换，并针对下一阶段的任务，进行相应物品的准备。在本阶段，教师推送故宫博物院线上的文创商店，组织学生分组探究，收集信息，梳理文创产品中的文化元素和创意方式，体会文化创意表达的魅力，并请各小组在商店内选择感兴趣的文创产品，通过外观、功能、内涵等方面了解它。

活动二：校园文创产品再设计

在"文创产品鉴赏活动"中，学生对文创产品的产生和设计构思有了一定的认知，并产生了探究设计的兴趣。因此，教师提供校园内现有的文创产品资料袋（内含环保袋、雨衣、印章人偶、餐垫等各1件，每组1袋），并以学习单（校园文创产品分析）为支架，指导学生从"外观""功能""学校文化元素"三个角度来分析校园文创作品。学生梳理现有文创产品中"校园文化元素"、优点、不足和建议等，并记录在个人学习单上，组长将组员的想法汇总在一张记录单上，从"这件文创作品中包含了哪些校园文化元素？""这样设计有什么优点？""你还能怎么设计？"三个方面来完成小组校园文创分析汇总单，通过生生之间的思维碰撞，鼓励学生勇敢提出新的想法。

活动三：设计并制作金石文创产品

通过上一阶段的学习，学生对文创产品的鉴赏和设计有了一定的认知，本环节是在教师指导下，各小组创作与文化主题相关的系列印章，选取二十四节气、校训、爱国主义主题等内容，创作两枚朱文和白文形式的印章，选取一到两张设计草稿，用红色勾线笔精细描绘，并篆刻出印章。在篆刻好的传统印章上添加自己的创意、融入自己的理解，设计成可以融入文创产品的设计图案，以小组为单位选择一种文创产品种类，进行系列产品设计，完成样稿设计。

活动四：文创产品义卖会

利用多媒体带领学生欣赏各式各样的文创作品义卖活动。询问：你最喜欢哪个义卖活动？哪个部分最吸引你？然后分组讨论文创作品义卖的基本流程和形式，完成学习单后分组交流。教师利用PPT，出示文创产品义卖的基本流程和形式，明确活动主题,指导学生合作与分工,以班级为单位做好人员安排和职能分配,并撰写义卖解说稿,教师指导各小组完成义卖解说稿,并根据彩排情况进行修订。教师为学生打印宣传单——方泰小学第一届金石文创产品爱心义卖会、准备场地等。学生以班级为单位开展文创产品义卖活动,在活动中对本小组的作品进行介绍讲解。义卖过程中做好拍摄记录,义卖后应进行反思,根据参与表现,小组总结优缺点,填写评价单。

(五)主题学习评价设计

"金石言创"评价设计分为"过程性评价""总结性评价""综合评定"三个板块,既关注过程性评价,也强调结果的呈现,并根据整个学习过程给予综合性的评价。

1. 过程性评价

评价内容	评价标准			自我评价	同伴评价	教师评价
	★★★	★★	★			
课前资料收集	收集全面	整理完整	基本完成	☆☆☆	☆☆☆	☆☆☆
课上分享交流	积极主动	参与交流	认真倾听	☆☆☆	☆☆☆	☆☆☆
课中参与态度	积极发言	认真听课	坐姿端正	☆☆☆	☆☆☆	☆☆☆
作品乐于分享	主动积极	参与分享	认真倾听	☆☆☆	☆☆☆	☆☆☆

2. 活动总结性评价——我是"金石文创小能手"

评价指标	评价标准	得分
文化性 (10分)	主题鲜明,内容积极向上(6~10分)	
	主题不鲜明,内容积极向上(1~5分)	
艺术性 (10分)	设计独特新颖,有金石元素(6~10分)	
	设计独特新颖度一般,缺乏金石元素(1~5分)	
创新性 (10分)	在材料、形式、内容等方面具有创新性的设计(6~10分)	
	在材料、形式、内容等方面不具有创新性的设计(1~5分)	

续 表

评价指标	评 价 标 准	得 分
实用性 （10分）	文创作品能够符合生活的需要(6～10分)	
	文创作品不符合生活的需要(1～5分)	
合计得分		

3. 综合评定

综合评定	小报制作小能手	在制作"印章知识梳理小报"中，能够将知识梳理清晰，并将小报设计精美	☆☆☆	☆☆☆	☆☆☆
	印章篆刻小能手	在创作主题系列印章中，印章内容有意义，印章风格独特	☆☆☆	☆☆☆	☆☆☆
	文创设计小能手	在尝试设计印章主题的金石文创产品中，设计能够结合实际生活，新颖有创意	☆☆☆	☆☆☆	☆☆☆
	义卖讲解小能手	在"文创产品义卖会"上，能够积极分享展示文创设计，声音响亮，表达清晰，思路明确	☆☆☆	☆☆☆	☆☆☆

（六）主题学习活动环境

学校有专职篆刻教师，专用篆刻教室，综合学习空间金石工坊，能够保证课程的正常开展。学校建有篆刻文化馆，馆内学习材料丰富，同时配备有希沃白板、平板电脑、钉钉平台来进行任务的布置与实施。

教室设施：金石工坊或篆刻教室，以6人为一小组，围坐成圆形。

多媒体设备：黑板、希沃白板各一块，平板电脑、触屏笔、手绘板等。

资源：故宫博物院微信公众平台、故宫博物院APP、故宫博物院官方网站、篆刻字典网等。

（七）主题作业设计

本单元作业围绕单元学习目标，分为四个板块，不同板块的作业设计综合运用了艺术（美术）、语文、劳动、数学、信息科技等学科知识，共同完成跨学科作业——文创产品义卖。

作业类型：艺术审美类、实践探索类、设计制作类、综合展示类。

作业难度：难易居中。

作业时长：4周。

作业链设计：

（1）梳理文创产品与文物原型之间的关系，以PPT形式汇报。

（2）完成校园文创产品分析小报、校园文创产品再设计图稿并加以批注说明。

（3）完成主题印章创作，完成具有印章元素的产品设计图。

（4）开展金石文创义卖活动，完成义卖分工表、义卖解说词。

（八）主题教学结构图

"金石言创"课程多元主体相互影响，立足学生发展，尊重不同学科之间的相互交错，共同促进了课程发展。在课程中分为感受认知、尝试体验、设计制作、展示评价四个模块，通过学习，让学生对文创产品的意义、文创产品的制作有完整而系统认识，并在体验制作中形成对传统文化的热爱和传承发扬的思想情感。

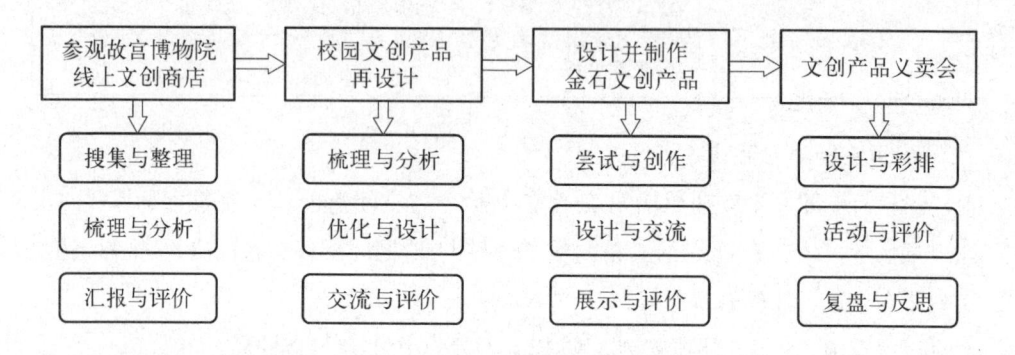

参观故宫博物院线上文创商店	校园文创产品再设计	设计并制作金石文创产品	文创产品义卖会
搜集与整理	梳理与分析	尝试与创作	设计与彩排
梳理与分析	优化与设计	设计与交流	活动与评价
汇报与评价	交流与评价	展示与评价	复盘与反思

（九）核心单元"校园文创产品再设计"设计

1. 教学内容分析

作为校园文化输出的重要载体，校园文创产品承载着我校的精神和历史，凸显我校的文化沉淀与品牌特色。我校作为"上海市'篆刻进校园'试点学校"，校内设有金石陈列馆，还先后出品了一系列金石主题的校园文创产品。本次活动是"金石言创"课程的实践探索阶段，让学生从修改身边的校园文创入手，学习如何设计产品。在艺术审美感知阶段,学生参观了故宫博物馆线上文创商店、校金石工坊和金石展厅,归纳了文创产品的特点,了解了本校的校园文化元素,收集了现有的校园文创产品的学生喜爱程度和不足之处。

本课活动,通过让学生观察和分析现有校园文创产品的文化元素,尝试进行文创产品的再设计,体验如何将篆刻元素融入文创产品,加强学生互相比较和仔细观察的意识,生成校园文创产品的创意;通过小组讨论,多方面评价、多角度探索设计的问题,修改设计。在活动中提高创新设计的能力,发展小组合作意识,帮助学生提升对学校文化的认同感。

2. 学情分析

学生基础与能力:学生在前一课时的学习中,初步认识了文创产品,并梳理了文创产品中的文化元素和创意方式,体会了文化创意表达的魅力,产生探究兴趣。在此基础上请同学们结合现有的校园产品进行再设计,融入新的文化创意。

学习兴趣与需求:经历"文创鉴赏"活动后,学生对校园现有文创产品的创意设计产生新的想法,并期待能付诸行动。校园文创产品再设计,是学生在学习实践中自然生成的需求。

可能存在的困难:可能会有部分学生在文化创意上理解不足,缺乏设计思维,造成创意不足,文化性不够突出。

3. 学习目标

(1) 通过对已有的校园文创产品的分析,明确校园文创产品的特点,结合学生的学习生活实际情况修改文创产品,提升对学校的认同感。

(2) 以小组为单位,选择一件校园文创产品,进行修改,尝试不同寻常的想法,培养创新能力与创作意识,加强小组合作意识,提升交流沟通的能力。

(3) 在修改设计稿、展示介绍和互相点评的过程中,提高归纳总结的能力,学会有理有据地评价他人作品。

4. 教学重点、难点

教学重点:通过对已有的校园文创产品的分析,明确校园文创产品的特点,结合学生的学习生活实际情况修改文创产品。

教学难点:学生以小组为单位体验如何将校园文化元素融入文创产品进行修改

设计，培养创新能力与创作意识，加深对学校金石文化的认知，提升对学校的认同感。

5. 学习评价设计

学习评价设计突出诊断性、过程性、表现性、激励性。

评价小组		评价日期	
（　）小组	内容讲解得星		修改内容得星
意见：			
（　）小组	内容讲解得星		修改内容得星
意见：			
（　）小组	内容讲解得星		修改内容得星
意见：			
（　）小组	内容讲解得星		修改内容得星
意见：			
（　）小组	内容讲解得星		修改内容得星
意见：			
评价标准			
内容讲解得星(1点1颗星，共5颗星) 1. 每组1—2名讲解员 2. 声音清楚响亮 3. 仪态落落大方 4. 语言简洁明了 5. 理由讲解清楚		修改内容得星(1点1颗星，共5颗星) 1. 有一个学校特色(IP) 2. 有3处及以上修改 3. 修改设计符合小学生身份 4. 能大批量生产 5. 颜色搭配合理，图案大小适中、内容积极向上	

续 表

综合评定		
教师点评	本组自评	他组总评
☆☆☆☆☆	☆☆☆☆☆	☆☆☆☆☆

6. 学习活动设计

环节一：梳理校园文创产品

在文创产品鉴赏活动中，学生对文创产品的产生和设计构思有了一定的认知，并产生了探究设计的兴趣。因此，教师提供校园内现有的文创产品资料袋（内含环保袋、靠枕、尺子、笔记本、扇子、T恤各1件，每组1袋），并以学习单（校园文创产品分析）为支架，指导学生从"外观""功能""学校文化元素"三个角度来分析校园文创作品，完成任务单一。

设计意图：根据教师提供的基础材料，依据学习单内容，学生自主分析校园文创产品的不足，提高学生仔细观察和分析判断的能力。

环节二：各组开展"校园文创产品"分析会

学生梳理现有文创产品中"校园文化元素"、优点、不足和建议等，并记录在个人学习单上，组长将组员的想法汇总在一张记录单上，从"这件文创作品中包含了哪些校园文化元素？""这样设计有什么优点？""你还能怎么设计？"三个方面来完成小组校园文创分析汇总单，通过生生之间的思维碰撞，鼓励学生勇敢提出新的想法，完成任务单二。

设计意图：学生能相互合作，有商有量地完成小组设计。小组成员头脑风暴，将校园文化元素和产品种类进行合理的融合。在活动中加强学生的团队合作意识，提高创新设计能力。

以下是某一小组开展"校园文创产品"分析会实录：

组长：各位组员，在上节课的学习中我们初步梳理了校内现有的文创产品，今天我们将召开组内的"校园文创产品"分析会，今天会议的议题是说说你选择的这件文创产品中包含了哪些校园文化元素？这样设计有什么优点？你还能怎么设计？

组员1：我比较感兴趣的校园文创产品是这件雨衣，这件雨衣的设计亮点和文化元素是背后印制有学校吉祥物"小石头"的形象，穿上这件雨衣，一眼就能让人知晓我们是方泰小学的学生。

组长：如果让你来设计，你还能想到有哪些更好的改进地方呢？

组员1：我有一点小想法：可以在雨衣的空白处，印一些吉祥的印章图案，并且可以采用不同颜色来印制，七彩的色彩可以代表我们小学生充满活力的性格特点。

组长：你的想法真不错，可以先画出设计稿，我们再继续讨论。

组员2：我选择的是这个帆布环保袋，这个环保袋很实用，我经常会拿来放置美术工具和材料，帆布袋上印有国务院前总理李岚清爷爷为我们篆刻的校训章——点石成金，大美无言。将学校的文化元素应用在帆布袋上，就是提醒我们做一个像石头一样质朴，像金子一样闪光的人。

组长：是的，这个帆布袋我也很喜欢，特别是后面的那枚印章格外凸显我们校园的特色，说说看如果让你来改进设计，你还有哪些好的想法呢？

组员2：首先帆布袋的外形设计可以再增加一点厚度，其次袋上的图案设计和局部可以再富有童趣一些，但是具体怎么设计我还没有想好。

组长：说得不错，其他组员也可以说说自己的想法，另外组内记录员，请你把大家的想法做好记录。

组员3：帆布袋是我们日常中经常使用的，所以帆布的设计上还要注意防水和防污，经常有同学把雪白的袋子弄得很脏。

组员4：是的，帆布袋的图案设计可以在学校中征集一下，我们也可以通过网络资源和一些文博场馆的文创产品寻找灵感。接下来我来说说我们现有的印章人偶和餐垫的设计，印章人偶很受学生们的欢迎，印的底部是我们的校训章，上面是小石头的形象，整体设计可爱而有童趣；餐垫的设计缺少个性化的表达，可以在餐垫上增加一些让学生自己DIY的地方，设计自己喜欢的图案或是印制一些珍惜粮食的标语。

组长：通过刚才的讨论，各位组员都积极发表了自己的建议，真不错，接下来我们就试着把自己的设想画成设计稿吧，等设计稿出来后，我们再继续讨论，也许下一次学校的文创产品上就会有我们的创意设计哦，加油，加油！

环节三：尝试再设计校园文创产品

学生根据本组学习单上所填写的"你还能怎么设计"，以小组为单位，将想法落实成设计图稿,鼓励学生敢于将创意的想象付诸行动,完成任务单三——校园文创产品再设计。

设计意图:学生通过设计图稿的批注,一方面更关注设计的细节,一方面帮助学生加深对校园文化元素的印象,提高学生收集整理、记录归纳的能力。

7. 板书设计

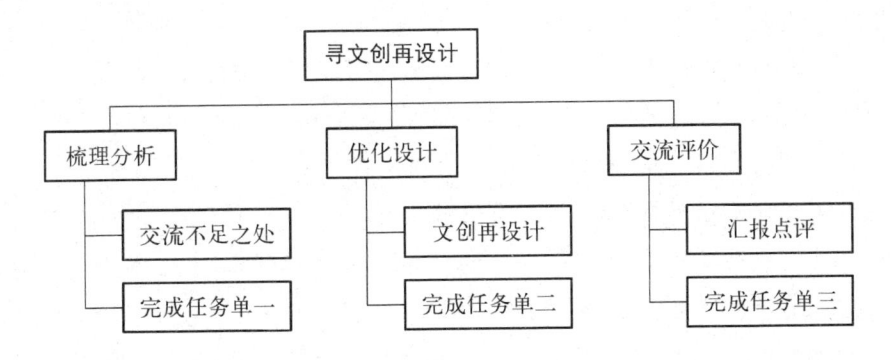

```
                        寻文创再设计
                              |
        ┌─────────────────────┼─────────────────────┐
     梳理分析                优化设计                交流评价
        |                      |                      |
     交流不足之处            文创再设计              汇报点评
        |                      |                      |
     完成任务单一            完成任务单二            完成任务单三
```

8. 作业设计

校园文创再设计(小组学习单)
请选择一件文创产品进行再设计,用铅笔进行批注说明
批注说明:
产品名称	
创意设计	
设计理由	
文化元素	

9. 教学反思和改进

"金石言创"课程以跨学科主题学习的形式开展，从以下四个方面进行连续性课程的实践探索。

（1）发挥学生主观能动性，提升实践创新能力。

本课旨在激发学生的主观能动性，提升学生实践能力与创新能力，在学习中以欣赏课和动手操作课相结合，欣赏课的设置着重提升学生的审美意识、拓展印章知识，并通过各类文博场馆打开学生艺术学习的视野，激发学生在篆刻上的兴趣与创造力，让学生对印章元素有更加深入的认知，同时，聚焦学生设计及创新能力培养，引导学生结合实际生活进行文创作品的设计。

（2）基于真实情景，探索印章元素的创新应用。

通过走进文博场馆，让学生在真实情境下，系统地探索金石文化的奥秘，并结合实际生活以及现代艺术展馆的启发，拓展学生的知识面，打破传统的思维模式，激发学生的创造力，将提炼总结的印章元素应用在文创作品中，从而在传承与创新中感受篆刻艺术的独特性以及多元性。

（3）在"做中学"，体会文化创意表达的魅力。

引导学生"做中学"，通过印章创作、不同材料刻印体验、篆刻新形式体现和金石文创作品设计等经历，使学生在主动地感知、发现、理解、创造的过程中接受创造力的浸润。通过文博场馆，结合校内实际问题，联系实际生活，打造实用性与艺术性兼具的文创用品，从而在传承与创新中感受篆刻艺术的独特性以及多元性。

（4）反思课程框架，及时优化更适宜学校学情的课程结构。

跨学科主题的学习活动，不再要求学生一板一眼地照着样板刻印章，而是通过科学知识融汇、技术手段运用，丰富教学内容，鼓励学生尝试创新表现。在这种新型的学习情境下，注重跨学科融合，丰富教学的实践性和体验性，让学生在真实情境中学会学习，培养合作与探究精神，提升解决问题的能力，培养他们的发散性思维和批判性思维，在传授传统文化知识的同时，促进学生科学精神的养成。"金石言创"活动在实施过程中能够充分利用各类资源，让学生能够在学习传统篆刻形式的同时，自主探索篆刻在实际生活中的广泛应用。但在活动中，我们也面临着学生在信息技术方面的不足，学习素材不够充分，学习时间紧张，以及学生在自主设计文创产品环节存在的创意不足等问题。活动中遇到的这些问题，也反映出，我们初次开展活动，还有很多需要思考和改进的地方，并且随着时间和学生的不同，课程的内容和实施方式也需要做出相应的调整。

"金石文创"活动设置是引导学生"做中学"，以"知识学习与实地考察""结构梳理与要素提炼""创意设计与作品制作""成果展示与反思总结"等四大板块顺序展开，各板块之间呈递进式，分别以入项探索、知识能力构建、出项三个环节开展，学生通过入项对文创产生探究学习的兴趣，在知识能力构建环节，形成个人以及小组的文创设计的创意思路，再以"义卖会"的形式作为出项成果，展示学习的过程和作品的成果。活动结构合理，符合学校的学情与特色，但在实施的过程中还存在一些实际问题有待进一步地优化与改进，需要不断地尝试和迭代，更需要深入地研究和探索，如何使以篆刻为基础的金石文化在传承和发扬中持续创新，不断地让越来越多的人认识到金石文化，是本案例的出发点，同时也是不断探索的方向。

（撰稿者：上海市嘉定区方泰小学　蒋姗姗）

后记

从篆刻项目到"大美金石"课程，方泰小学始终锲而不舍地探索学校特色课程的发展，在将近20年的时间里，几经优化迭代，不断蓬勃生长。

在研究与实践中，我们以"连续性课程"理念为根本遵循，将该理念贯彻于课程的价值追求和目标架构中，使其具有价值连续性及内在生长性；贯彻于课程设计中，使其形成纵向组织的连续性、前后衔接的顺序性、内容叠加的整合性；贯彻于课程实施中，使其包含文化引领的聚焦性、学习主题的连续性、内容细化的序列性、整体要素的融合性；贯彻于课程评价中，从过程评价到结果评价、从绝对评价到增值评价均呈现连续性；贯彻于课程资源的开发与利用中，使各类课程资源互相影响、互相作用、相互促进；贯彻于多元课程主体的参与过程中，达成教学主体与学习主体之间、内部主体与外部主体之间的信任、合作、共治，使课程治理效益最大化。

在学校特色课程建设中，一届届学生经历"大美金石"课程的学习与实践，从不同的学习领域，以不同的学习方式，走近了解金石篆刻，在课堂内外、在日常的学习生活中接受"金石文化"的浸润，核心素养得以提升，最终炼成具备"美情、美行、美慧、美趣"的"金石少年"，为其后继学习和可持续发展提供支持，有效凸显课程的育人价值。

对于教师而言，参与"大美金石"课程建设的过程即自身课程意识觉醒、课程能力提升的过程。许多教师积极投身课程建设，通过自主学习、团队合作、研究探索，不断精研"大美金石"课程的设计、实施、评价等，自身教育教学能力和综合素养得到长足发展，同时更对学校产生文化认同感与归属感。一支具有教育理想、现代视野、文化自信和创新理念的课程团队正在逐步形成。

"大美金石"课程的建设让方小这所百年老校焕发出新的生机。在"点石成金，大美无言"的校训引领下，全校上下将以"锲而不舍，金石可镂"的坚韧品德、"精诚所至，金石为开"的至诚品性、"互助互爱，金石之交"的大爱品行以及"奋发有为，点石成金"智慧品格不断前行，提升办学质量。未来，我们会进一步以"连续性课程"理念动态优化"大美金石"特色课程，在教育改革的浪潮中，为其发展寻找新的生长点，形成更多的研究成果，让学生、教师与学校共同受益。

上海市嘉定区方泰小学　姚忠

2024 年 3 月 1 日